실격당한 자들을 위한 변론

실격당한 자들을 위한 변론

김원영

사계절

추천의 글

상처받지 않으려는 욕심은 있을 수 있지만, 상처받지 않은 삶은 불가능하다. 완전한 삶을 갈망할 수는 있어도, 완전한 삶을 실제로 살아내는 사람은 없다. 모든 삶엔 상처가 있고, 아쉬움이 있고, 한계가 있고, 남에게 드러내고 싶지 않은 치부도 있다. 완전하지 않은 자기 삶을 드러내는 순간, 남들로부터 동정의 대상이 되거나 최악의 경우 쑥덕공론거리가 될 수 있음을 잘 알고 있기에 사람들은 때로 아니 종종 자신의 실제 삶을 외면한다.

자신의 삶을 드러내려면 용기가 필요하다. 좌절과 슬픔에 빠질 수 있음도 각오해야 한다. 삶을 그대로 들여다볼 용기가 없는 사람은 판타지라는 안경을 쓴다. 판타지에 의존하는 한 우리의 삶은 진실에서 멀어질 수밖에 없다. 김원영은 자신의 삶을 판타지에 의존해 들여다보지 않는다. 자신의 삶과 오롯이 대면하는 순간을 겪고 난 이후의 사람에게서 보이는, 감히 위엄이라고 말할 수 있는 독특한 분위기가 있다. 김원영의 책을 덮고 나니 아도르노가 생각났다.

아도르노의 『미니마 모랄리아』의 부제는 '상처받은 삶에서 나온 성찰'이다.

세상에는 두 종류의 텍스트가 있다. 이론과 지식에 전적으로 기대어 쓴 텍스트가 한편에 있고, 또 다른 한편에는 이론과 지식에 선행하는 삶에 대한 성찰에서 나온 힘으로 쓴 텍스트가 있다. 이론과 지식으로 쓴 텍스트에는 논리적 엄밀성이 있지만, 머리가 아니라 살갗으로 파고드는 떨림이 없다. 삶을 회피하지 않고 있는 그대로 대면한 후에 쓴 텍스트에는 논리가 결코 흉내 낼 수 없는 무게와 깊이를 담은 진심이 있다. 논리적 글은 두뇌로 쓸 수 있지만 진심이 담긴 글은 삶으로만 쓸 수 있다. 이 책은 삶으로 쓴 텍스트이다. 나는 삶으로 쓴 텍스트를 사랑하고 심지어 존경한다.

—**노명우**(사회학자, 『인생극장』 저자)

●

우리는 타인이 인생에서 맞닥뜨린 장애물들을 나 자신은 피할 수 있다고 믿는다. 하지만 과연 언제까지 피할 수 있을까? 인생의 어떤 길목에서 우리 역시 한 번은 걸려 넘어지지 않을까? 아니, 어쩌면 이미 걸려 넘어졌는데 그렇지 않은 척 애써 자신을 속이고 있는 건 아닐까? '실격당했다'고 생각하고 싶지 않아서 말이다. 이 책은 실격당했다는 낙인을 두려워하는 모두를 위한 책이다. 김원영의 변론을 통해 우리는 넘어진 삶을 일으키는 법, 스스로를 비난하지 않고 계속 걸어가는 법을 배운다.

—김현경(인류학자, 『사람, 장소, 환대』 저자)

●

태어날 때부터 나의 존재가 '잘못'이나 '손해'는 아닌지 되물어야 하는 입장에 나는 한 번이라도 서본 일이 있던가. 그렇다고 내가 장애를 경멸하거나 무시한 것도 아닌데 이게 문제가 되는 걸까? 가끔은 장애를 이겨내고 뛰어난 업적을 이룬 사람들을 존경하기까지 했는데 말이다. 저자는 그러한 나의 시각이야말로 '관조'이며 그 대상을 내 삶으로 절대 들이지 않겠다는 태도라고 말한다. 정신이 확 든다. 내가 일상의 작은 불편조차 억울해하면서도 장애에 대해서는 '(알아서) 이겨내야 할 것' 혹은 '숭고한 어떤 것'으로 치부해버리는 동안, 삶의 전부를 끝없는 불편과 차별 속에 두어야 하는 이들에 대해 생각했다. 그들 중 누구의 삶도 잘못된 것은 아니다. 그러나 그 말을 하기에 지금 우리의 태도와 실천은 충분한가? 이 책은 누구에게나 태어남을 축복이라고 말할 수 있는 순간이 언젠가는 올 것이라는 믿음을 품고 있다. 나는 그의 변론을 지지한다.

—김소영(방송인, 당인리책발전소 대표)

들어가며

잘못된 삶과 좋은 만남

손해와 만남

2016년 봄, 나는 일본의 한 대학에서 방문 학생으로 한 학기를 보내고 있었다. 어려운 형편에 해외여행의 기회가 거의 없었던 부모님이 내가 머물던 도쿄에 방문했다. 도쿄 근교와 시내를 여행하고, 스미다강을 따라 남쪽으로 내려오는 작은 유람선을 탔을 때였다. 아버지가 어머니에게 말했다.

"당신, 원영이 만나서 출세했네."

'잘못된 삶wrongful life' 소송은 장애를 가진 아이가 세상에 태어나, 차라리 태어나지 않는 편이 나았다는 생각으로 산부인과 의사에게 손해배상을 청구하는 민사소송의 한 유형이다. 대개 중증의 장애를 가진 아이들이 이 소송의 원고가 된다. 물론 어린아이가 직접 소송을 하는 것은 아니고, 부모가 아이를 대리하여 소訴를 제기한다. 즉 산부인과 의사의 실수로 장애아가 태어나 아이 자신에게 (부모에게) 손해가 발생했으니 그것을 배상하라고 청구하는 것이다.

내 어머니도 한때는 나의 출생을 '손해'라고 느꼈을지 모른다. 내가 태어난 1980년대 초에 장애아를 기르는 일은 실로 막대한 '손해'였고, 이는 지금도 그렇다. 장애아의 출생은 엄청난 의료비 부담, 주위의 낙인(과거에는 장애아의 출산이 여성의 도덕성 문제나 실수, 잘못의 결과로 여겨지기도 했다), 끝나지 않을 것 같은 돌봄 노동을 감수해야 하는 일이다. 부모가 자녀를 낳아 기르기를 계획하고 그 결과를 통해 자신의 꿈과 인생을 재시작한다는 생각에서 본다면, 이보다 더 큰 손해는 없을 것이다. 우리 주변의 현실을 돌아보면, 부모가 된 사람들이 그런 생각을 한다 해도 전혀 이상한 일이 아니며 부당한 생각이라 비판하기도 어렵다.

하지만 우리가 경험하는 현실에서 자식은 부모의 기획에 따른 결과물이 아니라 긴 시간 수많은 관계와 사건을 통과하며 부모와 만나는 독립된 존재다. 현대 사회에서는 유전공학 기술의 발달로 일정 수준의 유전적 기획이 가능해졌다 해도 자녀는 수정란에서 태아 단계를 거쳐 세상에 나와 점차 하나의 고유한 인격을 형성하며 부모 앞에 '나타난다'. 출산과 동시에 만나는 것이 아니라, 점차 한 사람의 개인으로 성장하고, 확장되고, 여러 가지 경험을 축적하고 체화하면서 하나의 인격체로서 부모를 만나는 것이다. 부모 또한 자녀와의 관계 속에서 변화한다. 성숙일 수도 퇴보일 수도 있지만, 부모 역시 서서히 자녀와 '만나가는' 것임은 틀림없다. 한국 사회의 현실을 생각해볼 때 나의 어머니에게 1980년대 초반 나의 출생은 분명 '손해'였을 것이다. 그러나 2016년 내 어머니와 나의 만남은 '잘못된' 것이 아니었다.

돌림노래

자기 스스로를, 자녀를, 친구를, 연인을, 이웃을 '잘못된 삶'이라고 생각하지 않기에는 너무나 불리한 사회에서 우리는 살아가고 있다. 어떤 사람들은 명백히 그 존재가 애초부터 '잘못되었다'고 받아들여진다. 가족도, 자기 자신도, 공동체 구성원 일반도 그렇게 여긴다. 장애인의 존재가 대표적이지만, 우리 시대에는 '추한 외모'도 잘못된 인간의 한 유형으로 분류된다. 착한 몸매에 대비되는 인간의 몸은 '나쁜wrongful' 몸매가 아닌가. 이 글을 쓰는 지금 한 아파트 단지에는 청년들을 위한 임대 주택을 짓는다는 서울시의 발표에 '빈민 아파트를 반대한다'는 공고문이 붙었다. 아파트의 '품격'을 위해 택배 기사들의 진입을 금지한다는 공고문도 화제다. 아파트 집값은 어떤 인간이 '잘못되었는지 아닌지'를 판가름하는 중요한 척도다. 특정한 집단을 위한 주택이나 시설이 건립될 때 해당 지역 주민들이 반대하는가, 반대하지 않는가는 그 집단이 '잘못된' 삶으로 분류되고 있는지 아닌지를 보여준다. 반대에 맞닥뜨리는 이들은 가난하거나 품격 없고, 아프거나 나이 들고, 동성애자이거나 '다

문화'라 불리는 사람들이다. 품격 있는 아파트의 주민들은 이 사람들과 만나기를 거부한다.

극도로 빈곤한 가정 형편, 폭력과 욕설을 남발하는 부모, 장애나 질병, '추하다'고 평가받는 외모 때문에 놀림을 당하거나 배척당하는 우리는 '내 삶이 잘못된 것은 아닐까' 하는 의심을 키우기 쉽다. 가족과 이웃의 따듯한 사랑 속에서 자라더라도 한 발짝만 세상 밖으로 나오면 사람들의 멸시와 혐오를 어렵지 않게 맞닥뜨린다. "저거 왜 태어났냐?" "나 같으면 그냥 뒤진다" 같은 말들이 이어질 때마다 우리는 자신의 삶이 '잘못된' 것은 아닌지 묻고 또 묻는다.

그러나 우리는 또 하나의 진실을 알고 있다. 장애나 질병을 가져서, 혹은 '못생겼다'는 이유로 한 아이의 선동에 따라 열 명의 아이들이 우리의 몸을 희화화하는 돌림노래를 부를 때, 그 가운데서 쭈뼛거리는 한 아이의 모습을 본 적이 있지 않은가? 만약 그 아이가 용기 넘치는 아이라면 "야, 너네 그러지마!"라고 외칠 것이다. 그리 용감하지 못한 평범한 아이라면 놀이터에 어둑어둑 그늘이 들 무렵 돌림노래의 마지막 절이 멀어져갈 때까지 집으로 돌아가지 못할 것이다. 그리고 마침내 노래의 끝자락이 사라지면 아이는 눈치를 보며 다가올 것이다.

"재네들 도대체 뭐냐. 짜증난다."

눈을 내리깐 채 아이들의 돌림노래와 자신은 아무런 상관이 없다는 듯, 흙으로 덮인 바닥에 알아볼 수 없는 그림을 그리던 아이는 그 순간 타인이 존재하는 세계와 닿는다.

'내 삶이 꼭 잘못된 건 아니지 않을까?'

인간의 존엄은 우리나라 헌법을 비롯해 국제법상 인정되는 보편적인 가치이지만 현실에서는 모든 인간이 존엄하고 가치 있는 존재라는 점을 변론하기가 결코 쉽지 않다. 나 자신을 포함해 우리는 때로 너무 한심하고, 무가치하고, 추해 보이기 때문이다. 나는 오랜 시간 나 스스로의 존엄과 매력을 입증해보고자 투쟁했지만, 지금도 한 손에 커피를 든 채 우아하게 직립보행할 수 없는 내 다리를 쳐다보면 한숨이 나온다. 그렇다고 그런 신체를 보완할 만한 고결한 인격이나 명석한 두뇌를 가진 것도 아니다. 무엇보다 나는 꽤나 지쳐 있었다. 장애에 대해서, 내 존재가 차별과 배제의 대상이 아니라는 것에 대해서 글을 쓰는 게 더 이상 쉽지 않았다. 나도 다른 이들처럼 인공지능이나 부동산 투자, 드론의 원리에 대해 공부하고 글을 쓸 수 있으면 좋겠다고 생각했다.

그러나 앞으로 내가 어떤 삶의 길을 가든, '잘못된 삶'에 대해 한 번은 제대로 말해야 한다는 생각을 떨칠 수 없었다. 어떤 인간 집단, 특정한 처지에 놓인 사람을 잘못된 인생이라고 생각하는 관념은 어린 시절 놀이터에서 만난 친구, 옆집에 사는 아저씨, 친절하게 말을 걸던 교사, 정의 구현자를 자처하는 종교인과 정치인, 법률가의 말들 속에서 구축된 것이다. 나아가 우리 자신이 스스로에 대해 했던 생각들, 세상과 맞서며 형성한 삶의 스타일이 다른 이들을 '잘못된 삶'으로 내몬다. 우리는 히틀러처럼 우생학을 내세워 누군가를 학살하지는 않지만 장애나 질병, 다른 성적 지향이나 성정체성을 가진 아이를 낳아야 하는 상황이 온다면 아마도 망설일 것이다. 이 모든 일상의 태도, 관념, 지향, 제도와 법규범이 '잘된 삶'과 '잘못된 삶'을 가른다. 품격 있는 아파트의 주민과 격 떨어지는 아파트의 주민, 일반 학교의 학생과 '장애인 학교'의 학생을 구별 짓는다. 내가 어떤 삶을 택하든 나는 이 '잘된 삶'과 '잘못된 삶'의 거대한 구별 짓기에 늘 포함되어 있을 것이다.

존엄과 매력

우리는 세상에 태어나 다른 사람들과 상호작용하고, 자신만의 인생 이야기를 써나가며 고유한 개인으로 성장하여 더 밀도 높은 인간이 된다. 성장의 정도와 밀도의 크기에는 차이가 있겠지만, 겉보기에 아무리 '별 볼 일 없는' 사람도 모두 자기만의 색을 가진다. 다만 그 색을 드러낼 기회와 자원이 불평등하게 분배되어 있을 뿐이다. 어떤 이들은 그 기회가 차단되어 고군분투하며 만들어낸 분명한 색깔을 타인에게 전혀 존중받지 못한다. 정신병원이나 요양원, 장애인시설에서 수개월, 길게는 수십 년을 사는 사람들의 삶이 '잘못되었다'고 말한다면, 그것은 이들이 장애가 있거나 환자이거나 작은 공간에 갇혀 있어서가 아니다. 자신의 고유한 인격을 존중받지 못하고, 나아가 오랜 집단생활을 통해 인격을 아예 소거당하기 때문이다. 고유성을 존중받지 못하는 인간은 흐릿하게만 기억되고, 번호나 기호로만 존재하며(교도소가 수인번호로 재소자를 호명하는 이유는 그의 개별적 인격성이 제한된 상태임을 드러낸다), 특정한 장애나 성적 지향, 성별, 인종 등으로만 호명된다. 나라는 사람은 존중받지 못할 때는 그냥 한 사람의 장애인이지만, 존중받을 때는 장애를 가진, 그리고 그 밖에 이러저러한 특성과 이야기를 가진 김원영이 된다.

여기서 말하는 존중이 꼭 존경이나 숭배는 아니라는 점에 유의해야 한다. 존중이란 개별자로서 그 사람을 대우하고 승인한다는 의미다. 잘 쓰인 소설일수록 우리는 그 주인공을 현실 속의 인물보다 더 쉽게 하나의 인격으로 인정할 수 있다. 도스토옙스키의 소설 속 주인공들은 극도로 지질하지만, 작가의 천재성과 치열한 노력이 빚어낸 현실감 넘치는 배경과 생생한 심리 묘사는 우리가 그들을 (좋은 사람이든 나쁜 사람이든) 구체적이고 개별적인, 생동감 넘치는 존재로 인식하게 한다. 우리는 그들을 한 사람의 실존적 인물처럼 여기며 존중한다.

요컨대 '잘못된 삶'이란 착하지 않거나 나쁜 짓을 저지른 삶이 아니라 존중받지 못하는 삶, 하나의 개별적 존재로 인정받지 못하는 실격당한 삶이다. 그런 의미에서 본다면 아무리 착하고 성실하게 살아도 가난하고, 교육받지 못하고, 장애나 질병이 심하고, 다수가 혐오하는 성적 지향과 정체성을 가진 사람은 '잘못된 삶'이 되기 쉽다. 이들은 자기 삶의 이야기를 최선을 다해 작성해나가는 '삶의 저자author'들이지만, 이들을 배제하고 밀어내고 낙인찍는 사회적 관행과 정치적 힘, 그리고 자기 존재를 발전, 확장, 농축할 기회를 부여하지 않는 정치경제적 구조 때문에 '잘못된 삶'이라는 낙인을 안은 채 사회 밖으로 밀려난다.

다른 한편, '매력 자원'이 크게 부족한 경우에도 우리는 잘못된 삶으로 향하기 쉽다. 타인에게 아무런 매력도 보이지 못하는 사람은 도덕과 법규범에 의지해 일정한 존중은 받을 수 있지만, 진정으로 타인과 깊숙이 연결될 기회를 갖기는 어렵다. 인간은 모두 아름다움에 취약하다. 생생한 개인이라고 다 매력적인 것은 아니다. 헌법과 법률이 차별을 금지하고, 이른바 '정치적 올바름political correctness'이 공동체 구성원들에게 확산되어도 매력 없는 구성원은 비공식적인 사적 네트워크 안에서 타인과 교감하고, 성적 관계를 맺고, 진지하고 장기적인 우정을 나누는 일에 어려움을 겪는다.

결국 우리에게는 각자가 가진 생생한 고유성과 숨겨진 '아름다움'을 전개할 무대와 관객이 필요하다. 나는 이러한 무대가 설계되어 진지한 관심을 가진 관객을 만날 수 있다면, 우리 모두가 훨씬 깊은 존중을 받으며 매력적인 관계로 진입할 자격이 있는 사람들임을 보이고자 한다. 이를 위해 주요한 사례로 언급하는 이들은 장애나 질병을 가진 사람들이다. 내가 늘 경험하고 공부하고 투쟁해온 영역이기에 가장 진실에 부합하게 서술할 수 있기 때문이다. 뿐만 아니라 장애를 가진 삶은 생리적 고통이 수반되고, 일상에서 많은 불편을 겪으며, 타인의 혐오나 배제를 겪기도 한다는 점에서 '잘못된 삶'을 규정하는 대표적인 경험들의 집합이라고 말해도 좋다. 인종적·성적 소수자, 나이가 많은 사람들, 장애는 없지만 배제되고 소외되기 쉬운 외모를 가진 사람들의 경험을 장애인들은 얼마간 다 공유하고 있다. 따라서 장애인들이 존중받고 매력적인 존재로서 자신을 표현해낸 역사와 이론적 가능성을 확인할 수 있다면, 우리 중 누구도 '잘못된 삶'이라고 규정될 이유가 없을 것이다.

이 책은 '변론'이라는 형식을 내세우고 있지만, 법률적인 논증에 크게 기대고 있지는 않다. 잘못된 삶이 아니라는 주장의 근거로 법률을 끌어와야 할 필요는 사실 그리 크지 않다. 국제법에서 국내법에 이르기까지 우리의 삶이 잘못되었다고 직접 혹은 간접적으로 말하는 경우는 드물다. 그보다는 일상에서 만나는 친구, 연인, 익명의 사람들과의 상호작용에서, 내가 나 자신에 대해 갖는 떨치기 어려운 생각에서, 그리고 법과 제도를 실행해나가는 과정의 여러 관행들에서 '잘못된 삶'에 대한 생각이 자라난다.

그래서 나는 이 책을 인간적 상호작용(1, 2, 3장), 개인의 윤리적 결단(4, 5장), 법과 제도의 관행(6, 7장), 사랑과 예술이라는 특수한 맥락(8, 9장)으로 구성하여 각각에서 '잘못된 삶'이라는 관념과 태도에 맞서려 했다. 내 능력에 걸맞지 않게 광범위한 영역을 다루다 보니 일부 내용에서는 철학, 사회학, 법학에서 논의되는 학문적 근거나 논변들이 등장한다. 일반 독자들을 위해 본문에서 그 구체적 내용과 출처를 상세히 밝히는 일은 자제했다. 다만 비교적 긴 주석을 여러 곳에 달았다. 해당 분야에 대한 좀 더 상세한 논의를 원하거나 추가적인 자료를 찾아보고 싶은 독자에게는 주석을 참조할 것을 권한다. '변론'이라고 하기에는 나의 경험적인 이야기들이 제법 많이 등장한다. 이런 종류의 책에서는 경험의 서술이 그 자체로 중요한 의미를 갖는다고 믿는다. 그럼에도 주장의 객관성을 높이기 위해 다방면의 근거를 제시하려 나름대로 노력했다. 학술서는 아니지만, 학문적으로 명백한 오류를 저지르는 일은 최소화하려 했다.

독자들이 자기 자신과 가족과 연인과 친구에게 "너(나)를 만나서 참 잘된 것 같아"라고 말하는 순간에 이 책이 약간이라도 기여하기를 희망한다. 쉬운 길은 아닐 것이다. 그럼에도 나는 장애와 질병, 그리고 각종 소외의 이유들을 뚫고 나가 언젠가는 그렇게 말할 수 있다는 전망과 가능성이 아주 조금은 이 책에 담겨 있다고 말하고 싶다. 그런 점에서 나 자신 역시 이 책의 독자이며, 1980년대를 살던 나의 어머니도 이 책의 독자이다.

차례

6장 법 앞에서

7장 권리를 발명하다

8장 아름다울 기회의 평등

9장 괴물이 될 필요는 없다

1장

노련한 장애인

1.8초

서울대의 한 장애 학생 동아리는 2017년 봄 학내에서 소책자를 발간했다. 제목은 '내 장애에 노련한 사람이 어딨나요?'였다. 도서관 통로 한쪽에 쌓여 있던 파란 책을 집어 들고 나는 감탄했다. 제목에 동의하지는 않았다. 나는 내 장애와 질병에 노련하니까. 이를테면, 휠체어 바퀴를 1.8초에 한 번씩 규칙적으로 밀 수 있다. 경사가 있는 길에서도, 한 손에 책이나 커피를 들고도 절묘하게 방향과 속도를 유지하며 이동한다. 핵심은 우아함이다. 한 철학자의 정의를 빌리면 우아함이란 "꺾어진 직선보다는 곡선"에 가까우면서도 그 곡선의 방향이 어디로 향할지 이전의 움직임을 통해 예측할 수 있는 상태를 말한다.[1]

갑작스러운 방향 전환에도 마치 원래부터 그 방향으로 나아갈 예정이었다는 듯 흐르는 물처럼 주변과 어울릴 때, 그 움직임은 우아하다. 오르막길에서 1.8초의 간격을 유지하기 위해서는 바퀴가 다시 뒤로 밀리는 순간을 얼마간 버티는 일이 중요하다. 경사각에 따라 버티는 시간은 다를 것이다. 앞으로 민다. 몸과 휠체어가 뒤로 밀린다. 버틴다. (가령) 0.4초를 마음속으로 센다. 다시 민다. 앞으로 밀어내는 간격 1.8초가 유지된다. 혹 움직이는 중에 요철이나 배수로에 바퀴가 걸려 몸이 앞으로 고꾸라질 수도 있다. 그런 일 정도는 미리 알고 있었다는 듯, 균형을 잃고 앞으로 쏠리는 몸의 속도를 늦춰 최대한 자연스럽게 한쪽 손바닥으로 땅을 짚고, 다른 팔은 위로 향하며 손목을 꺾어 바닥과 수평을 유지한다. 커피를 쏟지 않는다. 주위에 동행인이 있다면 침착함을 유지하며 한마디쯤 해도 좋다.

"방금 각도 좋았음?"

뇌성마비cerebral palsy[2]가 있는 사람들은 근육이 자주 강직된다. 덕분에 몸이 자신의 통제를 벗어나 굳어버리거나 의도한 것 이상으로 뻗쳐나간다. 팔다리가 잘 구부러지지 않거나, 원하지 않는 방향

1 앙리 베르그송, 최화 옮김, 『의식에 직접 주어진 것들에 관한 시론』, 아카넷, 2001, 30쪽.

2 최근 뇌성마비를 가진 장애인을 부르는 통상적인 용어는 '뇌병변장애인'이다. 뇌병변장애는 뇌성마비를 포함해 뇌졸중 등에 의해 뇌손상을 입어 운동 기능이나 인지 기능에 장애가 생긴 사람들을 통칭한다. 해당 장애를 가진 사람들의 범주는 대단히 넓고, 장애가 나타나는 양상도 다양하다. 이 책에서는 보다 구체적인 몸의 상태와 정체성을 말하기 위해 '뇌성마비'라는 용어를 그대로 사용하려 한다. 이 용어가 표상해온 장애인들의 특정한 역사적 이미지가 있으며, 나는 이를 드러내고 싶다.

으로 뒤틀리는 식이다. 음식을 먹다 포크를 날리고, 맥주를 마시다 잔을 뒤집어버릴 수도 있다. 노련하다면? 나의 한 친구는 맥주를 빨대로 마신다. 맥도날드에서 콜라를 사고 빨대는 스무 개 정도 챙겨 나온다(진상 고객일까?). 소주를 마실 때는 잔을 테이블 위에 놓고, 몸과 얼굴을 앞으로 숙여 앞니로 소주잔을 문 다음 단번에 상체를 일으켜 술을 털어 넣는다. 강직이 상대적으로 적은 상반신의 움직임이 테이블 위에 큰 호를 그린다. 시각장애가 있고 박사학위를 가진 나의 지인은 대학에서 강의를 한다. 수강생들의 반응을 파악하기 어렵기 때문에 그는 때때로 수강생들에게 "짝 하고 박수 한번 쳐주세요"라고 부탁한다. 누군가 박수를 치면 잠시 동안은 그 사람을 향해 서서 강의를 한다. 그만의 '눈 맞추기' 방법인 셈이다. 박수를 쳐달라는 것은 생경한 요구일 테지만, 이 노련한 사람이 그런 요구를 엄숙하게 할 리가 없다. 그는 이렇게 덧붙인다.

"여러분, 저는 눈에 뵈는 게 없어요. 아시죠?"

노련함에는 단계가 있다. 첫째, 자신의 몸이 가진 기능적 한계를 몸의 다른 기능으로 대체하는 기술과 아이디어를 갖는 것이다. 다리를 쓸 수 없다면 양팔을 쓰고, 손을 쓸 수 없다면 입으로 소주잔을 물고 한 번에 들이켜는 바로 그런 것. 이는 흔히들 말하는 '장애의 극복' 따위가 전혀 아니다. 쓸 수 없는 다리를 쓰게 만드는 일도 아니고, 다른 신체 부위의 기능을 슈퍼맨처럼 극대화하는 것도 아니다. 이 노련한 대응에는 무엇보다 '인간 승리'라는 말이 통속적으로 사용될 때 따라오는 비극적이고 숭고한 정조mood가 없다. 노련한 장애인들은 화장실에 가기도 어렵고 커피를 한 손으로 들 수도 없으니 물도 카페인도 없이 17시간씩 집중하여 고시에 합격하는, 극적인 인간 승리의 서사를 쓰지 않는다. 한 손에 커피를 든 채 이동하는 기술을 익히고, 좁아터진 화장실에서도 양쪽 벽을 타고 절묘하게 용변을 처리하는 신체 운용 방식을 습득할 뿐이다. 노련한 사람들은 현실감 없는 극적 서사에 모험을 걸기보다 상황을 통제하는 우아함을 택한다.

둘째 단계의 노련함은 상호작용의 기술에 있다. 아무리 몸의 기능을 창의적으로 활용하더라도 결국 물리적 한계에 부딪힌다. 모든 일을 이런 식으로 돌파할 수는 없다. 세련된 상호작용 기술을 노련하게 구사한다는 것은, 이를테면 누군가에게 제법 당황스러운 요청을 하면서 "제가 눈에 뵈는 게 없는 거 아시죠?"라고 말하는 능청스러움이다. 지나가던 아이가 다가와 "아저씨 다리 어디 갔어요?"라고 물을 때 "네가 찾으면 5000원 줄게. 망할 다리가 어디 갔는지 일주일 내내 찾아도 없거든!"[3]이라고 말하는 냉소적 유머 감각도 여기 해당한다. 장애나 만성질환을 오랜 기간 가지고 살아온 사람들은 이런 상호작용 기술의 전문가다. 노년기에 접어들어 신체 기능이 쇠퇴하기 시작한 사람이라면 장애인들에게 이런 기술을 전수받아도 좋을 것이다. 물론 우리의 삶이 저 두 종류의 노련함으로 깔끔

3 Spencer E. Cahill and Robin Eggleston, "Managing Emotions in Public: The Case of Wheelchair Users", *Social Psychology Quarterly*, Vol.57, No.4, 1994, p.304.

하게 돌파 가능할 만큼 허술하지는 않다.

핵토와 다리병신

2013년 서울에서 한 무리의 대학생들이 모여 미팅을 할 때였다. 남학생들이 첫 만남의 자리에서 여학생들에게 'JM을 해보라'고 요구했다.

"JM이 뭐예요?"

여학생들이 어리둥절해하며 묻자 남학생들이 말했다.

"장애인처럼 자기소개하기 몰라요?"

'JM'은 대학생들이 특정한 형식으로 자기소개를 하는 이른바 'FM'의 'F'를 '장애'의 'ㅈ' 발음을 의미하는 'J'로 바꾼 것이었다. 'JM'을 하는 대학생들은 근육이 뻣뻣하게 굳어 있거나 자기 의지대로 통제하기 어려워 팔이 아무 데로나 움직이는 모습을 흉내 내며 자기소개를 한다. 사람들은 우스꽝스러운 사진을 찍을 때('얼굴 몰아주기')나 서로를 '애자'라고 놀릴 때도 이런 움직임, 즉 강직으로 굳거나 마음대로 뻗어나가는 몸을 흉내 낸다. 팔을 목 뒤로 넘겨 팔꿈치에 혓바닥을 갖다 대려 애쓰거나, 손가락을 비틀거나, 얼굴 표정을 일그러뜨린다.

'JM' 요청을 받은 여학생들은 불쾌감을 표시하고 미팅이 끝난 후 이 내용을 SNS로 알렸다. 이 여학생들은 한 대학의 특수교육학과 학생들이었다.[4] 특수교육학을 전공한 학생들은 후에 장애를 가진 아이들을 교육하는 교사가 되고, 장애 학생들에게 최적화된 교육 내용과 방법을 연구하는 연구자가 된다. 남학생들은 여학생들의 소속을 알지 못했을까? 혹은 알기 때문에 'JM'을 요구한 것일까?

선천적인 질병이 있거나 장애를 가진 사람은 물론이고, 어떤 이유에서든 두드러지는 혹은 아름답지 않은 외모라 평가받는 사람들은 세상을 이해할 만한 나이가 되면, 자신이 통과해야 할 길을 자각한다. 그 길은 삶의 시간 전체에 걸쳐 뻗어 있는 어둡고 거칠고 외로운 길이다. 익명으로 자신의 경험을 털어놓고, 속마음을 드러내는 공간인 페이스북 페이지 '연세대학교 대나무숲'에 올라온 글을 보자.

> 내가 처음으로 '못생겼다'는 것을 알게 된 것은 중학교 2학년 때였다. …… 열다섯 살이 되던 해, 나는 따돌림을 당했다. 같은 반 남자 아이들에게서였다. …… 나는 못생겼다는 이유로 온갖 욕설이 적힌 책상에서 욕설이 적힌 교과서로 공부를 해야 했고, 남자 아이들과 실수로 부딪히기라도 하면 부딪힌 부분을 유난스레 털어내는 그 아이에게 욕을 먹어야 했다. 아, ××. 더러워. 역겹네. 옷 빨아야겠다. 아님 버릴까? 사방에서 쏟아지는 낄낄거림은 덤이었다. …… 그중에서도 가장 듣기 싫었던 말은 '핵토'였다. 가장 듣기 싫었지만 가장 많이 들어야 했고 마치 내 이

4 '대학생 미팅, 장애인 흉내 자기소개 비난', 〈YTN〉 2013. 3. 18.

름처럼 불려야 했던 그 단어. ……

야, 핵토! 저거 또 씹는다. 저 핵토 ×은 공부라도 잘해서 다행이지 않냐? 저 얼굴에 ××, 공부까지 못했으면 어쩔 뻔했어. 그냥 뒤져야지. 저 얼굴로 사는 게 대단해. 야, 이 미친 ××. 그리고 또 낄낄낄.

슬쩍슬쩍 내 눈치를 보면서도 친구는 짐짓 태연한 척 행동했고, 나 역시 그랬다. 아예 못 들은 척, 들리지 않는 척 교실로 돌아와 화장실에 가겠다며 자리를 떴다. 그 시절 우리는 화장실도, 사물함도 함께 가는 사이였지만 친구는 왜 내게 혼자 가냐며 묻지 않았다. 그날 나는 울었다. ……

나는 열다섯 이후로 지금껏 모래성이었다. 툭 건드리기만 해도 우수수 무너져버리는. 그런데 이제는 정말 힘든 것 같다. 갈수록 더 작은 땅의 진동에도, 더 가벼운 손짓에도 스러져 내린다. 더 이상 누군가 나를 건드리지 않기를 바라면서 버티기는 무리라는 생각이 든다. 그냥 이제는 아예 무너져 있고 싶은데, 그러려면 나를 어디까지 버려야 하는 걸까. 어디까지 놓아야 하는 걸까. 어디까지 나를 미워하고 괴롭혀야 하는 걸까.[5]

'핵토'는 극도로 혐오스럽다, 구토가 난다는 뜻의 은어다. 어린 시절에 눌러 붙은 혐오의 시선이 어떻게 한 사람의 자아를 위협하는지를 이보다 더 잘 보여줄 수 있을까? 글쓴이는 장애나 질병이 있었던 것이 아니다. 단지 외모 때문에 따돌림의 대상이 되었다고 고

5 페이스북 페이지 연세대학교 대나무숲(www.facebook/yonseibamboo) #43814번째 외침.

백한다. 생각해보면 고교 시절 우리 반에서도 한 여학생을 반 아이들 다수가 '방사능'이라고 놀렸다. 이동 수업이 있을 때면 다른 반에서 오는 아이들은 그 아이가 앉았던 의자를 치우고는 자기 반에서 가져온 의자를 놓고 앉았다. 따돌림을 당하던 그 아이는 중학교 시절부터 '방사능'이라고 불렸다고 한다. 그 아이는 친구 관계를 맺는 데 능숙하지 못했을 뿐 딱히 누군가에게 피해를 주지는 않았다. 하지만 어느 순간 주변을 '오염시키는' 존재가 되었다. 나는 우리 반에서 유일하게 장애가 있었고, 방사능이라고 놀림당하는 아이보다 외모 면에서 전혀 나을 바가 없었지만 놀림이나 괴롭힘의 대상이 되지 않았다. 몇 가지 이유가 있겠지만, 놀리기에는 너무나 불쌍한 존재라는 점도 한몫했을 것이다.

물론 나는 더 어린 시기에는, 즉 아이들이 '놀리기에 불쌍하다'는 감각조차 갖기 전에는 직설적인 놀림의 대상이었다. 동네 친구들은 평소에는 친하게 지내다가도 싸움이라도 붙으면 "원영이는 다리가 병신이래요" 노래를 부르며 뒷골목을 뛰어다녔다. 나는 종일 집에 있었고, 낮 시간에는 혼자였다. 그 노래를 못 들은 척, 태연한 척할 필요도 없었다. 혼자 공책을 펼치고 빽빽하게 복수를 계획하며 시간을 보냈다. 화해를 가장한 편지를 보내 아이들을 다시 집으로 불러들인 다음, 폐쇄된 공간에서 특별히 발달한 내 두 팔로 승부를 보는 것이 주요 전략이었다(성공했을까?).

어린 시절의 노골적인 놀림에서 벗어나 성인이 된 뒤에도 우리는 점차 까다로워지는 몸의 규율 앞에서 최대한 덜 무력하고, 덜

'토 나오게' 보이도록 최선을 다해 노련해져야 한다. 하지만 어지간한 노련미를 갖춰도 언제나 우리의 얼굴과 몸에만 꽂히는 시선을 흐트러뜨리기가 쉽지 않다. 가능한 한 우아하게 파묻히려 해도 여전히 우리는 주변의 시선을 끌고(앞니로 소주잔을 물어 원샷을 하면 아무래도 시선을 끌 수밖에 없다), 다른 이들에게 피해라도 주지 않을지 불안을 야기한다. 뇌성마비 장애를 가진 스위스 철학자 알렉상드르 졸리앵Alexandre Jollien은 이렇게 쓴다.

> 사람들 대부분이 보는 것은 몸짓의 어색함, 말의 어눌함, 남을 불편하게 만드는 거동 등이다. 그 뒤에 감춰진 것을 그들은 인식하지 못한다. 경련, 입 비죽거림, 균형 상실, 이런 현상들은 단호하고 가차 없는 판단 뒤에 소리 없이 숨어 있다. …… 이 첫인상을 바꾸기란 힘들다. 자기 자신을 설명할 수 없는 채로, 그렇게 축소된 자신의 모습을 본다는 건 고통스럽다. …… 이 흠집을 표현하는 데는 명사 딱 한마디로 족하다. '뇌성마비'라는 병명. 그리스어 '아테토시스athetosis'에서 온 이 말은 그렇다면 일생 동안 나를 따라다닐까? '통제된 장애'를 가리키는 이 명칭은 내겐 아무 효과 없는 명칭일 뿐이다. 그 말이 포괄하는 범위도 너무 넓은 데다 거의 이해할 수도 없는 명칭이니까. 다른 사람들 입장에서 보면, 너무 신속하게 내려진 진단은 바로 자유를 상실하게 한다. …… 숱한 시선 속에 이뤄지는 이런 식의 축소는 무거운 중압감으로 그 사람을 짓누르고, 그의 개별성을 말살하고, 은밀한 상처를 벌려놓아 아물지 못하게 한다.[6]

당신이 어디에 가든 '핵토'이고 '병신'이라는 사실은 완전히 사라지지 않는다. 우리의 개별성, 우리 삶의 맥락들은 그 강렬한 상징을 떨쳐내지 못한다. 우아하게 휠체어를 밀고, 커피를 쏟지 않고, 유머러스한 태도로 상대방의 도움을 유려하게 이끌어내는 노련함이란 사실 이런 현실에 비하면 임시방편의 잔기술에 불과할지도 모른다. 20대인 나의 두 지인(한 사람은 장애가 있고, 다른 한 사람은 없다)은 결혼한 사이인데, 어느 날 그들이 함께 택시를 타자 기사가 말했다.

"세상에 장애인이랑 결혼하신 거예요? 사모님이 진짜진짜 대단하시네. 내 택시 30년 몰면서 장애인이랑 결혼한 여자는 또 처음 보네. 어머니, 아버지도 아시나? 대단하네, 대단해. 택시비 안 받을게요! 아내가 도망가기 전에 빨리 애 낳으세요!"[7]

두 사람은 그대로 택시에서 내렸다. 어떻게 더 노련해지란 말인가. 노련함의 가장 고차원적 단계는 바로 이 모든 모욕적 대우로부터 자아를 보호하는 기술이다. 은희경의 소설 『새의 선물』에 등장하는 열두 살 진희는 엄마가 정신질환으로 고통받다가 먼저 세상을 떠난 후 할머니의 손에 자란다. 사람들은 진희를 안쓰러워하지만, 동시에 기피한다. 진희가 엄마의 정신질환을 물려받지는 않았을까 우려해서다. 진희는 어린 시절 사람들이 이런 시선으로 자신을 바

6 알렉상드르 졸리앵, 임희근 옮김, 『인간이라는 직업』, 문학동네, 2015, 45~46쪽.

7 지인의 페이스북 공개 게시물에서 인용했다(https://goo.gl/NQJ76c).

라본다는 사실을 깨닫고 자아를 보호하는 전략을 습득한다.

> 누가 나를 쳐다보면 나는 먼저 나를 두 개의 나로 분리시킨다. 하나의 나는 내 안에 그대로 있고, 진짜 나에게서 갈라져 나간 다른 나로 하여금 내 몸 밖으로 나가 내 역할을 하게 한다.
> 내 몸 밖을 나간 다른 나는 남들 앞에 노출되어 마치 나인 듯 행동하고 있지만 진짜 나는 몸속에 남아서 몸 밖으로 나간 나를 바라보고 있다. 하나의 나로 하여금 그들이 보고자 하는 나로 행동하게 하고 나머지 하나의 나는 그것을 바라보는 것이다. 그때 나는 남에게 '보여지는 나'와 나 자신이 '바라보는 나'로 분리된다.
> 물론 그중에 진짜 나는 '보여지는 나'가 아니라 '바라보는 나'이다. 남의 시선으로부터 강요를 당하고 수모를 받는 것은 '보여지는 나'이므로 '바라보는' 진짜 나는 상처를 덜 받는다. 이렇게 나를 두 개로 분리시킴으로써 나는 사람들의 눈에 노출되지 않고 나 자신으로 그대로 지켜지는 것이다.[8]

수치스러운 상황을 맞았을 때 눈물을 흘리거나 흥분한 나머지 조리 있게 말하지 못하고 어색하게 행동한다면 수치심은 더 커질 뿐이다. 그러니 '바라보는 나'를 안전한 곳에 모셔다 두고 '보여지는 나'를 지켜보며 냉정을 찾는 것이다. 자아를 둘로 분리하면 '보

8 은희경, 『새의 선물』, 문학동네, 2010, 23쪽.

여지는 나'를 상황에 맞게 적절히 행동하게 하고, 사회가 요구하는 질서를 부수지 않으면서 나의 자존감을 보호하는 전략을 취할 수 있다.

"아이고, 가엾어라. 그래 어쩌다 몸이 그렇게 됐니?"

"장애인 할인을 받기 위해서죠!"

직접적으로 당신을 무시하고 배제하는 사람들 앞에 서면 서럽고 짜증이 솟구치겠지만, 역시 자아를 분리하면 통제력이 향상된다. 레스토랑에서 '노키즈존'을 예로 들며, 즉 '노장애인존'이라며 출입을 거부해도[9], 반 아이들 전체가 나를 '핵토'라거나 '다리병신'이라고 놀려도 우선은 모래성이 되어버린 자신을 지켜야 한다. '바라보는 나'에게 나의 본질(그런 것이 있다면)을 온전히 이양시킬 때 '보여지는 나'가 겪어야 할 배제와 놀림을 견딜 수 있다.

불교의 관법觀法, 스토아학파의 '모욕을 견디는 기술' 등 자기 자신을 객관적 대상으로 바라보면서 외부의 모욕이나 분노로부터 자아의 평온을 지키는 기술에는 오랜 전통이 있다. 인간 정신은 스스로를 거울에 비추어보듯 반성反省할 수 있는 능력이 있기에 수치심도 느끼지만, 동시에 자신을 한발 떨어져서 바라보며 '보여지는 나'가 연극배우처럼 사람들 앞에서 특정한 역할을 연기하도록 지시할 수도 있다.[10] 이를 가능하게 하는 인간의 능력, 이를 학자들은 성

9 놀랍게도 실제 있었던 일이다. 서울 홍대 근처의 한 레스토랑은 청각장애인 고객의 좌석 예약을 거부하면서 '노키즈존과 같은 취지일 뿐'이라고 해명했다('장애인 예약 받지 않는다. 홍대 레스토랑의 노키즈존 해명', 〈중앙일보〉 2016. 12. 23).

찰성reflexivity이라고 지칭한다. 성찰은 어떤 행위나 인식에 나선 자기 자신을 더 깊은 곳에서 바라보는 인식 행위다. 1.8초에 한 번씩 휠체어를 밀고 이동할 때 성찰하는 나의 자의식은 그렇게 발버둥치는 나의 모습은 물론 그때의 감정과 인식도 마치 하나의 대상처럼 들여다본다. 사회학적 의미에서 성찰성은 이와 같은 자기의식self-consciousness으로 의미를 가질 뿐 아니라, 자신의 행위를 자신이 추구하는 목적에 따르도록 통제하고 감시하는 특성the monitored character을 포함한다.[11]

우리가 장애나 질병, 또는 '핵토'라고 취급되는 내 신체의 외양과 기능이 주는 각종 한계와 멸시에 노련한 존재가 되기 위해서는 고도로 성찰적인 자아를 가져야 한다. 이 자아는 타인의 시선을 날카롭게 감지하고, 그 시선이 나에게 꽂히는 순간 그 의미를 분별하며, 그것이 자아의 본질로 공격해 들어올 때 진지를 구축한다('보여지는 나'와 '바라보는 나'의 본격적 분리). 성찰성을 발휘하면 '보여지는 나'가 앞장서서 능숙하고 효과적으로 때로는 유머러스하게, 때로는 냉정하게 분노를 전개하는 변론자의 배역을 수행performing한다.

10 고프먼은 사회 속에서 '보여지는 나'를 통제하며 살아가는 사람들의 상호작용을 실제 연극의 비유를 통해 설명하고 분석한다. 그는 "개인이 특정 관찰자 집단 앞에서 계속하는 모든 활동, 그리고 관찰자에게 영향을 미치는 모든 행동"을 '공연'이라고 부른다. 자아를 연출하는 각각의 개인들은 배역을 수행하는 공연자(배우)이다(어빙 고프먼, 진수미 옮김, 『자아연출의 사회학』, 현암사, 2016, 36쪽).

11 앤서니 기든스, 황명주 외 옮김, 『사회구성론』, 간디서원, 2006, 45쪽.

성찰성은 사회적 상호작용에서 우리가 얻을 수 있는 노련함의 근본 조건이다. 어떤 경우에서든 이 성찰 능력을 잃지 않는 기술은 모욕과 수치로부터 자신을 보호하는 고도의 테크닉이다.

배역의 수행 능력이 탁월해질수록 우리는 원하는 것을 얻을 수 있고, 상처를 피할 수 있다. 말하자면 우리는 연극(퍼포먼스) 무대 위에서 배우들이 비극과 희극을 연기하는 것처럼, 우리 자신은 철저히 보호하면서도 세상이 원하는 배역은 성실히 수행하는 단계에 이른다. 이는 마치 삶을 게임처럼 대하는 태도다. 삶의 모든 순간은 일종의 공연(퍼포먼스)이 된다. 물론 세상의 모든 일이 그렇듯 탁월한 공연자performer가 되는 데는 대가가 따른다.

퍼포먼스로서의 삶: 기호화된 인간

2016년 7월 26일 새벽. 일본 도쿄에서 2시간가량 떨어진 사가미하라시에 위치한 장애인복지시설 쓰구이야마유리엔에 스물여섯 살의 우에마쓰 사토시植松聖가 침입했다. 조용한 산속 마을, 모두가 잠들어 있던 시간이었다. 그는 사건이 있기 한 달 전까지 이곳에서 직원으로 근무했기에 내부 구조를 잘 알고 있었다. 한밤중 시설 관리 직원들도 모두 잠을 자던 시간에 사토시는 먼저 관리 직원들을 급습해 손발을 묶고, 시설 전체를 돌며 칼 세 개로 마흔 명을 찔렀다. 그 가운데 열아홉 명이 그 자리에서 죽거나 병원 치료를 받다가 죽었다. 죽은 사람은 모두 장애인이었고, 절대 다수는 중증 장애인이었다.

사토시는 범행 후 "세계에 평화가 오기를! 뷰티풀 재팬"이라는 트윗을 올리고 스스로 경찰을 찾아갔다. 그의 트윗 내용, 그리고 경찰차량에 탑승했을 때 보인 환한 미소는 섬뜩했다. 그는 범행을 저지르기 전부터 지인들에게 자신이 장애인들을 죽일 거라고 말했고, 도쿄 도의원에게는 장애인 470명을 죽이겠다는 편지를 보내기도 했다.

이 사건이 있기 두 달여 전, 서울의 지하철 강남역 10번 출구 근처에서 한 여성이 화장실에 숨어 있던 남성의 칼에 수차례 찔려 죽었다. 범인은 "여자들에게 화가 났다"라고 범행 동기를 진술했다. 두 사건은 특정 사회집단에 혐오감을 품고, 그 집단에 속한다는 이유만으로 범행을 저질렀다는 점에서 혐오 범죄라는 공통점이 있다. 사건 발생 이후 그것을 '정신질환자의 묻지 마 살인'으로 해석하려는 당국의 시도도 닮았다. 일본 정부는 사토시가 범행을 저지르기 전 정신병원에 입원했었다는 사실을 강조했고 한국도 마찬가지였다.[12]

12 물론 범인들은 정신의학적으로 질병을 가졌을 수 있고, 그 질병이 범죄에 영향을 미쳤을지도 모른다. 하지만 우리가 주목해야 할 것은 이들의 행위가 왜 '하필이면 그렇게' 전개되었는가이다. 사건 사고의 원인을 그저 질병으로 환원하는 것만큼 간편하고 게으른 설명은 없다. 이 역시 중요한 주제이지만 그간 다른 곳에서 많이 논의되었으므로 여기서 상세히 다루지는 않겠다. 일본장애인연맹DPI JAPAN은 장애인에 대한 혐오범죄에 대하여 또 다른 혐오(정신장애인에 대한 혐오)를 부추기는 당국과 언론의 설명과 대처방식에 문제를 제기했다.

두 사건은 이처럼 유사한 측면이 있지만, 그럼에도 결정적인 차이가 있다. 강남역 10번 출구 살인사건의 범인과 달리 우에마쓰 사토시는 단지 장애인을 혐오한 것이 아니었다. 그는 장애인을 죽이면서 자신이 그들을 구원한다고 생각했다. 더 중요하게는 자신이 (형사처벌과 도덕적 비난에도 불구하고) 장애인을 구원했다는 그 사실을 전 세계에 공표하기를 원했다. 그는 단지 장애인이 혐오스러워서 제거하려고 했던 것이 아니라 장애인을 구원하는 자신의 모습을 공연(퍼포먼스)하기를 원했던 것이다.

사토시의 살인과 그 전후의 행적은 물론 충격적이고, 다른 어떤 사건과도 비교할 수 없을 만큼 극단적이다. 하지만 특정한 욕망을 가진 개인이 장애인들을 자신의 퍼포먼스에 동원했다는 측면에서만 본다면, 우리는 유사한 맥락을 다른 사안들에서도 발견할 수 있다. 지난 2011년 당시 한나라당 서울시장 후보였던 나경원 의원은 장애인복지시설에 찾아가 장애 아동 목욕 봉사를 했다. 장애가 있는 남자 청소년은 벌거벗은 채 욕실 바닥에 누워 있었고, 나의원은 그를 안쓰러운 표정으로 바라보며 열심히 도왔다. 그 모습이 기자들의 카메라에 포착됐다. 우연히 카메라에 잡힌 것은 물론 아니다. 문 열린 욕실 앞에는 카메라 기자들이 진을 쳤고 한편에는 조명판이 놓여 있었다. 정치인의 활동 대부분이 그렇듯 잘 기획된 퍼포먼스였다.

장애인이나 노인들을 상대로 한 봉사활동은 그 전에도 이미 여러 정치인들이 했던 '진부한 공연'이다. 2004년에는 당시 열린우리당 의장이었던 정동영 의원이 같은 공연을 했다. 2017년 대선 후보로 나설 생각이었던 반기문 전 유엔 사무총장도 노인요양시설에 찾아가 침대에 누워 있는 한 노인에게 밥을 떠먹이는 장면을 공연했다. 안쓰러운 표정, 따듯한 손길, 최대한 무기력하고 불쌍해 보이는 자세, 표정을 알아볼 수 없을 만큼 앙상한 몸만 드러난 익명의 장애인이 카메라 앵글에 포착된다.

우리가 누군가에게 도움을 받아야 할 처지이고, 그 도움이 타인에게 일정한 이득이 될 수 있다면 때로 '공연'에 동원될 수도 있다. 장애인들을 위한 특수학교에 다니던 시기에 나는 당시 여당의 국회의원이 주최하는 후원 모임에 초대받아 어머니와 국회를 방문한 적이 있다. 당시의 경험을 나는 전작 『희망 대신 욕망』에서 다룬 바 있다.

> 현역 여당 국회의원, 약사협회장 등 굉장한 사회적 지위를 가진 사람들로 구성된 그 모임에서는 나에게 매월 10만 원가량을 지원해주었다. …… 그들과 나 그리고 어머니는 원탁에 앉아 식사를 했다. 국회의원의 소개로 우리 모두는 각자 한마디씩 자기소개를 했다. 자신은 무슨 일을 하고 있으며, 국회의원에게 어떠한 정책을 제안하고 싶다는 등의 얘기가 오갔다. 그 모임에서 실무를 맡고 있는 사람도 있었는데, 그녀는 자기를 소개할 차례가 돌아오자 자리에서 일어나 재활원을 방문했을 때의 감상을 이야기했다.
>
> "처음 재활원에 갔을 때, 가슴이 먹먹했어요. 아이들이 천사 같은 눈을

하고 저를 바라보는데, 이 아이들에게 꼭 희망이 되어주고 싶었어요. 제 삶이 얼마나 감사하고 고마운 것인지 생각했고요."

나는 당시 전혀 '천사처럼' 생기지도 않았거니와 내가 아는 재활원생들의 모습도 그러해 혼자 웃었다. 그러나 어쨌든 나는 그들에게 돈을 받고 있었으므로 최대한 예의 바른 자세로 박수를 쳤다. 마침내 어머니 차례가 되었다. 그들은 나에게는 자기소개를 시키지 않고 바로 어머니에게 차례를 넘겼다.

"우리 아이에게 도움을 주셔서 감사합니다. 여기 계신 분들 대단하고 훌륭한 분들인데, 이렇게 좋은 일을 해주셔서 힘이 됩니다."

소개가 끝난 후 그들은 식사를 하며 많은 대화를 나누었다. 하지만 나는 그 모임에서 단 한마디도 할 기회가 없었다.

…… 물론 자신이 작게나마 돕고 있는 학생을 보고 싶었을 수도 있다. 그들의 도움은 실제로 내게 큰 힘이 되었고, 나 역시 그것을 부정하고 싶지 않다. 그러나 나는 그 자리에서 아무것도 아닌 존재로 취급되었다.

나는 그저 '전시'되었다. 그들의 모임에서 나는 일종의 간판이었다. 그들이 모임을 유지하면서 가꿔온 화초 같은 존재였다. …… 나의 존재는 하나의 위안이요, 뿌듯함이요, 그들의 삶을 정화시켜주는 화초였을 것이다.[13]

타인을 돕는다는 사실을 주변에 알리거나 혹은 자연스럽게 알려

13 김원영, 『희망 대신 욕망』, 푸른숲, 2019, 204~207쪽.

지는 것까지 모두 문제 삼는 것은 적절하지 않다. 일군의 사회학자들은 우리가 타인과 만나 상호작용하는 일상 그 자체가 사실상 '공연'의 성격을 갖는다고 이해한다. 사회학자 어빙 고프먼Erving Goffman은 공연을 "개인이 특정 관찰자 집단 앞에서 계속하는 모든 활동, 그리고 관찰자에게 영향을 미치는 모든 행동"이라고 정의한다. 이러한 공연에 장애인이 참여하는 경우를 모두 문제라고 말하기는 어렵다. 사회적 행위자인 장애인도 당연히 공연에 참여해 연기를 하기 때문이다.

하지만 어떤 종류의 공연에서는 자신이 그 공연에 동원되었다는 사실조차 알지 못한 채 아무런 역할도 없이, 개성이나 존재감도 없이 특정 집단(장애인, 노인, 환자, 빈자, 노숙인 등)이 특정한 목적에 부합하는 방식으로만 도구처럼 활용된다. 이런 종류의 공연에서 이 집단은 철저하게 추상화, 익명화, 기호화되고 다른 사람들에게 '불쌍함'을 전달하는 요소들, 즉 빈곤함의 정도, 장애의 심각성, 동정을 불러일으키는 사연으로만 존재가 설명된다.

장애인을 대상으로 무엇인가를 수행하는 사람의 존재는 구체적이고 강렬하게 특정한 목표에 맞춰 알려진다. 나와 어머니가 참석했던 후원회는 국회의원 본인과 '천사 같은' 장애인들을 만나고 왔다는 모임 주최자의 존재가 생생하게 드러나는 무대였다. 나는 월 10만 원을 받는 대가로 공연에 동원되었을 뿐이다(물론 후원을 받는 사람은 그 정도의 역할은 해줘야 하기 마련이다. 달리 무슨 수가 있을까?). 정치인들에게 목욕 봉사나 경제적 후원을 받는 장애인은 무력하게 누워 있는 익명의 존재로 등장하지만, 우리는 어떤 정치인이 그와 같은 공연을 펼쳤는지는 그에 대한 평가와 관계없이 강렬하게 기억한다.

사가미하라의 비극에서도 다르지 않았다. 카메라 앞에서 환하게 웃는 우에마쓰 사토시의 이름과 얼굴은 일본인들에게 영원히 기억될 것이다. 그가 어떤 삶을 살았고 왜 그런 선택을 했는지, 장애인 한 사람 한 사람을 구체적으로 어떻게 칼로 찔렀는지 사소한 사실 하나까지도 전부 알려졌다. 그 행위들은 도덕적 지탄을 받고 법의 처벌도 받겠지만 그런 것은 사토시에게 전혀 문제가 되지 않을 것이다. 그는 한 시대의 질서에 반하더라도 자기 신념을 실천하는, '무대' 위의 자신에게만 관심이 있었다.

장애인시설 쓰구이야마유리엔에서 죽어간 장애인들은 살아 있을 때도 그랬듯, 죽은 후에도 철저히 익명으로 남았다. 나는 2017년 8월 도쿄에 잠시 머무는 동안 사가미하라를 방문했다. 도쿄 신주쿠역에서 기차를 타고 1시간 넘게 달리자 드넓은 간토평야의 서쪽 끝에서 산으로 둘러싸인 사가미코역이 나타났다. 기차에서 내려 버스를 타고 산속으로 20여 분을 더 이동하니 쓰구이야마유리엔이 있었다. 시설은 폐쇄된 상태였다. 사건이 발생하고 1년이 지난 시점이었지만 피해자들의 삶이 어땠는지, 그들은 무엇을 좋아하거나 싫어했는지, 어떤 꿈을 꾸었는지, 혹은 무엇을 욕망했는지 전혀 알려지지 않았다. 이름도 공개되지 않았다. 폐쇄된 시설 앞을 잠시 둘러본 후 100여 미터 떨어진 작은 식당 겸 카페에 들어가 차를 주문했다. 커피를 내온 60대 정도로 보이는 주인에게 쓰구이야마유리엔의 피해자들을 아느냐고 물었다. 그는 피해자들이 종종 바람을 쐬러 나와 식당에 들렀다고 기억했다. 열아홉 명이 죽었지만 일본에서 내가 피해자에 대해 들을 수 있었던 말은 그것이 전부였다. 일본 경찰은 피해자 가족들의 인권을 보호하기 위해 피해자의 신상을 공개하지 않는다고 설명했다. 도쿄도는 쓰구이야마유리엔을 운영했던 사회복지법인에게 더 안전한 시설을 건립, 운영하도록 하는 방안을 검토하고 있었다. 생존한 피해자의 가족들도 그것을 원했다고 한다.

강남역 살인사건은 여성에 대한 혐오가 발단이 되었고 피해자는 끔찍하게 죽었다. 우리는 피해 여성이 어떻게 살았으며 무엇을 꿈꿨는지를 알고, 그를 기억한다. 가해자에 대해서도 상세히 알게 되었지만, 우리는 그날 죽어간 구체적인 한 사람의 고유한 존재를 특별히 기억한다. 세월호 참사의 비극을 기억하고 추모할 때도 우리는 300여 명의 피해자 집단이 아니라 구체적인 존재, 즉 안산시에 살며 단원고등학고 2학년 2반에 재학했던, 강아지 깜비를 사랑하고 유치원 교사가 꿈이었던 허다윤 학생을 기억하며 그에게 추모의 마음을 전한다. 하지만 쓰구이야마유리엔의 장애인들은 일본의 한 교수가 지적했듯이 그저 '기호화'되었다.[14] 이들은 죽을 때도 추상적

14 리쓰메이칸대학 생존학연구센터 나가세 오사무長瀬修 특별초빙교수(장애학)는 '라이브도어'와의 인터뷰에서 "이름을 공표하지 않고 열아홉 명의 인간을 기호화해버리는 것은 '장애인은 인간이 아니'라고 하는 용의자의 생각과 유사하지 않은가"라고 비판했다. 그는 "중요한 것은 피해자 개개인이 어떻게 살아왔는지 알고, 사회가 슬픔과 분노를 공유하는 것"이라고 강조했다('장애인 살상 사건 후, 혼돈의 일본 사회', 〈비마이너http://beminor.com〉 2016. 8. 5).

속성을 표시하는 '장애인'이라는 그 기호 때문에 죽었고, 죽은 후에도 기호로만 남았다.

인간은 신체를 훼손당할 때 인격체로서의 존엄성에 큰 타격을 입는다. 하지만 그에 못지않게 개인이 가진 고유한 이야기, 특유의 욕망과 선호, 희망, 자율성으로 구성되는 개별적 인격성을 인정받지 못할 때도 사회적 존재로서의 존엄성을 크게 훼손당한다. 장애, 질병, 빈곤 등으로 도움의 손길이 필요한 사람들을 자신의 목적을 실현할 수단으로 삼아 철저히 익명화(기호화)하는 방식으로 연출하는 공연은 결국 이들을 실격당한 존재로 만든다. 당신과 내가 장애, 질병, 빈곤, 인종, 나이 등을 이유로 누군가의 동정이나 혐오를 받기 쉬운 처지에 있고, 그러한 처지 이외에는 존재의 고유성을 철저히 상실한 상태로 타인의 공연에 동원되었다면, 우리의 삶도 쓰구이 야마유리엔의 비극과 (멀리서나마) 연결되어 있는 셈이다. 그러나 더 큰 문제는 나와 당신이 그 '피해자'의 삶에만 연결되어 있는 게 아니라는 점이다. 우리는 가해자 우에마쓰 사토시와도 연결되어 있다.

노련함의 딜레마

우리는 앞에서 세상을 사심 없이 관조할 수 있는 성찰 능력을 일상의 모욕, 배제, 차별에 대항하는 노련함의 전제이자 핵심이라고 설명했다. 역설적으로 이 능력은 자아를 보호하기 위해 세상을 자신과 완전히 분리된 관조의 대상으로 만들기 때문에, 삶을 실존으로 받아들이는 일도 방해한다. 고도의 성찰 속에서 세상은 가상현실VR 기기를 쓰고 바라보는 생생한 게임과도 같다. 우에마쓰 사토시는 거기서 더 나아가 자신의 목표를 달성하기 위해 '게임 캐릭터'를 직접 죽이는 데도 아무런 흔들림이 없었다.[15] 욱하는 마음에 타인을 죽이는 우발적 살인과 달리, 자신의 이익이나 신념을 위한 '도구적 살인'을 행하는 범죄자들은 고도의 성찰 능력을 가지고 있다. 말하자면 이들은 아주 어렵고 사회적으로 받아들여지기 힘든 일을 하는 데 '노련한' 인간인 셈이다. 살인을 저지르기 전에 미리 정치인에게 편지를 보내고, 살인을 공공연히 계획하고, 계획에 따라 살인을 저지른 후 트윗으로 알리고는 당당히 경찰서로 찾아가

15 앞의 주석에서 언급했듯이 이런 사토시의 기질을 정신질환으로 돌리는 것은 타당하지 않다. 정신질환에 걸린 많은 사람들은 그와 같은 행위를 하지 않으며 오히려 스스로를 파괴하거나 세상을 피해 숨어든다. 정신질환은 세상을 게임처럼 바라보는 고도의 성찰성을 가져오기보다는 사심 없이 대해야 할 대상들에게까지 온힘을 다해 자신을 쏟아 붓는 지나친 몰입과 집착, 자기 투사와 헌신을 불러오는 쪽에 가깝다. 사토시는 철저하게 자신만의 체계적인 신념이 있었고, 그 신념을 실현하기 위해 오랜 시간 준비했으며, 이를 알릴 방법을 생각했다. 그는 정신질환으로 의식이 혼미하거나 자신이 무엇을 하는지도 모르는 사람이 아니었다. 그는 누구보다 명징하게 자신이 하는 일을 알았고, 그 일을 계획했다. 이상하게 들리겠지만, 그는 '성찰적인' 인간이었다. 누군가는 이런 고도의 '무심함'을 사이코패스나 인격장애로 규정하고 결국에는 '정신질환'인 것 아니냐고 되물을 수 있다(실제 현대 정신의학계에서 이런 특성은 정신질환의 일부로 이해된다). 하지만 이런 식으로 윤리적 행위를 전부 자연적 인과성으로 환원하면, 즉 '뇌의 생리적, 기질적 문제'로만 돌리면 우리에게 자유의지란 무엇인가라는 근본적인 의문이 제기된다. 이에 관한 철학적 논의는 5장에서 살펴볼 것이다.

는 일은 결코 쉬운 행동이 아니다. 강력한 자기 통제력이 요구되는 일이다. 그는 두려움에 벌벌 떨면서 환청에 시달리다 누구를 죽인 것이 아니라, 두 눈을 똑바로 뜬 채 장애인들의 방으로 찾아가 문을 하나씩 열고, 잠들어 있거나 장애가 너무 심해 저항하기 어려운 이들만 골라 1분에 한 명씩 목 부위를 찌르고 돌아다녔다. 그는 게임 속 캐릭터를 보듯 장애인들을 대했음이 틀림없다.

자아를 지키고 자신을 연출하는 데 골몰하는 고도의 노련함은 결국 삶 자체를 퍼포먼스로 만든다. 노련한 사람들은 삶의 모든 순간을 연극적 수행으로 채우고, 타인의 행위도 연극의 일부로 받아들인다. 이들은 24시간 자신이 타인에게 어떻게 보이는지 관찰하고, 다른 사람들의 행위도 진심으로 믿지 못한다. 2017년 가을, 서울 강서구에 특수학교를 설립하는 문제를 둘러싸고 지역 주민과 해당 지역에 거주하는 장애 학생의 부모, 서울시 교육청이 격렬하게 대립했다. 특수학교 부지에 한방병원을 세우겠다고 공약한 국회의원 김성태 씨는 차분하게 특수학교 설립이 중차대한 문제라고 생각한다는 인사말만 남기고 토론회가 시작한 지 얼마 되지 않아 자리를 떴다. 토론회의 분위기는 점차 가열되었고 주민들 간에 욕설과 고성이 오갔다. 보다 못한 한 장애아의 부모가 무릎을 꿇었다.

"저희에게 모욕을 주시면 받겠습니다. 길을 가다 때리셔도 맞겠습니다. 하지만 학교는 절대 포기할 수 없습니다. 장애아들에게도 교육받을 권리가 있지 않습니까?"

부모들은 모욕을 감수하고 무릎을 꿇은 채 서로의 어깨에 기대어 학교 설립을 반대하는 주민들에게 읍소했다. 그러자 한 사람이 큰 소리로 외쳤다.

"쇼하지 마!"[16]

이렇게 거침없이 소리치는 이들, 경제적 이익을 추구하는 데 누구보다 노련한 이 사람들은 자신을 철저하게 통제하고, 필요한 만큼 자신을 적절히 연기할 것이다. 국회의원 앞에서는 설립을 반대하는 합리적인 근거를 제시할 수 있고, 집단이 모인 토론장에서는 극도의 분노를 부추기며 소리칠 수도 있다. 이런 사람들의 눈에 무릎을 꿇는 행위는 '쇼', 즉 퍼포먼스일 뿐이다. '보여지는 나'와 '바라보는 나'가 완전히 일치하여 눈앞에 아무것도 보이지 않고, 자신이 타인에게 어떻게 보이는지는 생각할 여유도 없는, 즉 성찰이 불가능한 상황을 이들은 경험한 적이 없다.

인간은 자신을 스스로 관찰할 수 있을 때는 수치심을 느끼지만, 절벽 끝에 매달렸을 때는 스스로를 관찰하는 반성적(성찰적) 시선을 잃기 때문에 수치스러울 겨를이 없다. 이때 우리의 의식에서는 '보여지는 나'와 '바라보는 나'가 일치한다. 오로지 하나의 감정, 한 명의 존재, 유일한 현실만이 머리끝부터 발끝까지 완전히 압도한다. 자녀를 학교에 보내기 위해 무릎을 꿇는 행위는 '그래, 이 정도면

16 '때리면 맞을게요. 제발 특수학교만… 무릎 꿇은 부모의 호소', 〈동아일보〉 2017. 9. 9. 장애아의 부모들은 2015년 서울 동대문구에서도 무릎을 꿇었다. 그때도 주민들이 장애인 직업재활시설이 들어서는 것을 혐오시설이라며 막아섰고, 부모들은 그들 앞에서 무릎을 꿇고 빌었다.

카메라 기자들이 촬영할 테니 여론을 움직여 결국 우리의 뜻을 관철할 수 있겠지. 지금 내 자세는 충분히 불쌍해 보일까?'와 같은 자기 성찰적 기획의 결과일 수 없다. 자식을 벌레같이 보는 사람들 앞에서 무릎을 꿇는 행위는 자신을 관찰하는 시선을 완전히 배제하지 않고는 불가능하기 때문이다. 물론 그들이 자신을 통제하는 능력을 완전히 상실한 것은 아니었을 것이다. 그러나 그들의 의식은 자기 자신이 아니라 오로지 자녀만을 향했을 것이고, 자녀가 다닐 수 있는 학교를 세워야 한다는 목표에만 정향되었을 것이다.

상호작용에 '노련한' 인간들에게는 이런 경험이 부재하다. 이들은 언제나 자기를 관찰하고 통제하고 연기해왔기 때문에, 무릎 꿇은 부모들처럼 자신을 관찰하는 시야가 사라지고 다른 존재, 대상, 목표를 위해서만 의식이 정향된 몰입의 순간을 경험한 적이 없다. 따라서 이들에게 부모들의 읍소와 자신들의 분노는 연극 무대 위의 퍼포먼스 대결일 뿐이다. 그래서 반대 측 대표도 무릎을 꿇는다. 퍼포먼스 경쟁에는 수치심이 들어서지 않는다. 실존을 위협하지 않기 때문이다. 그 순간 자아는 요새 안에 숨고, 자신이 연출한 캐릭터들이 게임 속에서 경쟁하듯 다툰다.

SNS가 발달한 시대에는 평범한 개인의 퍼포먼스조차 무한한 관객에게 열려 있기 때문에 우리 대다수는 매사에 삶을 연기하고 싶은 강렬한 충동에 휩싸인다. 수많은 설정 사진, 점점 더 자극적인 1인 방송을 연출하는 유튜버들의 행위에서 그 충동의 그림자를 본다. 장애, 질병, 그 밖에 이 사회에서 배제되고 소외되기 쉬운 요소를 가진 사람이라면 이러한 퍼포먼스에 더욱 쉽게 동원된다. 실제로 일부 유튜버들은 장애인을 비하하거나 특정 여성 유튜버를 죽이겠다며 그 집에 찾아가는 등 상대방의 신체적 특징이나 성별, 성적 지향, 나이를 조롱하며 극단적인 욕설을 날리는 식으로 사람들의 시선을 끈다.

모욕의 순간을 자주 경험해야 했던 사람은 그런 상황에 노련해질수록 '바라보는 나'와 '보여지는 나'가 일치하는 경험에서 멀어진다. 자아를 보호하기 위해 요새를 쌓는 일이 잦아질수록 우리는 어떤 '타자'에게 온전히 몰입하거나, 자신이 처한 상황에 분노 혹은 감동하거나, 특정한 현실에 완벽하게 실재하는 순간을 경험하지 못한다. 아름다운 음악에 몰입하는 것이 아니라 음악을 듣는 자신이 어떻게 보일지 관찰하고, 섹스를 하는 순간에도 굽어진 내 다리가 추하게 보이지는 않을지 의식하며, 아름다운 뮤지컬을 보면서는 의자에 푹 파묻힌 내 어깨가 굽어 보일까 염려한다. 식당에서 노골적인 차별 발언을 들을 때도 내가 '적절하게', '품격 있게', '지적으로' 반론을 펼치고 있는지 자신을 점검한다. 격렬한 집회와 시위의 한가운데서도 내가 혹여 '비합리적인 요구를' '품위 없이' 주장하지는 않는지 성찰한다.

나는 내 퍼포먼스를 위해 누군가를 죽이지 않았다. 내 퍼포먼스를 위해 누군가를 모욕한 일도 없다고 믿는다. 그럼에도 나는 나의 '우아함'을 위해 그 순간 나와 함께했던 많은 이들과 나 자신을 게임의 일부로 만든 것은 아닌가. 이들을 현실에서 배제하여 내 삶을 가상으로 만든 것은 아닐까. 삶이 일종의 연극이라는 사실이 그 자체로 문제가 되지는 않는다. 우리는 더 큰 진실을 위해 거짓을 연기할 수도 있기 때문이다. 하지만 오로지 자신을 보호하고 자신을 빛내는 데만 몰입하는 사람들은 작은 진실을 위해 큰 거짓을 연기한다. 나는 이를 '품격주의적 태도'라고 부르고자 한다.

2장

품격과 존엄의 퍼포먼스

최고 존엄의 기괴함

2008년 이명박 대통령은 광복절 기념사를 통해 '대한민국의 경제 역량에 부합하는 국가 이미지와 품격'을 갖춰야 함을 역설했고, 국가브랜드위원회라는 국가기구도 설치했다. 국가브랜드위원회는 서울 중구 을지로에 위치한 건물에서 이명박 대통령의 임기 동안 '품격 있는 대한민국'을 만들기 위한 업무를 수행하고, 2013년 1월 『국가 브랜드 백서: 신뢰받고 품격 있는 대한민국』이라는 정책보고서를 발간했다.[1] 2009년 당시 여당 소속 유력 국회의원이었던 나경원 의원은 서울대학교 문화관 대강당에서 '품격 있는 대한민국'이라는 제목의 강연회를 열었다. 나의원은 "국가의 브랜드 가

1 대통령 직속 국가브랜드위원회, 『국가 브랜드 백서: 신뢰받고 품격 있는 대한민국』, 국가브랜드위원회, 2013.

치를 높이려면 법치주의를 확립하고, 품격 있는 문화국가가 되어야 하다"라는 점을 강조했다.[2] 2011년 문화체육관광부는 「이명박 정부 3년, '품격 있는 문화국가 대한민국'을 만들기 위해 노력해왔습니다. 문화를 통한 '선진 대한민국, 반드시 해내겠습니다'」라는 홍보자료를 냈다.[3]

우리말 '품격'은 한 사람의 내면적 가치나 진정한 자기됨을 의미하는 말[4]로도 사용되지만, 사람이나 물건의 외형(형식)이 주변 환경과 형편에 부합할 때의 가치를 나타내기도 한다. 품격品格을 이루는 한자 '격格'의 사전적 의미도 '주변 형편과 자연스럽게 어울리는 분수나 품위'를 갖춘 물건이나 사람의 모양새를 뜻한다. 덕분에 품격은 아파트나 자동차, 값비싼 정장 등 상품의 가치, 정확히 말하면 상품이 그 소유자에게 부여하는 가치를 표현하는 말로도 자주 사용된다. '당신의 품격을 높여주는 슈트 패션', '품격 있는 자동차 아우

2 '나경원 의원 강의에 학생들 큰 반발', 〈서울대학교 대학신문〉 2009. 9. 20. 한편 나의원은 얼마 뒤인 2009년 11월에 출연한 MBC 〈100분 토론〉에서도 "우리가 성숙한 국가로 가기 위해서는…… 모두가 법질서를 지킬 필요가 있지 않을까"라고 강조한다.

3 문화체육관광부 2011년 2월 24일자 보도자료.

4 예컨대 표창원은 『보수의 품격』이라는 책에서 진정한 보수주의란 무엇인가를 찾는다. 한편 자기만의 고유한 내면적 힘을 찾아가는 삶을 역설한 데이비드 브룩스의 『The Road to Character』의 한국어판 제목은 『인간의 품격』이다. 하지만 여전히 '남성의 품격', '여성의 품격'처럼 성별에 따른 예절과 말투, 격식을 차린 인사 등을 강조한 책들에 주로 '품격'이라는 말이 사용된다(물론 이 책들도 삶의 내면적 가치를 강조하는 내용을 포함하고 있다).

디' 등과 같이 한 사람의 외적 면모를 드러낸다고 여겨지는 상품의 광고 문구에 품격이 자주 등장하는 이유다(반면 '존엄'은 그렇지 않다. '당신의 존엄을 보장해주는 시계'와 같은 말은 쓰이지 않는다).

2000년대 후반부터 우리 사회에 품격이라는 말이 공적 영역을 중심으로 자주 등장했는데[5] 이때의 품격 역시 한 사람의 인격이나 내적 가치보다는 사람이나 조직, 국가 등이 그 지위와 역량에 맞게 갖춰야 할 외적 형식이라는 의미에 가까웠다. '경제 역량' 자체가 품격이라기보다는 그에 부합하는 '브랜드'가 품격이었다. 2017년 초 박근혜 전 대통령의 탄핵심판이 열리던 헌법재판소에서 대통령이 헌법재판소에 출석해 진술할 예정이냐는 기자들의 질문에 대리인단은 "(출석하면) 국격이 떨어지지 않겠느냐"고 반문했다. 이 발언

5 이명박 정부 때만큼 정치인들의 언어에서 '품격'이 자주 등장하지는 않았지만, 노무현 정부 역시 품격을 정치적 수사로 사용했다. 2006년에 발표한 「함께 가는 희망한국 VISION 2030」에서는 '안전하고 품격 있는 국가'를 하위 목표 중 하나로 설정했다. 이명박 정부 시기에 품격이 법질서를 준수하는 국민성, 높은 경제력 등을 반영한 국가의 수준을 의미했다면, 노무현 정부는 사회보장 부문에서 그 기능이 확대된 국가를 '품격 있는' 국가라고 정의한다. 이는 영어 단어 'decent'의 우리말 번역어에 가깝다. 'decent'는 'decent work(품위 있는 노동)'라는 표현에서 보듯이 예의 바른 몸가짐이나 체면을 살린다는 의미와 더불어 '경제적으로 어느 정도 생활이 보장되는', '인격적 대우를 받는' 등의 의미로도 사용된다. 이는 이명박 정부 시기부터 강조된 '사회적으로 안정과 질서가 잡힌(법치)' 또는 '보기 좋은 브랜드(명품)'라는 뜻과는 다소 거리가 있다. 한편 이스라엘의 철학자 아비샤이 마갈릿Avishai Margalit은 자신의 대표 저서인 『품위 있는 사회』에서 자원의 분배를 넘어 국가가 개개인을 모욕하지 않는 사회를 품위 있는 사회라고 정의한다. 이 책의 원제는 'The Decent Society'이다. 이때도 질서(법치)가 품위 있는 사회의 요소로 언급되지는 않는다.

은 정치권력이 품격이라는 말을 사용해온 맥락을 정확히 드러낸다. 그들에게 품격이란 주변 형편과 자연스럽게 어울릴 때, 혹은 자신의 지위, 역할, 역량, 신분에 맞는 대우를 받고 그에 맞는 대우를 할 때 달성되는 형식적 가치였다.

반면 우리가 지금까지 명료하게 정의하지 않고 사용해온 용어인 '존엄dignity'은 품격과 대비된다. 대한민국 헌법 제10조를 비롯해 세계인권선언문, 독일 기본법(헌법) 제1조 등 세계의 여러 규범이 인간의 존엄성을 지위나 역할, 신분과 상관없이 모든 인간이 보편적으로 지니는 권리의 기본 전제이자 핵심 원리로 규정한다. 여전히 인간의 존엄성이 무엇인지 분명히 말하기는 어렵지만, 그에 대한 근대적인 관념은 철학자 칸트를 경유하며 인간의 근본적 가치로 점차 자리 잡는다. 칸트는 인간(이성적 존재자)은 모두 "자기 자신과 다른 모든 이를 결코 한낱 수단으로서가 아니라, 항상 동시에 목적 그 자체로서 대해야만 한다"라고 전제한 후 "목적들의 나라"에서는 모든 것이 가격(가치) 또는 존엄성을 가지며, 가격은 "같은 가격을 갖는 다른 것으로 대치될 수" 있는 반면 존엄성은 그 무엇으로도 대치될 수 없다고 말한다.[6] 칸트에게 존엄성이란 다른 것의 수단으로만 존재하지 않는, 그 자체가 반드시 목적으로도 존재할 때 부여되는 내적 가치의 다른 이름이다.[7] 따라서 어떤 인간이 존엄하다

6 임마누엘 칸트, 백종현 옮김, 『윤리형이상학 정초』, 아카넷, 2007, 158쪽.

7 위의 책, 159쪽.

면 우리는 그 인간을 자신의 다른 목적을 달성하기 위한 수단으로만 삼아서는 안 된다(수단으로 '만' 삼아서는 안 된다는 것이지 수단으로 삼을 수 없다는 말은 아니다. 우리는 모두 타인을 어느 정도는 수단으로 활용해 경제생활을 영위하고, 문화를 발전시키고, 정치활동을 한다).

칸트 이전까지의 존엄 개념은 현대적인 의미와는 달랐다. 특히 고대 서양에서 우리말 '존엄dignity'에 해당하는 '디그니타스dignitas'는 '어떤 지위를 차지한 사람에게 주어져야 마땅한 높은 사회적 신분과 명예, 정중한 대우를 표시하는 개념'으로 이해됐다.[8] 이는 앞서 살펴본 우리말 '품격'의 의미와 유사하다. 이 시기에는 사회적 신분과 지위에 맞게 행동하는 인간이 '디그니타스(존엄)'를 가진다고 여겼다. 다른 사람들은 그의 신분과 지위를 존중하는 일종의 '의전'에 충실해야 그를 존엄하게 대우하는 것이었다. 존엄은 위대한 인간들의 인간적 가치였고, 따라서 더 존엄한 인간과 덜 존엄한 인간으로 위계가 나뉠 수 있었다.

하지만 존엄이라는 개념은 칸트를 비롯한 근대 철학자들의 이론을 통과하고, 정치제도의 민주화 과정을 거치면서 점차 특정 신분이나 명예에 한정되지 않는, 모든 인간이 보편적으로 누려야 할 가치로 여겨지게 된다. 1948년 유엔총회에서 채택된 세계인권선언은 "모든 인류 구성원의 천부의 존엄성과 동등하고 양도할 수 없는 권

8 마이클 로젠, 공진성·송석주 옮김, 『존엄성』, 아포리아, 2016, 35쪽. 물론 존엄 개념은 동시대에 쓰인 키케로의 『의무론』에서 보듯이 신분적 한계에 갇히지 않은 더 넓은 인간의 보편적 가치로 다루어지기도 했다(마이클 로젠, 같은 책, 36쪽).

리를 인정하는 것이 세계의 자유, 정의 및 평화의 기초이며"로 시작한다. 우리나라 헌법 제10조는 "모든 국민은 인간으로서의 존엄과 가치"를 가진다고 규정한다. 모든 인류와 모든 국민이 동등한 수준으로 보유하는 것이 존엄이다. 품격에는 최고 품격과 저질의 품격이 있지만, 존엄에는 최고와 최저가 없다. '최고 존엄'이라는 말이 기괴한 이유다.[9]

품격을 만드는 퍼포먼스

'품격'이란 사회적 지위, 위계, 권위의 정도에 따라 충실히 그 역할을 수행하는 사람이 누리는 가치라고 말했다. 품격 있는 사회나 국가는 이러한 사람들로 질서 정연하게 움직인다. 품격 있는 사람들은 허둥지둥 대거나 버럭 소리치거나 이익을 얻기 위해 충동적으로 떼를 쓰는 모습을 보이지 않는다. 이들은 어떤 상황에서도 감정을 통제하며 알맞은 크기의 목소리로 조곤조곤 자신의 의견을 말한다. 이들은 이러한 통제력(성찰성)을 기반으로 기존의 규범과

9 물론 칸트 이후에도 존엄은 여전히 특별한 사람들의 위대함을 지칭하는 말로도 사용되었다. 특히 가톨릭교회는 존엄을 어떤 신성한 질서 안에서 적합한 자리를 차지한 덕분에 지니는 가치로 여겼으며, 알렉시스 드 토크빌 역시 고전적인 저작 『미국의 민주주의』에서 자기 신분에 맞게 살아가는 태도를 존엄한 것으로 서술한다(마이클 로젠, 앞의 책, 70~71쪽).

질서, 행위 형식을 준수하는 데 탁월하다. '품격 있는 나라'의 핵심 가치로 법치주의가 언급되는 이유다. 법치주의란 국가권력이 특정한 개인이나 집단의 자의적인 결정이 아니라 헌법과 법률에 의거해 예측 가능하고 안정성 있게 운영되어야 함을 주로 의미하지만, 품격을 강조하는 사람들에게는 국민이 법질서를 준수하는 혹은 준수하도록 통치되는 상태다. 품격 있는 나라의 국민은 자신의 이해관계가 아무리 다급하고 절실해도 법이 정해놓은 절차를 평정심을 가지고 차근차근 밟아나간다.

반면 '실격당한' 사람들은 정반대로 행동한다고 여겨진다. 이들은 공공장소에서 시끄럽게 떠들거나 질서를 지키지 않고, 시간time · 장소place · 상황occasion(이른바 'TPO')에 맞는 행위 규범을 잘 알지도 못하고 알아도 지키는 데 서툴다. 자신의 모습을 성찰하고 적절하게 통제하기보다는 당장의 이익을 위해 내달린다. 지하철에서 사람들이 내리기 전에 올라타고, 주민자치센터 민원실에서 고래고래 소리를 지르고, 복지관 직원들이 무료로 나눠주는 김장김치의 양이 적다고 불평한다. 자신의 이익을 위해 도로를 점거하거나 공공장소에 천막을 치고 노숙을 한다. 품격을 중시하는 이들에게 이런 행동은 무질서하고 통제되지 않는, 그리고 성찰 능력을 상실해 수치심을 모르는 존재들의 전매특허로 보일 것이다.

경제적으로 여유가 없고 사회적 지위를 획득하지 못한 사람들, 신체적 장애나 질병 등을 이유로 사회에서 배척당하는 사람들이 품격 있는 삶을 달성하기란 쉬운 일이 아니다. 인종차별 때문에 '흑인 전용 화장실'에 가야 했던 흑인들은 백인이 주류인 장소에서 절대로 여유 있고 품격 있게 자신을 연출할 수 없었다. 1960년대 미항공우주국NASA에서 근무했던 흑인 여성 수학자의 모습을 그린 영화 〈히든 피겨스〉가 이를 잘 보여준다. 유인 우주선 발사 계획에 정식 소속된 유일한 흑인 여성 연구자였던 캐서린 존슨은 근무 시간 중에 화장실에 가기 위해 매일 800미터를 달린다. 자신이 일하는 건물에 '흑인 여성 전용' 화장실이 없기 때문이다. 그녀는 보통은 용변을 그냥 참고(하이힐을 신은 캐서린의 다리가 덜덜 떨린다), 버티지 못할 한계에 이르면 비를 맞거나 자료를 바닥에 흘리며 허둥지둥 화장실로 달려간다. 장애인용 화장실이 없는 곳에서 일하는 장애인도 정확히 동일한 상황에 놓인다. 지하철을 타고 내릴 때 종종 노인들이 문이 열리자마자 올라타느라 다른 승객들과 충돌을 일으키는 모습을 보곤 한다. 이를 과거 세대가 현대적인 규범에 적응하지 못해 생긴 문화지체 현상으로 볼 수도 있겠지만, 나는 이들이 좌석에 앉지 않으면 너무나 힘든 상황에 처할 수 있다는 점도 고려해야 한다고 생각한다. 무릎과 허리가 아프고, 어깨가 쑤시는데 참을성 있게 지하철 탑승 예절을 준수하기란 어려운 일이다.

품격이 개인의 성찰 능력만으로 오롯이 달성되는 것도 아니다. 경제적 여유가 있고, 자잘한 심부름을 도와줄 지원 인력이 있는 사람은 자신의 품격에 신경 쓸 여력이 훨씬 크다. 체력이 강하고, 생리 현상을 오랜 시간 잘 통제하고, 흔들리는 지하철에서 손잡이를 잡거나 타인에게 기대지 않고도 굳건히 버티는 건강한 다리를 가졌다면 그는 품격 있는 나라의 주인이 되기 쉽다. 특히 사회적 위계의 상층부에 있는 사람들에게는 그의 품격을 위해 봉사하는 다수의 지원자들이 있다. 본래 뜻과는 다소 차이가 있지만, 한국 사회에서는 이렇게 상급자의 품격, 권위, 상징을 위해 복무하는 노력을 의전儀典이라고 부른다. 가장 편안한 의자, 기다릴 필요 없이 부드럽게 이어지는 절차, 당황할 일 없도록 사전에 불안정한 요소를 철저히 제거하는 답사……. 의전은 이를테면 지위가 높은 사람이 그에 어울리는 여유롭고 품격 있는 움직임과 확고한 권위를 드러내고, 마음껏 자기를 과시할 수 있게 하는 일종의 '무대 설계'이다. 단체 회식이나 작은 행사만 열려도 조직의 상사나 대표자를 수행하는 사람들은 소위 VIP의 동선動線을 기획하느라 여념이 없다. VIP는 매끄럽게 행사장으로 이동해 단 몇 초도 기다리지 않고 최소한의 발걸음으로 자신의 권위에 부합하는 위치에 앉는다. 스스로 별다른 통제력을 발휘하지 않아도 허둥지둥 댈 일이 없고, 위급한 일이 발생해도 그를 모시는 사람들이 알아서 모두 해결한다. 그는 현재의 질서에서 최적화된 수단을 이용해 품격 있는 인간으로 살아간다.

품격을 위해 우리는 고도의 성찰성을 발휘해 자신을 감독한다. 용변 처리 등 현대인에게 요구되는 '문명화된 몸가짐'은 물론, 내가 나의 직업과 사회적 지위에 맞게 행동하고 있는지도 면밀히 관찰하며 통제한다. VIP 역시 자신을 위해 복종하는 하위 직급의 사람들을 격조 있게 대한다. 점잖은 목소리, 적당한 유머(대개 재미없다), 소시민적 면모(보통은 아주 하찮은 영역에서만 소시민적인 척한다)를 적절히 섞는다. 근본적으로 위엄을 유지하며, 상대방이 권위의 아우라를 깨고 들어오지 못할 선까지만 '평등한 존중'을 시혜처럼 베푼다.

타인을 향해 자신의 모습을 꾸미는 가장 노련한 존재로는 속물snob이 있다. 속물은 언제나 타인을 의식한다. 속물에게는 자신의 모든 것이 전시의 대상이고, 삶의 모든 측면이 연극적이다. 그들에게 차를 마실 때 중요한 것은 혀로 느껴지는 풍미가 아니라 그 차의 평판이다.[10] 속물과 품격만을 지나치게 강조하는 자들의 경계는 그래서 모호하다. 차이가 있다면, 속물은 자신의 이익을 위해 가끔씩은 자신의 품격까지 짓밟는다는 것이다. "쇼하지 마!"라고 외치던, 강서구 특수학교 설립 토론회의 참가자가 그렇다. 그는 아마 다른 장소에서는 결코 그렇게 행동하지 않을 것이다. 하지만 집값과 같은 자신의 중대한 이해관계가 걸리면, 특히 그의 행동을 비난할 사람들이 그보다 사회적 위계가 낮은 이들이라면 기꺼이 그렇게 행동할 수 있다. 그는 고도의 성찰성을 발휘해 자신을 통제하고, 연기하고, 상대방의 반응을 퍼포먼스의 일부로 이해하고 대결을 펼치는 '노련한' 인간이다. 그러나 고상한 언어로 반대 의견을 말하고 '너저분한 것들'과 대면하지 않은 채 토론회 자리를 떠나는 국회의원과는 다르다. 국회의원은 자신의 품격을 유지하기 위해 자리를 뜬다. 하지만 속물은 대결을 회피하지 않는다. 위계서열(VIP와 VIP가 아닌 사람 간의 위계, 장애인과 비장애인 간의 위계)을 강조하고, 타인의 복

10 김홍중, 『마음의 사회학』, 문학동네, 2009, 59~60쪽.

종 혹은 철저한 굴종, 잘 짜인 완벽한 무대를 요구한다는 점에서 둘은 닮아 있지만 목표 달성을 위해 투박하고 노골적인 퍼포먼스를 과감히 펼치는 자와 그렇지 않은 척 점잔을 떠는 자의 차이가 '품격주의의 세계관' 주변에서 아슬아슬하게 갈린다.

하지만 그 차이란 역시 종이 한 장에 불과하다. 품격주의자임이 확실해 보이는 황교안 전 국무총리가 2015년 7월 20일 서울 구로구에 있는 한 노인종합복지관을 방문했을 때의 일이다. 복지관 측은 노인들의 엘리베이터 사용을 막고 황총리가 오기를 기다렸다. 그의 별명은 '의전왕'이었다.[11] 엘리베이터를 붙잡아두고 복지관 이용자들이 계단을 이용하게 만든 정부 서열 2인자는 품격을 강조하는 속물이었을까? 품격을 강조하는 이들이 속물성의 그림자를 동시에 지니고 있다는 것 자체가 우리 사회의 비극일지도 모른다. 어떤 면에서는 자신의 목표를 위해 내달리는 노골적인 속물이 나을 수도 있다. 이를테면 품격주의자는 고상한 척 공연을 만들고 권력과 권위, 지위, 경제적 이익을 교묘하게 추구하는 기획자에 가깝다. 그에 반해 속물은 필요하다면 노골적으로 잔인하고 야한 연극을 만들어 경제적 이익을 좇는 기획자와 유사하다. 둘은 하나의 철학을 공유하면서 삶이라는 공연의 장르만을 달리한다.

11 이 장면을 담은 사진이 화제가 되었다. '총리님 때문에……', 〈한국일보〉 2015. 7. 21. 황교안 총리는 그 후에도 의전과 관련하여 여러 차례 구설수에 오른다. KTX 오송역 플랫폼 앞까지 총리의 차량이 진입했고, 12초 구간을 지나가기 위해 7분간 교통신호를 통제하기도 했다('黃 또 과잉의전 논란', 〈YTN〉 2017. 1. 4).

존엄을 구성하는 퍼포먼스

한여름의 어느 오후, 나의 동네 친구들이 모두 계곡으로 물놀이를 가려던 참이었다. 나는 아이들이 계곡으로 몰려가면 혼자 덩그러니 남겨질 상황이 두려웠다. 집에 있는 16비트 게임기, 레고 블록, 포커, 수박으로 유혹해도 건강한 10대 초반 아이들이 차가운 계곡물에 뛰어드는 것을 막을 수는 없었다. 나는 아무렇지 않다는 듯이 반응했다.

"야, 빨리 수영 가라. 좀 자야겠다."

아이들이 밖으로 뛰어나갔다. 그런데 한 친구가 자기는 가지 않겠다며 우리 집 소파에 드러눕는다. 진짜로 가기 싫을 리가 없었다. 나는 "야, 나 낮잠 좀 자자. 빨리 가, 인마!"라며 그 아이를 타박했다. 그러자 녀석이 답했다.

"나 피부 관리해야 돼."

피부 관리라고? 한겨울에 로션을 바르기는커녕 반팔을 입고 뛰어다니는 녀석의 그 말이 어이없다.

"헛소리하지 말고 빨리 가."

나는 툴툴대면서 오후 한나절 정도는 방에 혼자 남아도 좋다는 생각을 한다. 녀석은 못 이기는 척 나가더니 잠시 뒤 우리 집에 다시 와서 만화책 몇 권을 던져준다. 그러고는 계곡으로 먼저 간 다른 아이들을 따라잡기 위해 서둘러 사라진다.

친구가 '피부 관리'를 해야 한다는 얼토당토않은 이야기를 할 때, 나는 당연히 그가 나를 배려하기 위해 거짓말을 하고 있다는 걸 알았다. 친구 역시 자기 행동의 진짜 의미를 내가 알고 있다는 걸 알았을 것이다. 그래서 친구가 "피부 관리해야 돼"라고 말할 때, 나는 "헛소리하지 말고 빨리 가"라고 말했다. "정말이야? 그럼 같이 피부에 뭐라도 바를까? 엄마 화장품이 어디 있더라……"라고 내가 반응했다면 친구는 적잖이 당황했을 것이다. 친구는 낮잠을 자겠다며 내쫓는 나의 말에 못내 아쉬운 척 자리를 떠났다가, 집에서 만화책을 가져와 내 방에 던져 넣기로 한다. 말하자면, 피부 관리 이야기 속 두 어린아이는 상황의 진실(실재)을 공유하고 있는 것이다. 두 아이는 서로의 진실을 철저히 공유하면서도 상대방의 반응에 따라 자신의 연기 내용을 조율하며 한 편의 무대를 연출한다. 무대에서 이루어지는 대사와 행동에는 거짓이 포함되어 있지만, 이들은 진실을 바탕으로 무대를 구축했다.

모든 인간이 왜 존엄한 존재인지는 국제 인권 규범이나 헌법, 법률에 근거할 수 있지만, 그 규범과 법률이 어디에 기대고 있는지는 늘 논쟁적이다. 신이 인간을 창조해서 그렇다는 이야기는 종교인들에게는 유효하겠지만, 세속적인 현대인들에게는 타당한 근거가 아니다. 나는 추상적인 인권 규범이 아니라 우리의 구체적인 일상에서 출발하고 싶다. 우리는 각자가 왜 그저 태어났다는 이유로 존엄한 존재인지 잘 알지 못하지만, 그럼에도 일상에서 상대방을 존중하고 그에 화답하는 상호작용, 즉 '존엄을 구성하는 퍼포먼스'를 실천하고 있다.[12]

사람들이 품격을 위해 상호작용하며 만들어내는 퍼포먼스와 존엄을 위해 만들어내는 퍼포먼스에는 큰 차이가 있다. 우리는 일상에서 이를 직관적으로 감지할 수 있다. 존엄을 구성하는 퍼포먼스에서는 그에 참여하는 모든 행위자가 실재(진실)를 공유한다. 그 공유하는 실재 위에서 서로가 서로의 연기에 적극적으로 반응하면서 대등하게 퍼포먼스에 참여한다. 아이를 갖고 싶어 하지만 아이가 없는 대학 동기 앞에서 육아가 화제가 되었을 때 신속하고 자연스럽게 화제를 돌리는 친구, 시한부 선고를 받은 가족 앞에서 평소처럼 대화를 나누며 저녁식사를 하는 가족들, 카페 옆자리에서 시끄럽게 소음을 내는 자폐 아동에게 무관심하다는 듯 아무렇지 않게 책으로 눈길을 돌리는 대학생. 이들은 모두 서로의 연기가 품고 있는 의도를 공유한다. 친구가 나를 배려해서 화제를 돌리고 있다는 걸 나는 안다. 아픈 사람도 아프지 않은 사람도 함께할 날이 얼마 남지 않았음을 알면서도 평범한 일상을 조금이라도 더 함께하고 싶기에 시답지 않은 농담을 주고받으며 저녁 식탁에 마주 앉는다. 자

12 이 논의는 사회학자 뒤르켐의 『종교 생활의 원초적 형태』를 통해 일상의 상호작용을 분석한 어빙 고프먼의 저서들과 인류학자 김현경의 『사람, 장소, 환대』에 이론적으로 기대고 있다. 김현경은 이렇게 쓴다. "개인은 (사회화를 거쳐서) 일단 사람이 되었다고 해도, 남의 도움 없이 계속 사람으로 살아갈 수 없다. 사회생활의 모든 순간에 그는 다른 사람들로부터 사람대접을 받음으로써 매번 사람다운 모습을 획득하는 것이다. 상호작용에 참여하는 개인은 그러므로 다른 참가자들의 사람다움을 확인해주고, 사람이 되려는 그들의 노력을 지지해줄 의무를 갖는다. …… 상호작용 의례를 행하는 것은 상대방의 인격에 대한 경의의 표현이면서 동시에, 공동체에서의 그의 성원권을 인정한다는 의미가 있다."(116쪽)

폐 아동의 부모는 소란 속에서도 태연히 책을 읽는 대학생이 무관심한 척 연기를 하고 있다는 걸 안다.[13]

서로를 인격체로 존중하는 상호작용은 실재를 공유하면서 그 존중을 강화한다. 모르는 척해주는 익명의 대학생이 고마워서 그를 존중하며, 자신을 존중하려 애쓰는 자폐아 부모의 노력을 아는 대학생은 더더욱 무심한 척 책으로 눈길을 돌린다. 타인이 나의 반응에 다시 반응하는 존재라는 사실을 인정할 때 우리는 타인을 존중하게 되며, 나를 존중하는 타인을 통해 나 자신을 다시 존중하게 된다. 철학자 토머스 네이글Thomas Nagle은 인간만이 갖는 고유한 성적 끌림을 상호작용을 통한 성적 흥분의 상승으로 묘사하는데, 나는 이것이 상대방을 존중하면서 확장되는 존엄의 구축 과정과 유사하다고 생각한다. 네이글은 칵테일 라운지 반대편에 있던 로미오와 줄리엣이 벽면의 거울을 통해 상대방을 바라보다가, 실은 서로가 서로를 바라보며 성적으로 끌리고 있다는 걸 알게 되는 순간 다시 더 끌리게 되는 장면을 묘사한다. 로미오는 줄리엣의 부드러운 머릿결과 마티니를 주저하듯 마시는 모습에 끌리고, 줄리엣도 로미오

13 물론 상대방이 전혀 알지 못하게 선의를 베풀어 타인을 존중하는 일도 많다. 휠체어를 탄 사람이 저쪽에서 오는 걸 보고 출입문을 조용히 열어두고 가는 사람이 있다면, 휠체어를 탄 사람은 누군가 자신을 위해 문을 열어두었다는 걸 모를 수도 있다. 이는 선량한 행위이지만 그 행위를 인지하는 사람이 없으므로 존엄에 대한 '수행적 효과performative effect'를 갖는 상호작용은 아니다. 아는 사람이 없다고 그 행위의 가치가 내려가지는 않는다. 하지만 내가 여기서 주목하는 것은 서로 간의 '상호작용'이다.

에게 성적 매력을 느낀다. 하지만 그들은 서로 거울로만 바라볼 뿐 상대도 자신에게 이끌리고 있다는 것은 알지 못한다. 그러다 거울에 비친 시선의 각도를 통해 상대도 자신에게 끌리고 있음을 알아차린다.

> [줄리엣은] 로미오가 그녀에게 성적으로 이끌린다는 것에 성적으로 이끌린다. …… 줄리엣이 로미오가 자신에게 성적으로 이끌린다는 것을 알고 성적으로 고양되자, 그로 인해 로미오가 성적으로 고양된다. 로미오가 줄리엣을 성적 욕망을 가지고 바라보고 있다는 것을 줄리엣이 성적 욕망을 가지고 바라보자, [그 모습을 다시] 로미오는 성적 욕망을 가지고 바라본다.[14]

이 과정은 계속 반복되면서 더 이상 '바라봄'의 방향이 구별 불가능한 단계로(내가 너를 바라보고, 너는 내가 너를 바라보는 것을 바라보고, 다시 나는 그것을 바라보고……) 나아간다. 우리가 오믈렛을 좋아한다고 해서 오믈렛이 우리에게 반응하지는 않는다. 하지만 내가 누군가에게 이끌릴 때 그 사람이 나에게 긍정적인 신호로 반응한다면 우리는 더더욱 그에게 이끌리고, 내가 더 크게 이끌리는 모습을 바라보면서 상대방도 나에게 더 강하게 이끌린다. 이처럼 서로의 반

14 Thomas Nagel, "Sexual Perversion", *The Journal of Philosophy*, Vol.66, No.1, 1969, p.11.

응에 반응하면서 반응은 더더욱 크게 확장되고, 각자의 반응이 향하는 방향은 이제 하나로 수렴된다. 이러한 인간적 상호작용의 특징을 성에 한정할 필요는 없다. 우리가 타인을 존중할 때에도 동일한 화학작용이 일어난다. 내 친구가 "피부 관리해야 돼"라고 말할 때, 나는 그가 나를 존중하기에 거짓말을 하고 있음을 알고 그에게 맞장구를 쳐준다. 나의 맞장구에 그는 내가 자신을 존중함을 알고, 더더욱 나를 존중한다. 그가 나를 존중하는 모습에서 나 역시 스스로를 존중한다. 결국 나는 그가 실제로는 가고 싶어 했던 계곡으로 그를 마음 편히 보내주고, 그는 나의 자존감을 지켜주며 만화책을 건네고 떠난다. 우리는 서로가 욕망과 자존심을 가진 하나의 인격체라는 점을 깊이 인정한 상태에서 연기를 했고, 이런 퍼포먼스는 우리의 존재를 더욱 밀도 있게 만들어준다.

반면 품격을 위한 퍼포먼스에서는 그에 참여하는 모든 사람이 반드시 실재를 공유할 필요가 없고, 서로의 반응에 다시 반응하는 상호작용이 필요하지도 않다. 품격 있는 권력자의 고매한 태도를 연출할 때, 의전을 수행하는 실무자는 그 무대에 굳이 모습을 드러내지 않는다. 때로 장애인, 노숙인, 빈자들이 권력자의 도덕적 선량함을 빛내는 데 동원되지만, 그때에도 동원된 이들의 반응은 무대에 반영되지 않는다. 장애인복지시설에서 목욕을 도와주는 정치인의 얼굴은 드러나지만, 장애인의 얼굴은 드러나지 않는다. 얼굴이 없다면 반응할 수 없다. 얼굴이 없는 존재, 익명화된 존재, 기호화된 존재는 오믈렛과 다를 바 없다. 이들은 상대방의 반응에 반응하지 못하며, 반응하더라도 상대는 그 반응을 무시하기 일쑤다. 품격에만 초점을 두는 퍼포먼스는 등장인물 중에서 가장 꼭대기에 있는 1인만을 위한 무대가 되기 쉽고, 나머지 사람들은 오로지 그에게 맞춰 움직일 뿐이다. 명품 가방은 당신의 품격을 높일 수 있지만, 더 값비싼 명품이 등장하면 그 최고가 명품의 품격을 위해 복무하는 수단으로 전락한다. 국무총리는 복지관에서는 최고의 품격을 자랑하겠지만, 대통령 앞에서는 대통령의 격을 높이는 존재로서만 역할을 부여받을 뿐이다.

일상의 상호작용을 연기나 무대라는 말로 비유하는 것은 실제로 연극 공연이 이와 거의 동일한 본질을 갖기 때문이다. 공연에 참여하는 연출가, 기획자, 배우, 관객은 앞으로 무대 위에서 벌어질 일들이 가짜, 즉 실재가 아니라는 사실을 모두 안다. 다만 그저 약속할 뿐이다. '우리는 어떠한 예술적 목표를 달성하기 위해 이 순간 잠시 서로에게 거짓말을 하기로 약속한다.' 이 약속 자체는 모두에게 진실(실재)이며, 이들이 집단적으로 특정한 목표를 추구한다는 점 역시 실재다. 공연장에 들어오는 사람과 공연을 준비한 사람은 무대 위 조명이 켜지고 객석에 관객이 앉는 순간 그와 같은 약속에 참여한다. 여기에 참여하는 배우와 관객은 공통된 목표(가치)에 다가가려 노력하는 동등한 주체다.

서로가 연기를 하고 있다는 점을 공유하고, 그에 기초해 서로의 연기에 반응한다면 이때의 연기는 표면적으로 거짓이더라도 실재와 유리되지 않는다. 물론 우리는 상대방에게 시시콜콜 진실을 알리지 않고도 상대를 배려할 수 있다. 어떤 종류의 선의의 거짓말은 상대방을 기만하지 않고도 그를 배려한다. 하지만 인간의 존엄성이 가장 극명하게 빛나는 순간은 서로가 서로의 연기를 이해하고, 상호작용하면서 서로를 존엄한 존재로 대우하는 때이다. 품격이 상대방을 적절하게 접대하는 연기에 의해 구성된다면, 존엄은 상대를 환대하고 그 환대를 다시 환대하는 상호작용 속에서 형성된다. 우리가 본래 존엄한 존재이기 때문에 그렇게 서로를 대우한다기보다는 그렇게 서로를 대우할 때 비로소 존엄이 '구성된다'고 말할 수 있다.[15]

존엄이 상호작용을 통해 촉발되고 구현되는 것이라면, 우리가 주변에서 마주하게 되는 사람들과의 순간순간이 그 계기가 된다. 이런 순간들에 참여하기 위해 우리는 품격만을 위한 퍼포먼스를 거부하고, 스스로가 그 노예가 되지 않도록 저항할 필요가 있지 않을까? 속물성, 품격주의자로서의 본성은 누구나 가지고 있다. 그러나 '핵토'의 얼굴, 뒤틀린 장애인의 몸, 가난하고 절박한 표정, 노쇠한 팔다리로는 어지간한 권력이 없다면 품격주의자의 삶을 유지하기 어렵다. 내가 아는 한 역사상 가장 '부자유하고 품격 없는 몸'을 가진 어떤 사람들과의 만남이 이 시점에서 우리에게 용기를 준다. 존엄

15 이는 존엄에 대한 수행적performative 효과를 강조한 것이다. 나의 생각은 당연히 김현경의 연구에 빚지고 있다. 참고로 여기서 접대와 환대라는 말의 구별은 사라 카우프먼Sarah Kaufman의 『우아함의 기술』(노상미 옮김, 뮤진트리, 2017, 68쪽)의 한 구절에서 빌려왔다.

의 퍼포먼스를 시작하기 전에 우리는 탁월한 공연자로서 그에 걸맞은 정신과 몸을 준비해야 한다. 진정한 존엄의 무대를 위한 토대를 만들었던 주인공들을 다음 장에서 만나보기로 한다.

3장

우리는 사랑과 정의를 부정한다

푸른잔디회

나는 늘 우아하고 싶었다. 곡선을 그리며 편안하게 움직이고 타인에게 일정한 만족감과 평온함을 전달하는 몸, 예측 불허로 움직이면서도 마치 원래 그렇게 되어야 했다는 듯이 움직이는 몸을 가지고 싶었다. 김연아의 몸은 마치 중력에서 자유로운 것처럼 보인다. 이는 엄청난 힘을 극도로 평온하게 발휘하기 때문이다. 무용평론가 사라 카우프먼은 20세기 중반을 풍미한 영화배우 캐리 그랜트를 우아함의 대명사로 꼽는다. 카우프먼은 "그의 육체적 우아함과 머리부터 발끝까지 온몸을 다 써서 물 흐르는 듯한 연기를 창출해내는 능력"에 매혹되었다고 썼다.[1] 우아한 배우는 춤추듯 연기한다. 자신의 몸 전체를 여유 있게 완전히 통제하며 목표를 향해 움

1 사라 카우프먼, 앞의 책, 37쪽.

직인다. 그럼에도 힘이 들어가지 않는다. 김연아가 얼음을 딛고 공중에서 세 바퀴 반을 돌면서도 전혀 힘들어 보이지 않는 것처럼.

반면 나는 중력이 두 배인 행성에 사는 것 같다. 내 장애는 골격계 질환에서 비롯되었다. 뼈는 굽었고, 약하고, 균형이 맞지 않고, 짧거나 휘었다. 중력을 지탱하지 못하기에 구부정한 자세, 푹 들어간 얼굴, 중심이 없는 팔다리로 휘청거린다. "등을 아치 모양으로 휘게 하고 가슴을 쳐들고 내려오는, 그래서 마치 둥둥 떠내려 오는 것 같은"[2] 우아한 자세는 나로서는 불가능하다. 그러므로 내가 할 수 있는 일은 주어진 여건 속에서 최대한 우아함을 확보하기, 예컨대 1.8초에 한 번씩 휠체어 밀기다. 그 밖에 어쩔 수 없는 한계는 사심 없이 바라보며 관조하는 정신을 갖기.

몸의 한계와 더불어 나에게는 자원도 부족했다. 우리가 살펴보았듯이 우아하고 품격 있게 살아가는 인간이 되려면 일정한 자원이 필요하다. 학교에 다닐 방법이 없어 대학에 입학하자마자 구매했던 나의 1994년식 중고차는 3년쯤 지나자 툭하면 도로에서 퍼졌다. 내 치아는 장애의 영향으로 엄청나게 망가졌다. 자동차에 기름을 넣는 대신 점심을 굶어야 했던 나의 대학 시절은 깊은 밤에도 우아함을 꿈꾸지 못했다. 때때로 휠체어를 밀어주고, 치아를 고쳐주고, 퍼지지 않는 자동차를 사줄 사람이 없었다. 허둥지둥 실수를 연발할 때 도움을 줄 수 있는 사람도 존재하지 않았다. 신변의 수많은 일들과

2 앞의 책, 61쪽.

여기저기서 터지는 삶의 위기들을 수습하기에도 벅찼다. 나는 고고하게 휠체어에 앉아 친절한 얼굴로 세상에 감사를 표시하고, 아름다움을 찬양하고, 장애를 극복했다 말하며 희망과 꿈을 전파하는 장애인으로 살지 못했다. 그렇게 말하고 다니는 장애인들은 내 눈에는 특별히 부유한 부모나 배우자가 있거나, 그저 사기꾼 같았다.

"내 장애에 노련한 사람이 어딨나요?"라고 서울대학교 장애 인권 동아리 턴투에이블이 물었다. 나는 "여기 나 있는데……"라고 답하고 싶었다. 하지만 내가 갖춘 노련함의 기술이 나를 우아하게 혹은 행복하게 만들었는지는 의문이다. 노련한 인간이 되기 위해 한순간도 쉬지 않고 나를 관찰했던 시간은 피곤함 그 자체였다. 내 몸은 우아함의 발가락 끝에라도 닿아 있는가? 내 몸에서는 빈곤의 흔적이 나타나는가? 내 다리는 조금이라도 길어 보이는가? 나는 우중충하고 우울한 장애인 같은가? 단 한순간도 성찰의 시각을 거두기 어려웠다.

나는 오랜 기간 기초생활수급권자로 살았지만 주민자치센터 민원실의 진상 고객이 된 적이 없다. 도로를 점거하는 '위법자'가 되지도 않았다. 노련한 일상의 연기자, 존 롤스와 카를 마르크스, 미셸 푸코를 읽는 지적이고 비판적인 연구자이고자 했다. 인권과 정의, 사회구조의 변혁을 말하지만 위법은 저지르지 않는 합리적이고 품격 있는 장애인을 만나기란 쉽지 않다. 내가 바로 그런 인간이다.

'푸른잔디회青い芝の會'는 일본에서 1960년대 중반에 등장해

1970년대 초반 주로 활동한 뇌성마비 장애인들의 단체였다. 이들은 승차 거부에 맞서 버스를 점거하고, 목욕탕 입장을 거부당하자 목욕탕을 점거하기도 하며, 횡단보도를 기어가 도로 위에 시를 쓰고 나체 시위를 벌이는 등 사회적으로 큰 파장을 불러일으켰다. 그러나 이런 투쟁의 행태보다 '푸른잔디회'를 세간에 더욱 각인시킨 것이 있었는데, 바로 그들의 독창적인 행동 강령이었다.[3]

1. 우리는 우리가 뇌성마비자라는 것을 자각한다.
2. 우리는 강렬한 자기주장을 행한다.
3. 우리는 사랑과 정의를 부정한다.
4. 우리는 문제 해결의 길을 선택하지 않는다.
5. 우리는 비장애인 문명을 부정한다.

푸른잔디회는 본래 가나가와현을 중심으로 전국 네트워크를 가진 친목 단체였다. 1960년대 후반에서 1970년대로 넘어갈 무렵 내부의 주도적 구성원들이 달라지면서 단체의 성격이 변하기 시작했다.[4] 1970년 5월 요코하마에서 두 살 된 장애아가 어머니에게 살해당한 사건도 기폭제가 되었다. 사건이 일어나자 일본 사회에서는 장애아를 양육하기 어려운 현실을 언급하며, 가해자였던 어머니에

3 남병준, 「푸른잔디회의 사상」, 『진보적 장애 이론을 위하여』(세미나 자료집), 2007.

대한 동정론이 강하게 일었다. 이미 유사한 사건이 여러 건 발생했기 때문에 1960년대 일본에서는 장애 아동을 수용하는 시설이 확충되고 있었다.

급진적이고 비판적인 성향의 구성원들이 유입되면서 내부 갈등을 겪던 푸른잔디회는 이 사건을 계기로 '투쟁적인' 정치 집단으로 변모하기 시작한다. 푸른잔디회는 이 사건에 대해 모두가 부모의 비극만을 조명할 뿐 장애인의 존재는 논외로 하고 있다고 지적했다. 1973년 5월에는 장애를 이유로 한 임신 중절을 허용하는 우생보호법 개정안이 국회에 상정되었는데, 이때도 푸른잔디회는 가나가와현을 중심으로 전국적인 반대 운동을 전개했다.

1970년 푸른잔디회 가나가와현연합회의 회보였던 『아유미あゆみ』 제11호에 처음 실렸던 이들의 행동 강령은 점차 모임 전체에 정착되기 시작했고, 실천의 근거가 되었다. 푸른잔디회에게 '사랑(애정)'이라는 말은 장애인을 억압하는 현실을 감춘 채 가족이라는 영역에 자신들을 가두는 기만에 불과했다. 또한 이들은 자신이 '문제

4 1964년 승려였던 오사라기아키라大仏公가 만든 마하바라촌에 살던 장애인들이 가나가와현 푸른잔디회에 합류하면서 그 성격이 변하기 시작했다고 알려져 있다. 마하바라는 산스크리트어로 '큰 외침'이라는 뜻으로, 이 공동체에서 장애인들은 오사라기아키라에게서 "자본주의 사회 안에서 살아가는 한, 그 사회에 동화하려고 하는 것은 스스로를 부정하는 일일 뿐"이라는 말을 자주 들었다고 한다. 마하바라촌 공동체는 1969년 여러 문제로 붕괴했지만, 이곳에 살던 뇌성마비 장애인들이 푸른잔디회에 합류하면서 친목 모임이었던 푸른잔디회는 정치적 실천을 위한 공간으로 변모하게 된다(다테이와 신야 정희경 옮김 『생의 기법』, 한국장애인단체총연합회, 2010, 189~190쪽).

해결'을 할 생각이 없음을 분명히 했다. 이들의 목표는 장애인이 스스로를 부정하는 관념에서 자유로워지고, 자신을 긍정할 수 있도록 전국의 장애인을 각성시키는 것이었다. 물론 모든 회원이 동일한 생각을 하지는 않았다. 어떤 장애인은 "차라리 죽는 편이 낫다"는 의견을 회보에 투고하기도 했다.[5]

푸른잔디회는 일사불란하게 움직이는 운동 조직이 아니라 네트워크였고, 단일한 이념이나 구체적인 방침 없이 반복된 논쟁과 대립을 통해 운영되는 연합체였다. 이들은 실질적인 제도나 정책에 관해 정부와 협상하기도 했지만, 조직 전체에 일관된 방향은 존재하지 않았다. 공공 부조를 받는 것이 좋은지 아닌지, 장애인시설 내부를 개혁할 것인지 시설 밖으로 나와 지역에서 살 것인지 등 여러 사안에 의견 차이가 있었다. 그럼에도 이들의 강령이 하나로 유지되었다는 점은 흥미롭다. 푸른잔디회는 무엇인가를 '구성'하고 '해결'하는 데에는 단일한 입장이 없는 이질적 연합체였지만, 그동안 사회와 자신을 지배해왔던 장애인에 대한 고정관념, 기존의 실천, 기왕의 위선적 도덕에 대한 전면적인 부정과 거부라는 점에서는 동일한 입장을 보였던 셈이다.

사랑과 정의는 물론 '비장애인의 문명'까지 거부한다는 푸른잔디회의 강령을 내가 정확히 언제 처음 보았는지는 기억이 없다. 그러나 그때 나를 사로잡았던 충격은 생생하다. 나는 절대로 잊을 수

5 앞의 책, 204쪽.

없는, '완전한' 문장들을 만났다고 느꼈다. 모든 것에 대한 철저한 부정. 자신을 소외시킨 사회에 대한 부정에 그치지 않고, 그것을 해결하겠다는 의지조차 부정하는 순수한 부정. 이 부정에는 어떤 연극적 요소도 존재하지 않았다. 만약 이 부정이 타인의 시선을 의식한 일종의 퍼포먼스였다면, 자신을 타인에게 인정받기 위해 '노련하고자' 애쓴 행위였다면, 아마 그들은 무엇인가 스스로를 멋지게 포장할 요소를 강령 안에 남겨뒀을 것이다. 이를테면 "우리는 지금까지의 위선적인 사랑과 정의를 부정하며, 우리가 생각하는 정의란 ~이다"라고 말했을 것이다. 또한 이들이 타인의 시선 앞에 '매력적인' 정치적 주체로 인정받기를 꿈꿨다면, "우리 문제는 우리가 해결한다"라고 외쳤을 것이다.

하지만 이들은 그 어떤 말도 하지 않은 채 외친다. 우리는 문제를 해결하지 않는다. 자신의 가능성과 실천 능력, 의지까지도 부정하는 이 완전한 부정에서 사회적, 정치적 상호작용의 노련함이라고는 찾아볼 수 없었다. 세계에 대한 급진적 비판과 고립주의 노선을 선언한 소수자집단은 종래에도 있었지만, 푸른잔디회는 자기 혼자의 힘으로 화장실에 가거나 밥을 해 먹기도 어려운 사람들이었다. 그런 사람들이 이토록 완전한 부정을 선언할 때는 자신의 생존과 인정에 대한 어떤 은밀한 욕망도 전제하지 않았던 것이다. 그러므로 이들의 말은 나에게 이렇게 들렸다.

"우리는 노련하게 살아남기를 거부한다."

"우리는 타인의 시선과 인정에는 관심이 없다."

연극적으로 죽거나 살기

2014년 서울변방연극제에 오른 연극 〈독립사건〉은 짧고 코믹하지만 의미심장한 상황을 설정한 작품이다. 공연이 시작하면 무대 위에 휠체어를 탄 여성 물리학 교수가 등장한다. 천재 물리학자인 이 교수는 아직 그 존재가 이론적으로만 가정되는 자기단극자라는 입자를 찾기 위해 평생을 연구하지만 실패한다. 그녀는 자신이 생각하는 이론이 완전하지 않다는 좌절감에 자살을 결심했다고 말한다. 하지만 자살하기 직전, 사람들이 결국 자신이 "장애를 비관하여" 죽었다고 평가할까 봐 걱정한다.

> 저는 생각했습니다. 내가 자살로 생을 마감한다면 사람들이 어떻게 생각할까? 나의 명성과 부, 학자로서의 업적, 나를 존경하는 제자들, 내 저서들……. 이런 것과 상관없이 사람들은 생각할 것입니다. 아무리 교수라도 장애를 극복해낼 수는 없구나. 그리고 신문과 찌라시들은 이렇게 말할 겁니다. "명문대 장애인 교수, 장애를 비관하여 자살." 똑똑히 들으세요. 제가 자살하는 이유는 나의 장애, 내 몸과 아무 상관이 없습니다. 그래서 나는 이 고층 빌딩 위에서 나체로 자살하기로 마음먹었습니다. 내 알몸을 보고 사람들은 내가 내 몸에 대해 어떤 열등감도 가지고 있지 않았다는 것, 나체로 서 있는 사실을 전혀 불안해하고 있지 않다는 걸 알게 되길 바라면서.[6]

누군가에게 연극적인 삶은 위선이겠지만 누군가는 연극적으로 살 수밖에 없다. 가면을 쓰지 않은 얼굴은 너무나 투명해서 실제로 얼굴이 있는지도 알아볼 수 없다. 아무리 거울에 비추어 보아도, 즉 반성해도 가늠할 수조차 없다. 그래서 얼굴이 없는 인간은 자신을 증명하기 위해 발버둥 친다. 나체로 죽겠다는 결정은 결국 자신의 죽음조차도 퍼포먼스로 만든다. 자신이 장애를 비관하여 죽는 게 아니라는 '진실'을 위해 연극적으로 죽어야 하는 삶. 이런 죽음은 정반대로 장애가 없는 '완벽한' 인간에게도 있다. 장강명의 소설 『표백』에 등장하는 대학생 정세연의 죽음이 바로 그런 예다.

정세연은 고등학교와 대학교 내내 모두가 인정하는 가장 우수한 인재였고, 누구나 지나가다 한 번쯤 돌아볼 만큼 외모도 아름다웠다. 그녀는 타인을 마약처럼 유혹해 자신의 목표를 실현하기 위한 수단으로 삼는 매력과 재능이 있었다. 그녀가 보기에 자신이 살아가는 2000년대의 풍경은 더 이상 자신과 같은 '영웅적' 인간들이 성취할 영역이 남아 있지 않은, 즉 이전 세대에 의해 이미 완결된 세계였다. 역사가 사라지고, 새롭게 창안하거나 전복할 것은 없는 세계. 이 세계를 살아가는 세대를 정세연은 '표백 세대'라고 불렀다.

모두가 동일한 모습으로, '표백된' 얼굴로 살아가는 삶을 견딜 수 없었던 그녀는 자신이 할 수 있는 유일하고 가장 확실한 저항으

6 연출 한경훈·배우 문영민, 〈독립사건〉(2014년 서울변방연극제).

로 자살을 결심한다. 그저 세상이라는 게임에서 퇴장하는 소극적 저항으로서의 자살이 아니라 완전히 표백된 세상에 충격을 던지는, 이를테면 역사성을 갖는 적극적 저항의 수단으로서 자살을 계획한다. 그러기 위해서는 이 자살이 무엇보다 "죽을 이유가 전혀 없는" 상황에서 행하는 자살이어야 한다고 생각한다. 그래서 국내 최고 기업에 취업이 확정된 후에 자살하기로 결심하고, 자신이 조금만 의지를 가지면 얼마든지 일어설 수 있는 얕은 물에 빠져 죽기로 한다. 또한 자신을 따르는 추종자들을 만들어 그들이 누구나 선망하는 사회적 지위를 쟁취한 이후 공개적으로 자살하도록 부추긴다. 정세연과 그 추종자들의 연쇄 자살은 정세연이 미리 기록한 글과 세연의 동생을 통해 인터넷으로 일파만파 퍼진다.

정세연은 고도의 자기 통제 능력을 가진 사람이었다. 자신이 두려워하는 일을 극복하기 위해 번지점프에 도전하고, 가장 얕은 물에 빠져 죽기를 직접 선택하는 인물. 그러나 그런 그녀도 극복할 수 없는 일이 있는데, 그중 하나가 "장애인이 되는 것"이다. 장애인이 되는 일 역시 두렵기에 결행하여 극복하고 싶지만 선불리 실행할 수 없다. 장애인이 된 후에 자살하면 사람들이 '장애를 비관하여' 죽었다고 생각할 것이기 때문이다. 고도의 성찰성, 즉 고도의 자기 통제와 자기 연출에 탁월한 인물이라도 '장애인 되기'를 연출할 수는 없다. 목숨을 끊을 수는 있지만, 장애인이 되는 삶은 단행할 수 없는 것이다.

푸른잔디회가 가나가와현연합회 회보에 강령을 선포한 1970년

10월로부터 약 1개월 후, 당대 일본에서 가장 유명했고 노벨상 후보로도 거론되던 작가 미시마 유키오三島由紀夫가 자신이 만든 민병대인 방패회 회원 네 명과 함께 일본 육군 자위대 총감을 방문하여 자위대의 궐기를 외치고, 그 자리에서 할복자살한다. 미시마는 어린 시절 할머니에게서 학대에 가깝게 양육되었고, 병약한 신체와 사회적으로 용인되기 어려운 성적 충동 때문에 괴로워했다. 미시마의 죽음에 관한 설명은 다양하지만, 그 가운데 하나로 그가 극도의 나르시시스트로 스스로를 성적 충동의 대상으로 삼았다는 분석이 있다. 미시마는 유약한 신체를 극복하기 위해 20대 후반부터 수영, 복싱, 헬스 등으로 신체를 단련하여 성적으로 매력적이고 건강한 몸을 갖게 되었다. 그는 40대에 접어들어 자신의 몸이 나이가 들면서 '부패하는' 것을 두려워했다고 전해진다. 어린 시절 군인들의 땀 냄새, 총을 맞고 피를 흘리며 죽어가는 모습에 성욕을 느꼈던 미시마는 결국 자신의 몸을 성적 충동의 대상으로서 가장 극적으로 표현할 수 있는 상황을 연출하고 죽는다. 그는 언제나 자신을 바라보고, '보여지는 나'를 연출하는 사람이었다.[7] 그가 20대 중반에 쓴 자

7 정신분석학자인 우시지마 사다노부牛島定信는 미시마의 자살을 분석한 글에서 그가 어린 시절의 학대를 거치며 자기 자신에게 성욕을 느끼는 나르시시스트로 성장했다고 분석한다. 나르시시스트로서 "그는 항상 자신이 두 부분으로 나뉘는 장면을 준비했다. 흥분되는 자아와 그토록 흥분된 몸을 바라보며 흥분되는 자아(바라보는 자아)로 말이다(Sadanobu Ushijima, "The Narcissism and Death of Yukio Mishima – From the Object Relational Point of View", *The Japanese Journal of Psychiatry and Neurology*, Vol. 41, No.4, 1987, p.625)."

기 고백적 소설의 제목은 『가면의 고백』이다. 그는 가면 없이는 고백이 불가능하다고 털어놓는다.

미시마 유키오나 정세연 같은 이들은 뛰어난 자기의식과 통제력을 갖춘 고도의 성찰적 인물이자 탁월한 자기 연출가이다. 이들은 타인의 시선 앞에 자신의 품위, 지위, 우아함을 뽐내는 수준이 아니라, 스스로를 (자신의 관점에서) 가장 성적으로 충만한 대상으로, 완전하게 표백된 세상에 색을 입히는 혁명가로 창조하기 위해 목숨을 끊는다. 이들에게는 예술가이자 혁명가로서의 자기 자신이 무엇보다 중요하다. 이 점에서 미시마 유키오나 정세연은 사랑하는 타인이나 특정한 정치적 목표를 달성하기 위해 유일하고 불가피한 수단으로서 자살을 선택하는 사람, 이를테면 전태일과는 다르다. 전태일은 '전태일'이라는 개인을 알리는 퍼포먼스로서 자기 몸에 불을 지른 게 아니다. 그는 평화시장 노동자로서 자신이 세상에 전하고자 하는 메시지를 알리기 위해 몸에 불을 질렀고(미시마가 죽기 며칠 전인 1970년 11월 13일이었다), 그 과정에서 '전태일'이라는 개인성을 강조하지 않았다. 그는 대통령에게 보내는 편지에서도 자신의 상세한 주소와 재단사 5년차라는 사실을 공개했을 뿐 이름은 언급하지 않았다. 그는 한 사람의 실존하는 재단사이자 노동자로서 사용자들이 근로기준법을 준수하도록 청원하고, 근로감독관에 신고하고, 대통령에게 편지를 쓰고, 노조를 만들고, 스스로 근로기준법을 준수하는 업체를 차리기 위해 시도하다 모든 것이 실패하자, 마지막 수단으로서 죽음을 통해 각성을 촉구한다.

전태일에게 죽음은 피하고 싶은 일이었다. 그에게 죽음은 그 이상의 목표를 위한 수단이었다. 그러나 미시마와 정세연에게 죽음의 순간은 가장 극적인 '자아의 연출', 공연/퍼포먼스로서 중요할 뿐이다. 따라서 이들은 죽을 수는 있어도 장애인이 될 수는 없는 것이다. 만약 자신이 장애인이 되는 대가로 평화시장 여공들의 근로 조건이 개선된다면 전태일은 죽음 대신 그 길을 택했을 것이다. 그러나 정세연과 미시마는 절대로 그렇게 하지 않았을 것이다. 현실의 거의 모든 장애는 자기 연출이라는 측면에서 아름다운 공연이 되기 어렵기 때문이다. 장애인의 실존이란 넘어지거나 뒤틀리고, 용변을 참느라 고생하고, 허리 통증이나 방광염에 시달리고, 어색한 시선을 받고, 혐오와 멸시의 대상이 되는 일이다. 자신의 삶을 가장 미적으로 마감하고 싶은 공연자들에게 이는 죽음보다 못한 삶일 것이다.

미시마가 자신의 병약한 신체를 단련한 이후, 본격적인 노화가 진행되기 전인 40대 초반의 나이에 가장 '형식주의적' 죽음인 사무라이의 방법으로 죽었다는 사실은 그래서 더욱 의미심장하다. 같은 시기 자신의 손으로 절도 있게 혹은 형식적으로 죽으려 해도 죽을 수 없었던 뇌성마비 장애인들의 모임 푸른잔디회는 모든 것을 부정하면서도 죽음을 선택하지 않았다. 이는 죽음까지도 퍼포먼스로 삼는 인간과, 가장 열악한 실존을 감내하면서도(수치심을 견뎌내면서도) 살기를 선택하는 자들의 차이가 무엇인지를 우리에게 분명하게 말해준다. 전자는 미美를 위해, 좀 더 일반적으로 말한다면 품격을 위해 삶을 존중하지 않는다. 후자는 삶을 존중하기 위해 품격에 부여된 모든 가치를 부정하고 가치의 부재를 감내한다. 그러므로 나는 전자를 품격주의자, 즉 품격의 인간[8]이요, 후자를 존엄의 인간이라 말하고 싶다.

8 물론 미시마가 추구했던 미적 죽음은 권력자들이 자신을 뽐내는 데 급급한 한국의 '품격주의'로 환원하기 어려울 수 있다. 그러나 여기에는 실질적인 연속성이 존재한다. 이와 관련하여 나의 흥미를 끈 것은 일본의 수학자 후지와라 마사히코藤原正彦가 쓴 2005년 일본 최고의 베스트셀러 『국가의 품격』이라는 책이다. 이 책에서 후지와라는 자유나 평등, 민주주의라는 가치보다 '일본의 전통문화'이자 정서적 틀/양식으로서 '사무라이 정신'을 품격의 예로 든다. 그에게 국가의 품격은 현대 서양에서 온 관념인 인권이나 민주주의가 아니라 "무사도 정신에서 배어 나오는 자애, 성실, 측은, 명예, 비겁한 행동을 싫어하는 것 등에 대한 틀이다. 일본은 현대를 황폐하게 내몰아버린 자유와 평등보다 일본인 고유의 이러한 정서와 틀이 상위에 있다는 점을 세계에 알리지 않으면 안 된다"(후지와라 마사히코, 오상현 옮김, 『국가의 품격』, 북스타, 2006, 247쪽). 김홍중은 미시마의 죽음을 타인 지향적 삶의 구조에 종속된 자기 과시, 형식, 게임의 극단적 형태로 묘사한다. 그는 알렉산드르 코제브 A. Kojève가 일본을 방문한 후 미국의 '동물성'과 대비되는 일본의 형식적 속물성을 지적한 글을 인용하면서 "집요한 사회·경제적 불평등에도 불구하고, 일본인은 예외 없이 철저하게 형식화된 가치에 기초하여, 즉 '역사적' 의미에서 '인간적'인 내용을 완벽하게 박탈당한 그러한 가치에 기초하여 현재를 살아간다"고 지적한다. "속물에는 실존이 없다. 고통도 쾌락도 행복도 불행도 모두가 타인의 시선에 의해 매개된 것이기 때문이다. 그리하여, 속물의 몸짓이 아무리 격조 있다 할지라도 그것은 정해진 연극의 몸짓이요(노가쿠), 속물이 완성하는 자연이 아무리 아름답게 보여도 그것은 인위적으로 조정된 자연(꽃꽂이)인 것이다. 또한 결정적으로 속물의 자살이 아무리 진정한 자기 파괴처럼 보여도 그것은 사실상 타인 지향적인, 그리하여 비어 있는 퍼포먼스(할복)에 불과한 것이다."(김홍중, 위의 책, 60쪽). 후지와라가 강조하는 일본의 정신, '정서적 틀'이란 이러한 형식주의적 (속물) 가치의 다른 말이 아닌가? 이 책은 이명박 정부가 들어서기 1년 전인 2006년 11월 한국어로 번역 출간되었다. 품격 있는 나라로서 브랜드(형식)와 법치(질서)를 강조했던 이명박 정부의 주요 수사가 이 책의 영향을 받았으리라 생각하는 것은 무리한 추론일까?

피해자 되기를 멈추고

정세연이나 미시마 유키오 같은 유형의 인물들, 나아가 열아홉 명의 장애인을 죽인 우에마쓰 사토시나 정도만 덜할 뿐 장애인을 정치적 목적을 위한 공연에 동원하고, 자신의 고매한 품격을 높이기 위해 주변 사람을 이용하는 인물들은 모두 같은 선상에 있는 일종의 나르시시스트일까? 이들은 자신을 너무 사랑한 나머지 타인에게 공감하지 못하고, 때때로 스스로를 사랑의 대상으로 만들기 위해 기꺼이 파괴할 수도 있는 괴물일까? 그 반대쪽에 있는 나를 비롯하여 장애, 질병, 빈곤 등을 이유로 사회적으로 소외된 사람들은 나르시시스트의 공연에 동원되는 순수한 피해자인가? 노련한 삶을 살기 위해 애썼던 나는 이들에게 이용당하는 일을 끔찍이도 경계했다. 그 노련함의 핵심은 나의 자존감을 지키고, 나를 수단으로 삼아 자신을 빛내는 자들로부터 나의 '결핍'을 착취당하지 않는 전략이었다.

잔혹한 살인자, 위선적으로 보이는 정치인, 일상에서 만나는 품격주의자들은 나에게, 그리고 아마도 나와 비슷한 경험을 한 당신에게 무수한 상처를 남겼을 것이다. 그러나 사실 우리는 그들에게서 우리 자신의 모습도 발견하지 않았을까? 나의 결핍, 나의 소수성을 무심히 대상화하고, 그저 자기 삶을 꾸며주는 연극적 요소로만 남기를 바란 사람은 위선적인 정치인뿐만이 아니었다. 결연한 피해자, 순수하고 윤리적이면서도 노련하게 품격을 수호하는 피해자이고자 했던 우리도 마찬가지 아니었을까? 우리가 노련미를 발휘해 방어하고자 했던 저 품격주의자들, 속물들, 공감 능력 없이 자기를 꾸미는 데만 능한 나르시시스트들의 모습은 바로 '바라보는 나'가 '보여지는 나'에게 존재해온 방식이 아니었을까?

존엄을 수행/연기하기 위해서 우리는 성찰성을 포기할 수 없다. 다만 이쯤에서는 잠시 푸른잔디회를 따라 모든 것을 내려놓기로 하자. 서울대학교 장애 인권 동아리 턴투에이블은 『내 장애에 노련한 사람이 어딨나요?』의 서문에서 이렇게 선언한다.

> 우리는 허울만 좋고 실속은 없는 평범한 사람들입니다. 휠체어를 타고 수화를 사용하고 외출할 땐 흰 지팡이를 챙겨야 하지만 우리 모두는 지극히 평범한 사람들입니다. 한 번도 장애를 극복해본 적이 없을 뿐만 아니라 앞으로도 극복할 생각이 없는, 허술하고 게으르고 이기적인 말 그대로 평범한 사람들입니다. 그렇습니다. 우리는 우리의 장애에 노련하지 않습니다. (중략) 『내 장애에 노련한 사람이 어딨나요?』는 한 번도 스스로의 장애에 노련해본 적 없는, 앞으로도 영영 스스로의 장애에 노련해질 일 없는, 평범하다 못해 허접한 우리의 이야기입니다. 이야기인 동시에, 앞으로도 계속 내 장애에 노련하지 않은 사람이 되겠다는 나름의 당찬 각오입니다. 계속해서 우리의 뻔뻔하고 대찬 '내장노사' 정신에 관심과 지지를 보내주시리라 믿어 의심치 않습니다. 열심히 최선을 다해 노련하지 않겠습니다. 고맙습니다.[9]

"열심히 최선을 다해 노력하지 않겠습니다"라는 선언이야말로 적극적 부정의 한 예이다. 사랑과 정의를 부정하겠다는 선언은 노련미에서 나오지 않는다. 그것은 오르막길에서 휠체어를 1.8초에 한 번씩 밀기 위해 0.4초를 버티지 않는, 이를테면 손을 놔버리는 행위다. 열심히 최선을 다해 요새 안에 들어앉아 있는 나의 자아를 배신하는 실천이다. 능청스럽고, 유머러스하고, 지적이고, 신체적 결함을 보완하는 정신적 매력으로 가득 차 있어야 한다는 압박. 사무실의 생수통을 갈지 못하는 대신 인사성 바르고 동료들의 생일이라도 잘 챙겨주는 사람이 되어야 한다는 심적 부담감. 이 모든 것을 놓아버리는 일이다.

완벽할 정도로 발달한 성찰적 자아를 통해 자기 신체를 스스로 파괴하는, 연못에 빠져 익사할 때까지 일어나지 않고, 스스로 배를 가르는 고도의 성찰 능력이 보여주는 역설적인 타인 지향적 연극을 극복하는 힘. 때로 무력하고 별 볼 일 없음을 공개적으로 선언하는 힘. 아무것도 할 수 없고 가진 것이 없다는 부정을 선언하는 힘. 거기서 우리는 타인 지향성을 넘어선 진정성의 한 형태를 본다.

모든 것을 부정하는 시선 속에서 우리는 새로운 가능성을 발견해야 한다. 그 가능성은 이제 '수용'의 단계로 나아가는 것이다. 타자의 시선으로 나를 보는 것을 완전히 부정하고 오로지 자신의 눈

9 하태우, 「여는 글」, 『내 장애에 노련한 사람이 어딨나요?』, 던투에이블 엮음, Thisable v(4), 2017년 봄호, 8~9쪽.

으로 자신을 바라보는 것은 결국 나의 몸, 운명, 삶, 실존에 대한 수용을 전제로 한다. 하지만 완전한 부정 이후에 우리가 경험하게 되는 어떤 긍정, 즉 우리가 어떤 위기, 불완전, 불편, 고통을 살고 있더라도 우리의 삶이 '잘못된 삶'은 아니라고 말한다면 이것은 '정신승리'에 불과한 것 아닌가? 다음 장에서는 내 존재의 중대한 결핍이라 생각되는 속성과 경험을 진정으로 수용한다는 것이 어떤 의미인지 살펴보도록 하자.

4장

잘못된 삶

"나를 태어나게 했으니 그 손해를 배상하시오"

1990년대 중반 강원도에 사는 한 부부가 산부인과 의사를 상대로 법원에 손해배상을 청구하는 소訴를 제기했다. 부부는 아이를 임신하고 양수검사를 받았다. 산부인과 의사는 아이가 건강하다고 말해주었다. 부부는 기뻤고 아이를 양육할 꿈에 들떴다. 하지만 태어난 아이는 어딘가 이상한 점이 있었다. 진단 결과 다운증후군이 확인되었다.

다운증후군은 21번 염색체 이상으로 발생하며, 다운증후군이 없는 사람에 비해 평균 수명이 짧고 지능지수도 낮다. 다운증후군에 의해 나타나는 특유의 얼굴 표정과 생김새는 우리 사회에서 대체로 아름답다고 여겨지지 않는다. 부부는 좌절했다. 아이를 잘 키울 자신도 없었다. 아이가 건강하다고 말해준 산부인과 의사에게 책임을 물어야 한다는 생각이 들었다. 부부는 다운증후군 아이를 제대로 진단하지 못한 의사의 실수 때문에 자신들이 장애아를 출산했으므로, 이에 따라 겪은 정신적 충격과 양육비의 상당액을 배상하라고 주장했다. 한편, 이 사건을 둘러싸고 또 다른 원고가 있었는데, 바로 다운증후군을 가진 아이 자신이었다(물론 부모가 법정 대리인으로서 아이의 이름으로 손해배상을 청구한 것이다). 아이가 스스로 원고가 되어 제기한 손해배상 소송의 청구 이유는, 말하자면 "당신의 실수로 내가 태어났으니 그 손해를 배상하시오"라는 주장인 셈이었다. 법원은 고민에 빠졌다. 인간이 세상에 태어난 것이 손해일 수 있을까?

나는 이 소송 이야기를 로스쿨 1학년 때 수강한 민법 수업에서 처음 접했다. 당시 수업에서는 '불법행위법'을 다루고 있었다. 민법 제750조부터 시작되는 불법행위법은 피고의 위법한(불법한) 행위로 손해를 입은 원고가 어떤 조건하에서 손해배상을 청구하고, 어느 정도의 배상을 받을 수 있는지 등을 다룬다. 불법행위에 의한 손해배상을 다루는 부분에서 장애인이 등장하는 일은 매우 흔하다. 교통사고를 당하거나 일터에서 다쳐 장애인이 된 사람들에게 그 장애 정도, 배상 책임자의 고의나 잘못(과실過失)에 따라 어느 정도의 배상이 합당한가는 상당히 흔하고 익숙한 논의이기 때문이다. 장애를 입은 사람의 손해배상 청구 자체는 별로 새롭지 않았다. 하지만 장애인으로 태어난 것이 손해라니, 참신한(?) 주장과 논점이 아닌가.

이 분야의 대가인 민법학 교수는 인간 생명이 과연 손해가 될 수 있는지에 대한 법원의 고뇌를 설명했다. 그 강의실 전체에 나 혼자 휠체어에 앉아 있었다. 교수도 어쩐지 나를 의식하여 한 마디 한 마디 조심한다는 느낌이 들었다. 나는 내 질병도 유전자 검사 등을 통해 출생 전에 미리 진단이 가능하다는 사실을 떠올렸고, 내가 태어났다는 이유로 내 부모가 의사에게 손해배상을 청구하는 장면을 상상해보았다. 혹은 내가 부모에게 손해배상을 청구할 수도 있을 것이다.

"왜 나를 낳았어요? 이거 아무래도 엄청난 손해잖아요."(사실상 우리 생의 대부분은 실제로 손해가 아닐까?)

이러한 유형의 소송이 한국에서만 있었던 것은 아니다. 미국, 독일, 프랑스 등 여러 나라에서 장애아를 출산한 커플이 산부인과 의사 등을 상대로 손해배상 소송을 제기했고 사회적으로 큰 논란이 되었다. 법학자들은 이런 유형의 소송에 이름을 붙였는데, 이름하여 '잘못된 삶wrongful life' 소송이다. 더 상세히 구별할 수도 있다. 어떤 부모가 장애아이든 아니든 자녀를 아예 낳을 생각이 없었는데, 의사의 실수로 아이를 임신하고 출산한 경우를 '잘못된 임신wrongful conception' 소송, 부모가 아이를 낳고 싶긴 했으나 장애아라면 낳지 않으려 했는데 의사가 판단을 잘못해 장애아를 낳은 경우를 '잘못된 출산wrongful birth' 소송, 의사의 판단이 틀려 부모가 출산한 장애아 스스로가 의사에게 책임을 묻는 경우를 '잘못된 삶wrongful life' 소송이라고 부른다.[1] 위의 사례에서 부부가 의사를 상

1 독일, 영국, 미국, 프랑스, 한국에서의 잘못된 삶 소송에 대한 상세한 소개와 분석은 윤진수, 「자녀子女의 출생出生으로 인한 손해배상책임損害賠償責任」, 『민법논고民法論考 III』, 박영사, 2008, 473~529쪽 참조. 이 논문 이외에도 이 책에는 잘못된 삶 소송에 대한 탁월한 분석을 담은 논문이 여러 편 수록되어 있다.

대로 제기한 소송은 '잘못된 출산' 유형에 해당하고, 다운증후군 아이가 직접 의사에게 책임을 묻는 소송은 '잘못된 삶' 유형이다.

장애나 질병이 있는 사람도 공동체 구성원으로 적극적으로 받아들이고 환대하는 사람들, 또는 장애나 질병이 있는 사람과 진정한 우정, 사랑을 나누는 가족, 연인, 친구들이라도 자신의 자녀가 '잘못된다'면 극심한 혼란에 직면할 것이다. 나도 물론이다. 그동안 나는 '피부 관리'를 해야 한다던 나의 어린 시절 동네 친구, 나를 변함없이 지지해주는 가족, 장애보다 나의 고유한 인간성에 주목해준 연인, 친구, 동료 덕분에 스스로에 대한 존중을 포기하지 않고 살아왔다. 하지만 장애아를 출산해야 하는 순간을 맞을 때 그 아이를 적극적으로 환대할 자신이 내게 있는가?

출산과 양육의 과정에서 우리는 나 자신보다도 아이에게 에너지를 쏟아붓는 이타성을 발휘하고, 동시에 어떤 대상이나 가치관, 존재보다 내 아이에게만 이기적인 관심을 쏟기도 한다. 마치 아이가 곧 나의 분신으로 태어나 내가 죽은 이후의 세계를 살아가기를 기대하는 것 같다. 출산과 양육을 재생산reproduction이라 부르는 이유다. 그렇다면 부모가 자기 아이의 '잘못된' 부분까지 환대하는 것이야말로 진정 그 아이와 동일하게 '잘못된' 요소를 가진 사람들의 삶이 존엄할 수 있음을 확인하는 순간이 아닐까? 어떤 면에서 보면 이는 우리가 자신의 혹은 가족의, 연인의, 친구의, 공동체 구성원의 바로 그 '잘못된' 점을 진정으로 환대할 수 있는지를 검토하는 최종적이고 가장 근본적인 관문인지도 모른다. '잘못된 삶'의 존엄성과 매력에 대한 변론을 시도하는 사람이라면 이 문제를 피해 가지 못할 것이다.

당신은 장애인을(그리고 이 책이 말하는 '잘못된 삶'의 어느 경우에 해당하든) 공동체의 동등한 구성원으로 받아들이고, 그들에 대한 어떠한 차별에도 반대하며, 그들의 삶이 어려움이 따르기는 하겠지만 그럼에도 반드시 불행하거나 가치 없는 건 아니라고 믿는가? 그런 당신은 장애아가 태어나는 순간도 비장애아의 탄생과 마찬가지로 축복과 기대, 희망과 사랑으로 가득한 경이로운 시간으로 기억할 자신이 있는가? '잘못된 삶'도 존엄하고 매력적이고 풍성한 삶이라는 것을 '변론'하려는 나는, 간단한 시술로 내 장애를 고칠 수 있고 나와 같은 장애아를 출산하지 않을 수 있는 경우에도 거리낌 없이 그 시술을 거부할 자신이 있는가?

청각장애가 있는 아이를 선택하기

2001년 미국에서 한 청각장애인 커플이 자신들처럼 소리를 듣지 못하는 아이를 낳기로 결심한다. 이들은 레즈비언이었으므로 출산을 위해 청각장애인(농인)의 정자를 기증받기로 했다. 여러 가지 노력 끝에 5대째 청각장애를 가지고 태어난 남성에게 정자를 기증받는 데 성공한다. 확실한 청각장애인 유전자를 찾기 위해 분투한 셈이다. 그런 다음 무사히 임신을 했고, 청각장애를 가진 아들 고뱅을 낳았다.[2]

이 사실이 알려지자 각지에서 비난이 쏟아졌다. 장애를 고의적으로 물려주어서는 안 된다는 이유였다. 이에 대해 그 커플은 청각장애는 부끄러운 것이 아니며, 소리를 듣지 못하는 것은 장애가 아니라 '차이'일 뿐이라고 주장하며 반문했다.

"어떤 사람들은 '맙소사, 아이한테 장애를 갖게 하다니 그러면 안 되는 거였어요'라고 말합니다. 하지만 말이죠, 흑인들이 어려운 삶을 산다고 해서 흑인 아이를 원하는 사람들이 흑인에게 정자를 기증받으면 안 되나요?"[3]

많은 커플들이 자녀의 인종이나 국적, 신체 조건을 고려해 파트너를 선택한다. 수화언어를 주 언어로 하는 농인(청각장애인)[4]으로서는 자기 아이도 수화언어를 사용하는 농인이라면 더 깊은 정서적

2 이 커플의 이야기는 생명윤리학계에서는 대단히 유명한 사례다. 마이클 샌델, 『완벽에 대한 반론』(김선욱·이수경 옮김, 와이즈베리, 2016)의 첫 장에도 이 이야기가 소개되어 있다.

3 "Lesbian Couple Have Deaf Baby by Choice", 〈The Guardian〉 2002. 2. 22.

4 농인과 청각장애인은 사실상 동일한 뜻으로 사용되어왔지만, 엄밀하게 말한다면 의미상 차이가 있다. '농인聾人'은 수화언어를 주로 제1의 언어로 사용하며, 수화언어에 기초한 문화적, 언어적 정체성을 향유하는 사람들을 일컫는다(이들의 문화를 '농문화'라고 지칭한다). 반면 청각장애인은 농인은 물론 청력에 손실이 있으나 수화언어는 사용하지 않는 사람, 수화언어를 일부 사용하더라도 그에 기초한 문화적 정체성은 거의 갖지 않는 사람까지 포함하지만, 청력 기능의 손실이라는 생물학적, 사회적 제한에 보다 초점을 두는 표현이다. 영어에서는 농인과 농문화를 지칭할 때는 대문자 'D'를 써서 'Deaf'라고 표현하며, 청각장애인을 지칭하는 맥락에서는 'the deaf'라고 구별하여 쓴다.

교감을 나눌 수 있을 테고, 이는 아이의 성장에 도움이 될지도 모른다. 그럼에도 많은 이들이 양육에 일부 유리한 점이 있더라도 결국 청각장애는 아이가 살아가는 데 커다란 제약이며, 그로 인해 아이는 다양한 경험을 누리지 못하리라 생각한다. 청각장애는 피부색이나 키, 언어를 선택하는 것과는 본질적으로 다르다는 것이다. 어떤 이들은 청각장애든 피부색이든 성별이든, 인간이 과학기술을 이용해 생명의 탄생 과정에 개입하는 일 자체를 반대할 수도 있다.[5] 그러나 최신 생명공학기술을 사용하지 않더라도 우리는 이미 자녀와 관련한 여러 조건을 선택하고 있다. 자녀를 낳고 양육할 생각이 있는 사람이라면 결혼 상대방이나 성적 파트너의 키, 피부색, 지능, 외모 등을 알게 모르게 따지고 있을 것이다. 그저 이와 같은 선택 행위가 생명공학기술의 급격한 발전으로 더 정교해졌을 뿐이다. 그렇다면 더 큰 키의 자녀를 원하는 것처럼 청각장애를 가진 아이를 원할 수도 있지 않을까?

청각장애를 가진 아이를 선택해서 낳아도 되는가를 둘러싼 논쟁은 여러 국면으로 진행되었지만, 그중 핵심은 청각장애가 아이에게 물려주기에 '좋은' 특성인가 혹은 적어도 '중립적인' 특성인가 하

5 마이클 샌델은 생명공학기술의 발전이 인간 출생의 '우연성'을 통제하여, 우리가 공동체에 대해 느끼는 책임을 감소시킬 것이라고 우려한다. 우리 모두가 부모의 재력에 따라 디자인된 아이로 태어난다면, 어떤 조건을 가지고 출생할지 알 수 없었던 사람들이 서로에 대해 일정한 책임을 부담하며 살아가던 공동체 정신은 허약해질 것이기 때문이다(마이클 샌델, 앞의 책).

는 문제였다. 인간의 어떤 신체적·정신적 특성이 좋은가 혹은 중립적인가는 그 자체로 논란의 여지가 많다. 그럼에도 몇 가지는 대체로 합의될 수 있을 것이다. 예를 들어 적당히 큰 키는 대체로 '좋은 조건'이라 여겨질 것이다. 신체 기능을 원활하게 사용하면서 평균 수명보다 훨씬 오래 사는 유전자도 마찬가지다. 소리를 듣지 못하는 것은 들을 수 있는 것에 비해 당연히 나쁠까? 어떤 독자는 이러한 논의 자체를 의아하게 여길 수도 있다. 청각장애가 인간 조건의 하나로서 '나쁜' 것이라는 점이 너무나 명확하다고 생각하기 때문이다. 하지만 문제는 그리 단순하지 않다. 수화언어(수어)와의 관계에서 특히 그러하다.

청각장애인은 수어를 모국어로 사용하는 사람과 수어를 모르거나 제2외국어처럼 뒤늦게 배운 사람으로 구별될 수 있다. 후자는 어린 시절 힘겹게 입술 읽는 훈련을 받으며 언어를 배운다. 청력이 거의 없거나 약하기 때문에 보청기를 사용해 소리를 증폭하거나 인공 와우라는 보조기기를 뇌에 부착해 소리를 전기적 자극으로 전환하고, 입술 읽기 훈련과 언어 재활 수업을 통해 의사소통 능력을 기른다. 이 작업은 대개 유년기 시절 수년에 걸쳐 지루하고 고통스럽게 진행된다. 청력의 정도와 훈련 방법, 훈련의 질, 개인의 언어 능력에 따라 다른 결과를 낳지만, 이 과정을 거치면 대개는 비교적 조용한 곳에서 상대의 입 모양을 보고 말을 알아듣고 자신의 의사를 전달할 수 있다. 이들의 모국어는 청각장애가 없는 사람들과 동일하게 음성 언어를 통해 발전한 '한국어'이다.

반면 어린 시절 수어를 최초 언어로 배우는 청각장애인(농인)은 한국어 사용자와는 완전히 다른 언어 구조를 통해 뇌 발달을 이루고, 수어에 기초한 의사소통을 익힌다. 이들은 보통 수어를 쓰는 또래 아이들이나 부모로부터 언어를 자연스럽게 습득한다. 소리가 중심인 한국어를 배우는 아이들과 방법은 동일하다. 따라하고 반복하고 습득한 문형을 변주하면서 엄마와 감정을 나누고, 친구들과 싸우고, 필요한 물건을 달라고 조른다. 물론 이들 중 다수는 음성 언어에 기초해 발전해온 '한국어'를 문자라는 매개체를 이용해 활용할 줄 알며, 상대의 입 모양도 일부 읽을 수 있다. 하지만 이는 수어라는 모국어를 기반으로 하여, 제2의 언어로서 한국어를 배우는 것과 같다. 즉 한국인이 영어를 배울 때처럼, 먼저 수어를 머릿속에 떠올린 후에 한국어로 '번역'을 시도하는 것이다.

우리의 사례에 등장하는 농인 아동 고뱅은 어린 시절부터 농인인 엄마들과 대화하며 미국 수어American Sign Language(ASL)를 모국어로 익히고, 그 수어를 기반으로 곧 미국 영어를 배울 것이다. 이는 마치 한국어를 사용하는 부모 밑에서 태어나 한국어를 배운 아이가 어린 시절 미국으로 건너가 또래 집단과 TV를 통해 영어를 배우는 일과 흡사하다. 반면 고뱅이 청각장애 없이 태어난다면, 처음에는 엄마들의 언어인 수어로 의사소통하는 법을 배우겠지만 점차 TV에서 들리는 소리, 이웃들의 말, 학교 친구들과의 대화를 통해 영어를 제1의 언어로 익힐 것이다(이는 이민자 1세대 사이에서 태어난 아이들의 성험과 유사하다). 고뱅은 엄마들의 언어인 수어도 거의 완벽하게 사용할 테니 이중언어 구사자로 살아간다는 장점이 있을 것이다. 하지만 고뱅이 성장하며 압도적으로 경험하게 될 세상은 소리를 사용하는 세계인 만큼 고뱅은 아무래도 수어보다는 영어를 모국어로 하는 사람에 가까울 것이다. 청력이 있는 고뱅은 '완전한 농인'이 되는 데 한계가 있으며, 수어에 뛰어난 청인(비청각장애인)으로 살아가게 될 것이다.

고뱅의 엄마들은 자녀가 '완전한 농인'이기를 바란 듯하다. 소리가 들리는 아이는 수어를 완벽하게 습득하더라도 수어를 제1언어로 삼아 이를 토대로 사고하고 느끼고 경험하는 존재와는 근본적으로 다를 것이라 믿기 때문이다. 소리를 들을 수 있는 나로서는 소리를 듣지 못하는 사람들이 수어를 제1의 언어로 삼아 성장하는 일이 정말로 그 존재를 특별하게 만들어주는지 궁금하다. 혹시 고뱅의 엄마들이 자신들의 경험에 과도하게 의미를 부여한 것은 아닐까?

많은 이들이 청각장애인을 단지 '소리를 듣지 못하는' 사람으로만 생각한다. 하지만 어린 시절부터 수어를 일종의 모국어로 삼아 성장한 사람의 가장 큰 특징은 소리를 들을 수 있는 사람보다 복잡한 공간 패턴을 훨씬 더 풍부하게 이해하고 이를 의사소통에 활용하는 특수한 인지구조를 갖는다는 점이다. 신경과 의사 올리버 색스Oliver Sacks는 수어가 언어로서 가진 완벽성과 고유성을 극찬하는 책 『목소리를 보았네』에서 다음과 같이 쓴다.

수화에서 무엇보다도 놀라운 점, 수화를 다른 모든 언어나 정신활동과 뚜렷이 다른 존재로 만들어주는 특징은 바로 공간을 언어에 사용한다는 점이다. 이 언어적 공간의 복잡성은 '평범한' 눈이 감당하기 힘들 만큼 압도적이라서 평범한 사람들은 그 복잡한 공간적 패턴을 이해하는 것은 고사하고 아예 보지도 못한다. …… 수화에서 우리는 어휘, 문법, 구문 등 모든 부문에 걸쳐 공간이 언어에 이용되는 것을 볼 수 있다. 그 방법 또한 놀라울 정도로 복잡하다. 말로 하는 언어에서는 선형적, 순차적, 시간적으로 이용되는 공간이 수화에서는 대개 동시적, 다층적으로 이용되기 때문이다. 수화의 '겉모습'은 단순해 보일지 모른다. 몸짓이나 마임처럼. 그러나 사람들은 그것이 환상에 불과하다는 것을 곧 깨닫게 된다. 그토록 단순해 보였던 것이 사실은 엄청나게 복잡하며, 3차원적으로 서로에게 깃든 공간 패턴들이 헤아릴 수 없을 만큼 많다.

그는 공간을 지배하는 수화언어 사용자의 뇌에 대해 이렇게 덧붙인다.

이 엄청나게 복잡한 4차원적 구조를 해독하려면 거의 천재 급의 통찰력은 물론 그 무엇보다 뛰어난 하드웨어까지도 필요할지 모른다. 하지만 수화를 사용하는 세 살짜리 아이라면 이 구조를 힘들이지 않고 무의식적으로 해독해낼 수 있다. …… 그렇다면 수화의 신경학적 기반은 무엇일까? …… 이 연구결과를 잘 생각해보면 놀라운 동시에 당연하다. 그리고 여기에서 두 가지 결론을 이끌어낼 수 있다. 우선 신경학적인 차원에서 이 연구결과는 수화가 정말로 언어이며, 뇌도 수화를 언어로 제대로 대우하고 있음을 확인해준다. …… 수화는 언어로서 뇌의 좌반구에서 처리된다. 좌뇌는 생물학적으로 바로 이 기능을 위해 특화되어 있다. 수화가 공간적으로 조직되어 있는데도 좌뇌에 바탕을 두고 있다는 사실은 뇌에 일반적인 영역 구분과는 완전히 다른 '언어' 영역이 있음을 시사한다. …… 이렇게 해서 수화 사용자들은 공간을 표현하는 새롭고 굉장하고 복잡한 방식을 발전시킨다. 이는 수화를 사용하지 않는 사람들에게서는 유사한 공간을 찾아볼 수 없는 새로운 종류의 공간이자 공식적인 공간이다.[6]

수화언어는 (통상 우뇌를 통해 인식되고 활용되는) 공간을 세밀하고 복잡하게 활용하면서도 동시에 '언어'를 처리하는 뇌의 부위로 알려진 좌반구의 지배를 받는다. 이를 통해 수어를 사용하는 사람들은 소리 언어를 사용하는 사람들과는 전혀 다른 '새로운 종류의 공간 패턴'을 인식하고, 발명하고, 활용할 수 있다. 비유를 섞어 말한다면, 수화언어 사용자들은 같은 공간에서도 더 '넓고 깊은' 세계를 살아가는 셈이다. 나는 휠체어를 타는 지체장애인으로서 많은 시간을 계단이 없는 평면에서만 움직이고, 그 공간만을 누린다. 하지만 청각장애인인 내 친구는 3차원의 공간을 자유자재로 이동할 뿐만 아니라, 같은 공간에서도 훨씬 더 깊고 복잡한 공간의 결을 인식하고 그것을 바탕으로 의사소통한다.

6 올리버 색스, 김승욱 옮김, 『목소리를 보았네』, 알마, 2012, 138~140쪽.

우리나라는 2016년 8월부터 수화언어를 사용할 권리를 보장하고, 수어라는 '문화'를 보호하기 위한 「한국수화언어법」을 시행하고 있다. 이 법은 '한국수어'를 '대한민국 농문화 속에서 시각, 동작 체계를 바탕으로 생겨난 고유한 형식의 언어'라고 정의한다(제3조 제1호). 수어를 연구하고 보존하는 작업은 한국어와 동일하게 국립국어원이 담당한다. 이처럼 수어는 문화적 요소와 분리된, 장애인들이 사용하는 단조롭고 제한된 의사표현 방식이 아니다. 교회에서 찬송을 부를 때만 함께 추는 율동도 아니다. 미국뿐 아니라 우리 사회에도 농인 커뮤니티가 활성화되어 있고, 이곳에서 수어는 새로운 세대들에 의해 계속 발전하고 있다. 시대의 변화에 따라 단어도 새롭게 발명된다. 예를 들어 '카카오톡'을 표현하는 수어는 엄지, 검지, 중지를 이용해 손가락으로 카카오톡의 첫 번째 자음인 'ㅋ' 모양을 수직으로 만든 후, 그 손 모양 그대로 메시지를 보내듯 몸 안쪽에서 바깥쪽으로, 스크린을 아래에서 위로 훑듯 움직이는 것이다. 이처럼 직관적이고 기억하기 편한 단어들이 계속 발명되고 확산된다. 즉 수어는 살아서 움직이는 언어라고 할 수 있다.

이처럼 '농Deaf', 즉 생물학적으로 청력이 거의 없거나 아예 없지만 수화언어를 통해 언어생활을 하는 상태는 그들에게 고유한 성격과 삶의 양식을 만들어내며, 이를 기초로 일종의 문화가 형성된다. '농문화Deaf culture'라는 말은 장애인의 삶을 미화하는 공익 캠페인의 표어가 아니라 수어에 기초해 형성, 변화되는 실재다. 만약 우리에게 100미터 넘게 떨어진 사람과도 대화할 수 있고, 공기가 없는 우주 공간이나 물속에서도 복잡한 의사소통을 쉽게 할 수 있는 언어 체계가 있다면 우리 사회의 모습은 지금과 매우 다를 것이다. 철학을 전공한 스쿠버다이버들이 바다 속에서 사회철학 심포지엄을 여는 일이 가능할 테니 말이다.[7] 또한 이불을 뒤집어쓴 채 새벽까지 속삭이는 일은 불가능하겠지만, 반대편 건물의 창문 너머로 사랑을 전하는 일은 가능할 것이다. 반면에 수어를 할 줄 아는 사람이 많아진다면 비밀을 속삭이기는 어려워질 것이다. 공원에는 칸막이가 달린 벤치를 놓아야 할 것이고, 집중력을 향상시키기 위해 타인의 손동작에 모자이크를 입히는 특별한 구글글래스가 발명될지도 모른다. 수어를 하면서 커피를 마실 수 있도록 컵홀더가 달린 셔츠도 등장할 것이다. 지금과는 완전히 다른 세계가 펼쳐지는 것이다. 이런 이야기는 흥미롭고 풍성한 문화적 다양성의 예가 되기에 충분하지 않은가? 여전히 과장된 것처럼 들리는가?

수어를 하는 사람이 소리 언어를 사용하는 사람보다 어떤 특수한 감각이나 능력이 더 발달한다는 것, 다시 말해서 장애인이 특정 신체 혹은 감각 부위를 집중적으로 사용하다 보니 그 부분이 특화된다는 이야기는 일종의 공익광고처럼 들리기도 한다("장애는 능력

7 수어는 양손뿐만 아니라 표정과 몸 전체를 활용한 다양한 제스처로 이루어져 있다. 그러니 물속에서 스쿠버 마스크를 낀 채 사회철학 심포지엄을 진행하기는 사실상 쉽지 않을 것이다. 그래도 소리 언어를 이용하는 것보다는 분명 훨씬 더 복잡한 이론을 전개하고 토론할 수 있을 것이다. 나는 농인 예술가들이 모두 잠수를 한 채로 중요한 사회문제를 토론하는 퍼포먼스를 상상하며 즐거워하곤 한다.

의 다른 이름입니다"). 실제로 나는 다리 대신 팔로 체중을 지탱하기 때문에 어깨가 두꺼워졌는데, 내 어깨가 나를 더 좋은 변호사로 만들어주거나 우리 사회의 문화적 다양성에 기여하는 것은 당연히 아니다. 따라서 내가 여기서 수어를 사용하는 청각장애인이 전방위적으로 천재적인 뇌를 가졌다고 말하려는 것은 아니다. 인간적 속성으로서 청각장애를 바라보는 방식은 그렇게 단순하지 않다. 복잡한 시공간을 활용한 4차원적 대화를 하고, 물속과 우주에서 제약 없이 대화할 수 있다고 해도 여전히 소리를 듣지 못하면 수많은 불편과 제약이 뒤따른다는 사실도 인정해야 한다. 청력은 어두운 곳에서도 상대방과 의사소통을 하는 수단이 되고, 아름다운 음악과 새소리, 파도소리를 포착하는 인간의 매우 중요한 능력이다. 대다수의 사람이 청력에 의존해 살아가는 사회에서 청각장애는 자연히 타인과의 상호작용을 제한할 수밖에 없다.

그럼에도 불구하고 분명한 사실이 있다. 청력을 사용하지 못하고 수어와 시각에 의지하는 삶의 존재 방식이 언제나 '결핍'은 아니라는 점이다. 청각장애를 가진 삶이 더 위대하다거나 더 가치 있다거나, 불편한 점은 거의 없다는 과장된 이야기를 할 생각은 없다. 다만 소리 언어로 의사소통을 하며 자의식을 전개하는 사람들이 소리를 듣지 못하는 아이의 삶에 대해 이러쿵저러쿵 단정적으로 말하는 것은 다양하고 복잡한 인간의 존재 방식과 언어적 풍성함을 간과하는 일임을 말하고 싶다. 청각장애를 가진 아이를 선택한 커플은 과연 그 뱅에게 잘못을 저지른 것일까?

장애를 제거하기와 선택하기

청각장애나 수어는 세계를 다르게 보는 방법일 수 있다. 그런데 내 장애는 어떨까? 휠체어에 앉아 있기 때문에 내 시점은 사람들의 엉덩이보다 약간 높다. 엘리베이터를 타면 스마트폰을 든 사람들의 팔꿈치가 머리 위에서 스칠 듯 말 듯 움직인다. 다리뼈는 특히 약해서 교통사고가 나거나 어딘가에서 넘어진다면 남들보다 오랜 시간 병원 생활을 해야 할 것이다. 뼈의 미성숙과 불완전함은 하루 종일 높은 피로를 유발하고, 장시간 집중해서 특정 과업을 수행하지 못하게 한다. 청각장애는 소리조차 눈으로 보게 하는 특별함을 선사해줄 수 있다지만, 내 장애의 생물학적 원인인 골형성부전증, 그리고 그로 인한 내 신체의 불균형과 직립보행을 할 수 없는 다리는 내게 무엇을 줄까(뼈의 소중함을 깨우쳐주려나)?

청각장애를 선택하는 농인은 존재할 수 있겠지만 내가 가진 골형성부전증을 선택하는 부모를 상상하기는 어렵다(뼈의 소중함은 굳이 이 질병이 아니라도 깨달을 수 있다). 내가 나와 같은 질병을 가진 아이를 낳는다면, 고뱅과 그의 엄마들과는 달리 서로에게 편리한 일보다는 불편한 일이 훨씬 더 많을 것이다. 농인은 서로가 농인일 때 더 다양하고 풍요로운 의사소통이 가능하다. 하지만 휠체어를 타는 골형성부전증 장애인은 여럿이 같이 있으면 오히려 움직임이 더 제한되고 삶은 풍요로움과 멀어지기 쉽다. 물론 우리는 우리 몸에서 비롯한 여러 감정을 공유하고, 뼈가 부러질 때의 고통에 공명하고,

더 효과적으로 몸을 관리하는 방법을 서로 가르쳐줄 수 있다. 하지만 그 정도의 편리함을 취하고 싶은 마음보다는 내 취약한 신체 기능을 보완해줄 단단한 몸과 커다랗고 균형 잡힌 신체를 가진 아이가 내 영혼의 일부를 이어받아 다음 세대를 살아가기를 바라는 마음이 더 크다. 잘 다치지 않고, 마음껏 축구장을 누비고, 멋스러운 스커트를 입고, 엘리베이터에서 12층 버튼도 거뜬히 누르는 직립보행의 '우아함'을 가진 인간 신체 말이다.[8]

골형성부전증은 유전 질환의 일종으로, 최근에는 생식세포 수준에서 이를 거의 완벽하게 예방하는 생식 기술이 발전해 활용되고 있다. 착상전유전자진단Pre-implantation Genetic Diagnosis이라고 불리는 이 기술을 이용하면 수정란(배아) 단계에서 유전 여부를 선별하고, 특정 질병의 유전 가능성이 없는 수정란을 여성의 몸에 착상할 수 있다. 이 기술을 통해 초기 생식세포 단계에서 장애가 없을 가능성이 높은 아이를 '선택'하는 일이 가능하다. 임신중절 수술보다 신체에 부담이 덜할 뿐 아니라 법적, 도덕적 논쟁도 훨씬 적다. 마음만 먹으면 이 기술을 통해 비교적 간편하게 유전 질환을 가진

8 물론 장애를 사회와의 상호작용 결과로 보는 최근의 입장은 엘리베이터 12층 버튼이 왜 그렇게 높이 있어야 하는가에 문제를 제기한다. 버튼이 휠체어를 탄 사람도 누를 수 있는 위치에 있다면? 휠체어를 탄 사람 여럿이 함께 있어도 불편을 느끼지 않는 문화적, 사회적 환경에서 살아간다면? 나는 이런 입장을 지지한다. 그러나 이러한 우리의 사회정치적 목표, 이념, 원칙과는 별개로, 위의 내용은 '자녀'가 어떤 조건에서 살아갈지를 전제하고 있다. 누구라도 자기 자녀에 관해서는 현실의 조건을 고려하게 되고, 그 아이가 조금이라도 더 나은 조건에서 삶을 시작하기를 바란다.

아이의 출생을 예방할 수 있다.

그러나 이런 '편리한' 상황이 항상 반갑지는 않다. 유전 질환으로 인해 시각장애를 가진 한 여성은 출산 이후 비장애인인 남편이 아이에게 장애가 없다는 사실을 알았을 때의 반응을 이렇게 전한다.

> "이 녀석이 앞을 볼 수 있네!"
> 딕은 흥분했어요. 그러고는 전화기로 달려가 우리 부모님께 이 소식을 전했습니다. 축하하는 소리가 들렸어요. 저는 뭐라 말할 수 없는 감정에 빠졌습니다. 아무도 눈치 채지 못했겠지만.[9]

그녀의 감정을 단순하게 설명할 수는 없지만, 나는 골형성부전증을 '예방할' 수 있는 유전자진단기술의 발전으로 앞으로 나와 같은 질환을 가진 인간이 전혀 존재하지 않을 시대를 생각할 때 이 감정의 일부를 공유한다. 한국계 입양아이자 뇌성마비 장애를 가진 덴마크인 야코브 윤은 자신의 삶을 다룬 다큐멘터리 영화 〈내추럴 디스오더〉에서 이 문제를 이야기한다. 그는 이 영화에서 미래의 어떤 시점을 상상하면서 포르말린 병에 담겨 전시되는 자신의 모습을 떠올린다. 영화는 200년쯤 후의 미래를 상상하지만, 실제로 50여 년

9 Deborah Kent, 'Somewhere a Mockingbird', Erik Parens and Adrienne Asch(eds.), *Prenatal Testing and Disability Rights*, Georgetown University Press, 2000, p.68(Jonathan Glover, *Choosing Children*, Oxford University Press, 2008, p.34에서 재인용).

만 지나도 야코브와 같은 뇌성마비 장애인은 더 이상 존재하지 않을지 모른다. 골형성부전증은 30년만 지나도 이 땅에서 사라질 것이다. 나는 일종의 '라스트 골형성'으로 이름을 남길지 모르는데, 내 몸의 희귀함은 미래로 다가갈수록 빛을 발할 것이 확실하다.

어떤 사람들(아마도 이 책의 독자 대부분)은 이런 감정을 이해하기 힘들 수도 있다. 질병은 그저 고통과 불편일 뿐 그 질병을 가진 사람이 존엄하고, 사랑받을 만하고, 가치 있느냐와는 별개의 문제가 아니냐고 반문할 수 있다. 위 사례에 등장하는 시각장애 여성의 남편은 시각장애가 있는 '사람'을 사랑한 것이지 그녀의 시각장애 자체를 사랑한 것은 아니다. 우리 어머니가 나를 사랑하기 위해 골형성부전증 '마니아'여야 할 필요는 전혀 없다. 그럼에도 어떤 장애인들은, 특히 자신의 장애를 단지 극복해야 하고 없애야 할 요소가 아니라 삶의 한 부분으로 진지하게 숙고하고자 하는 이들은 장애에 대한 전적인 부정의 언어와 태도를 만날 때 매우 심란해진다.

이런 감정에는 역사적인 이유가 있다. 우생학Eugenics으로 불린 인종과 장애에 대한 대대적인 '소탕' 운동을 떠올려보라. 19세기 유럽에서 시작되어 20세기 초중반까지 전 세계에 휘몰아친 이 운동은 나치 독일에서 극단으로 치달았다. 수만 명의 장애인이 강제 불임수술을 받았고 25만 명이 의료기관의 절대적인 협력으로 가스실에서 살해당했다.[10] 우리나라에서는 일본 제국주의 시대에 한센

10 로널드 버거, 박승희 외 옮김, 『장애란 무엇인가』, 학지사, 2016, 119쪽.

병(나병)을 가진 많은 사람들이 소록도의 한센인 수용소에 갇혀 강제 불임수술을 받았다. 당시 한센병을 가진 사람이 사랑하는 이와 동거하기 위해서는 단종수술을 반드시 받아야 했다. 임신한 여성에게는 낙태가 강요되었다.[11] 일제강점기가 끝난 후에도 대한민국 정부의 주도로 단종수술, 강제적인 임신중절 수술이 시행됐다. 해방 이후인 1948년 소록도에서는 "자유 동거 부부는 일제히 단종수술을 시행하고 그 후 부부 동거 희망자에 대하여는 허가제를 실시한다"는 지침이 부활했다. 소록도갱생원 연보에 따르면 1949년부터 1958년까지 1191명이 '정계수술'이라는 이름의 이 수술을 받았다. 소록도에서 단종수술을 받은 한 한센인은 당시를 이렇게 회상한다.

> 거기서 나도 단종수술하고. 노래지더라고. 정관을 잡아당기니까. 마취는 무슨 놈의 마취여. 외과의사, 환자들이 의료부라 해가지고 의사들 밑에서 같이 거들었어요. 주로 수술은 박씨…… 의사도 아닌데 그 사람은 키가 크고 외과에서는 전문의같이 치료를 했어. (이제는) 죽었다. 한 80년도까지는 했을 거요. 단종수술은 85년까지는 했어요. 나는 63년에. 거기 갔다 오며는 부끄러워가지고. 여자들 낙태도 많았지. 임신을 하면 무조건 데려가 (아이를) 떼서 알코올 유리병에 넣어서 진열시켜놔. 한 20년 전까지는 [그랬어]. (윤○○)[12]

11 서울대학교 사회발전연구소, 『한센인 인권 실태조사』, 국가인권위원회, 2005, 40쪽.

특정 질병을 가진 사람들을 제거하고, 그들의 재생산을 통제하는 일이 국가권력의 주도로 자행되었다. 현대 국가의 생명과학기술 정책은 물론 장애인에게 낙태를 강요하지 않는다. 그저 장애아의 출산을 '예방'하는 기술을 제공하고 부모의 선택에 맡길 뿐이다. 하지만 생명공학기술의 발전은 역설적으로 장애아를 출산한 사람들에게 죄책감을 안길 수 있다. EBS 프로그램 〈명의〉에 출연한 골형성부전증 장애 여성 박현미(가명) 씨는 착상전유전자진단기술을 알고 있었지만 비용, 체외수정을 통해야 하는 시술 과정 등을 고려해 굳이 그것을 활용하지 않았다. 자연임신 후 같은 질병을 가진 아들 장훈이가 태어났고, 장훈이는 두 돌이 될 때까지 여덟 번의 골절을 겪는다. 프로그램은 "좌절과 고통에 [둘러]싸인" 아이로 인해 "죄책감에 아파하는" 엄마 박현미 씨의 사연을 소개했다.[13] 방송에 따르면 박현미 씨는 병원을 찾았으나 "골형성부전증에 대한 관련 치료기술 연구 자체가 거의 이루어지지 않고" 있음을 알게 되었고, "골절된 뼈를 고정시키기 위한 수술에 필요한 장비는 국내에서는 거의 생산되지 않아 턱없이 비싼 수술비가 필요했다." "장훈이를 임신하고 있는 중에는 태아보험 가입도 허락되지 않았다"고 한다.

유전자진단기술을 통해 장애아를 '걸러낼' 수 있는 사회는 해당

12 앞의 책, 78~79쪽.

13 박현미 씨의 사연에 대하여는 황지성, 「생명공학기술 시대의 장애와 재생산」, 『페미니즘 연구』, 제14권 1호, 2014, 242~244쪽에 소개된 내용을 인용하였다.

장애에 대한 의료, 사회복지 지출에 둔감해지기 쉽다. 그냥 '걸러내면' 될 것을 굳이 낳아서 치료할 이유가 없기 때문이다. 따라서 그와 같은 기술을 사용하지 않은 개인은 사회에 어떤 '잘못'을 저지른 것으로 여겨진다. 이런 죄책감은 타당할까? 위 프로그램의 의미를 소개하면서 연구자 황지성은 첨단기술을 활용할지 말지는 개인의 선택이라고 하지만, 그 기술을 사용하지 않기로 선택한 사람은 사회적 차별과 고통을 감당해야 하는 모순을 지적한다.[14] 유전자진단이나 임신중절[15]은 일정 범위 안에서는 당신의 자유로운 선택이다. 다만 그 자유를 제대로 행사하지 못해 장애아가 태어나면, 그 책임은 당신에게 있다. 결국 모든 기술은 선택이 아니라 '의무'가 된다.

박현미 씨도 장훈이에 대한 죄책감을 고백한다. 간단히 장애아를 '걸러낼 수 있는' 유전자 기술이 있음에도 장훈이가 태어났기 때문이다. 내 부모님을 포함해 장애아를 둔 많은 부모는 자녀에게 종종 "장애를 가지고 태어나게 해서 미안하다"는 고백을 하곤 한다. 이런 생각은 청각장애아 고뱅의 출산을 둘러싼 비판에도 전제되어 있다. "어떻게 의도적으로 아이에게 장애를 물려줄 수 있습니까!" 재

14 앞의 글, 245쪽.

15 우리나라에서 임신중절은 원칙적으로 형법에 규정된 범죄다. 그러나 「모자보건법」 제14조에 의해 몇 가지 사유가 예외적으로 허용된다. 그 가운데는 '본인이나 배우자가 대통령령으로 정하는 우생학적 또는 유전학적 정신질환이나 신체질환이 있는 경우'(제1항 제1호)가 포함된다. 이 법의 시행령(대통령령)은 그 질환을 '연골무형성증, 낭성섬유증 및 그 밖의 유전성 질환'이라고 정한다(제15조 제2항).

생산과 관련된 논의에서 부모의 선택이 태어난 아이에게 최선의 이익이 되는가 아닌가를 기준으로 윤리적 판단을 내리는 이런 입장은 낯설지 않다.

그러나 박현미 씨가 장훈이에게, 청각장애인 레즈비언 커플이 고뱅에게 피해를 입혔다는 생각에는 커다란 오류가 있다. 생각해보자. 만약 박현미 씨가 착상전유전자진단기술로 골형성부전증을 유발할 수 있는 유전자가 포함된 수정란이 아닌 다른 수정란을 몸에 착상했고, 레즈비언 커플은 청각장애 유전자가 없는 남성에게 정자를 기증받았다면 어땠을까? 그랬다면 장훈이나 고뱅이 아닌 아예 다른 존재가 태어났을 것이다. 이 세상에 태어나지 않는 대신에 장애를 가지고 세상에 태어난 장훈이와 고뱅이 과연 어떤 피해를 입었다고 말할 수 있을까?[16] 물론 이 험한 세상에서 장애까지 가지고 사느니 아예 태어나지 않는 편이 나았다고 생각하는 사람도 있겠지만, 존재하는 것이 아예 존재하지 않는 것보다 '피해'를 입은 상태라

16 이에 관하여 철학자 데릭 파핏Derek Parfit은 비동일성 문제Non-Identity Problem라는 이름으로 논의를 전개한 바 있다. 우리는 미래 세대에게 어떤 혜택을 주거나 피해를 주지 않으려 할 때 모순된 상황에 봉착한다. 혜택을 주려는 행위, 피해를 주지 않으려는 시도는 우리의 미래에 영향을 미치고, 그렇게 영향을 받은 미래는 원래 혜택을 주거나 피해를 줄이려 했을 때 태어나게 될 아이들이 아닌 다른 아이들이 출생하는 원인의 일부가 된다. 유전자진단기술을 통해 아이의 장애를 없애려는 행위는 원래 장애를 가지고 태어나려던 아이가 아닌 다른 아이의 출생으로 이어진다. 그렇다면 원래 태어나려던 아이에게 혜택을 준다거나 피해를 입힌다는 말은 애초에 성립 불가능한 것이 아닐까(Derek Parfit, *Reasons and Persons*, Oxford University Press, 1984, pp.351~377)?

고 말하기란 그리 간단한 문제가 아니다.[17]

이런 이야기는 논리적 차원의 문제일 뿐 구체적인 현실과는 동떨어진 듯 보이기도 하지만, 장애나 질병 등 '잘못되었다'고 규정된 몸의 속성이 결코 개인의 존재와 분리될 수 없음을 깨닫게 해준다. 우리의 부모는 우리의 존재에 죄책감을 가져야 할 이유가 없다. 당신과 내가 '마음에 들지 않는' 혹은 '열등한' 혹은 '잘못된' 어떤 속성을 가지고 태어났다고 해도 우리에게 다른 선택지는 없었다. 누군가에게 책임을 돌릴 수 없다는 사실이 당신을 더 화나게 할지도 모른다. 나는 왜 하필 이런 장애를 가지고 태어난 거지? 왜 나는 이렇게 키가 작지? 왜 내 지능은 좋지 않지? 왜 나는 아토피성 피부염

17 만약 고뱅이 원래 청각장애가 유발될 유전자가 전혀 없는 수정란 상태에서 어머니의 몸에 착상되어 태아 상태를 유지하고 있었는데, 레즈비언 농인 커플이 아이가 청각장애인이기를 원하여 어떤 약물을 주입했다면, 그 행위는 아이에게 '피해'를 입혔다고 말할 여지가 클 것이다. 설령 청각장애인으로 사는 삶이 그렇지 않은 삶보다 무조건 '손해'라는 입장을 견지하지 않더라도, 자신의 유전 정보에 등록된 고유한 표현형을 향해 기초적인 신체적, 정신적 특질을 형성해가는 존재에게 그의 동의 없이(태아는 동의할 방법이 없다) 의도적인 변형을 일으키는 일은 그 존재의 존재 양식과 삶의 조건에 대한 중대한 침탈로 보이기 때문이다(부모가 태아나 영유아에게 행하는 의료 행위와는 무엇이 다른가? 일정 수준의 기초 조건이 형성된 존재에게 그 존재를 보존하는 데 도움을 주는 의료적 개입과, 청각장애 등을 유발하여 완전히 새로운 존재 상태를 조형造形하는 의도적인 개입은 구별되어야 할 것이다). 다른 한편으로, 중간에 약물을 주입한 이런 경우에도 여전히 고뱅의 '출산' 자체가 고뱅에게 피해를 입혔다고 말하기는 어렵다. 청각장애를 (의도적으로 유발한 것이든 사고를 당해 우연히 변형이 일어난 것이든) 태아 단계에서 가지게 되었다고 하더라도, 아예 태어나지 않는 것보다는 이왕이면 태어나는 쪽이 더 낫다고 생각할 이유가 더 많아 보이기 때문이다. 그러므로 이때도 청각장애라는 신체 변형이 생긴 것은 손해일 수 있지만, 청각장애를 가지고 '태어난' 것 자체를 손해라고 말하기는 어렵다.

이나 만성피로증후군을 타고난 거지? 누군가에게 화를 내고 싶겠지만, 우리는 우리의 삶이 잘못되었다고 주장할 수 없다. 이 '잘못된' 상태가 아니라면 우리는 애초에 존재하지 않았을 것이다.

"그럼 너도 다리를 잘라"

이 모습 그대로 태어나는 것 이외에는 선택지가 없었다면, 결국 우리의 장애나 질병은 그것이 설령 '잘못된' 것이라 평가받더라도 우리 자신의 일부라고 인정하는 수밖에 없다. 오랜 기간 우리나라를 비롯해 많은 국가에서 공식적으로 추진해온 장애인 정책은 개인이 가진 장애를 개선하여 그를 '비장애인 사회'에 통합하는 데에 방점을 두었다. 공동체 구성원들의 인식도 대부분 그에 가까웠다. 장애인 본인들도 가능한 한 장애를 드러내지 않고, 장애가 없는 사람들과 최대한 유사한 방법으로 움직이고 의사소통하고 감각하는 것이 좋다고 생각했다(이것이 바로 '노련미'이다). 마찬가지로 장애나 질병은 가능한 한 치료하고, 교정하고, '정상적으로' 보이도록 훈련할 대상이었다.

통증을 일으키거나 생명에 위협을 가하는 생리적 상태를 의학적으로 치료하고 관리하는 일은 당연히 필요하다. 하지만 많은 경우 이런 시도는 의학적 차원에만 머물지 않는다. 다리를 잘 사용하지 못하는 사람들 가운데 일부는 휠체어를 이용하는 편이 훨씬 안전하고 편리하지만, 굳이 목발을 사용하기 위해 노력한다. 그것이 건강에 더 좋으리라는 기대도 있겠지만, 그보다는 '비장애'의 상태에 더 가까워 보인다는 이유가 클 것이다. 과거에 비해 여러 편의시설이 확충된 상황에서 목발은 많은 경우 휠체어보다 훨씬 더 느리고 불편한 보조기구가 되었다. 그러나 목발을 이용하면 타인과 비슷한 눈높이에서 대화할 수 있고, 휠체어를 이용할 때보다 '장애가 덜 심해' 보이는 효과가 있다(물론 구체적으로는 사람마다 차이가 있다).

청각장애인의 경우 유년기부터 구화口話(상대의 말을 입술의 움직임과 얼굴 표정을 보고 이해하는 의사소통 방식) 훈련을 받고, 머리를 길러 보청기를 숨기고, 말을 아끼고, 상대방의 입 모양과 표정, 주위 반응을 살피며 적당히 같이 웃고 같이 슬퍼하는 반응을 익힌다면 단순한 상호작용 상황에서는 장애를 숨길 수 있다. "고객님, 포인트 카드 있으신가요?" 같은 질문은 카페를 여러 번 가면 얼마든지 익힐 수 있다. 발음 교정은 "아메리카노 주세요. 아이스로요"를 말할 때 장애가 드러나지 않을 정도면 충분하다. 하지만 아이스 아메리카노를 '평범하게' 주문하기 위해서 청각장애 아동은 다른 아이들이 놀이터에서 놀고 영어를 배우고 수학을 익힐 때 입술 읽기와 발성법을 배워야 한다.[18]

뇌성마비가 있는 내 친구는 '조금 더 정상적으로' 걷는 것처럼 보이기 위해 여러 차례 발목 인대를 교정하고 근육을 치료하는 수술과 재활훈련을 받았다. 반짝이며 성장해야 할 어린 시절을 생명을 구하거나 통증을 관리하기 위해서가 아니라 '정상적으로' 보이기 위해서 고통스럽고 비싼 수술과 치료, 재활을 감내하며 보낸 것이다. 이런 시도가 의미 없다는 말은 아니다. 삶을 위해 더 편리한 기술과 능력을 기르는 일은 어린 시절 우리 모두에게 주어진 과업이다. 게다가 '정상적으로 보이는가 아닌가'는 실제로 삶의 질을 크게 좌우한다. 하지만 장애나 질병 또는 그 무엇이든 우리 몸에 완전히 부착되어 내 존재의 일부가 된 조건을 '어설픈 정상인'이 되기 위해 감추고 바꾸려는 노력을 어디까지 감내해야 하는 것일까?

어린 시절 나도 목발을 사용하라는 요구를 받은 적이 있다. 부모님이나 선생님들은 그래야 버스를 탈 수 있지 않겠느냐고 이야기했다. 버스를 타야 회사에 갈 수 있고, 밥벌이를 할 수 있을 터였다. 하지만 지금보다 휠체어 이용에 훨씬 더 제약이 많던 시절이었음에도 나는 목발 대신 휠체어를 '선택'했다. 내게는 오히려 휠체어가 더 '정상성'에 가깝게 여겨졌기 때문이다. 나는 키가 작은 데다가 목발을 사용하면 아주 느릿느릿 움직일 수밖에 없었다. 반면에 휠체어는 내게 역동성을 주었다. 내 강력한 어깨 근육을 펼쳐 앞으로 쭉쭉

18 조금이라도 '정상적'으로 보이고, 사회통합을 용이하게 한다는 명목으로 청각장애인에게 어린 시절 수화언어를 금지하고 구화만을 가르치는 일도 빈번하다. 하지만 위에서 살펴보았듯이 수어는 결코 단순한 언어가 아니며, 수어를 통해 적시에 뇌 발달을 이루고 이를 기초로 구화를 보완적으로 배우는 것이 인지 발달과 사회화에 더 큰 도움이 될 수도 있다. 물론 다른 견해를 가진 사람들은 언어를 완전하게 습득하는 시기가 다소 늦어지는 불이익을 감수하더라도, 구화를 완전하게 배우고 수어를 보조적으로 배우는 것이 궁극적으로 사회통합에 더 용이하다고 주장한다. 청각장애인 교육에서 수화언어와 구화 중 무엇을 우선시할 것인가를 두고 벌어진 수어주의manualism 대 구어주의oralism 간의 논쟁은 오랜 역사를 가지고 있다.

나아갈 때의 그 리드미컬한 느낌이 좋았다(물론 이는 나의 경우에 그렇다는 이야기다. 어떤 사람은 휠체어보다 목발이 훨씬 더 자유롭고, 당당히 움직이는 데 효과적이라고 느낄 수 있다).

무엇보다 뒤늦게 특수학교에 입학해서 만난 선배들이 휠체어를 타고 다니는 모습이 내 눈길을 사로잡았다. 앞바퀴를 들어 올린 채 내리막길을 내려오는 기술(휠라이), 계단 두세 개를 휠체어를 탄 채 내려오는 방법, 휠체어를 뒤집어 쇼파에 기대는 자세, 앞바퀴와 뒷바퀴 색이 조화를 이룬 디자인까지 기능과 패션의 일부로서 휠체어를 자기 몸처럼 다루는 선배와 친구들이 있었다. 나는 긴 다리에 멋진 청바지를 입고 스니커즈를 신거나, 가방을 우아하게 한쪽 어깨에 걸고, 주머니에 손을 찔러 넣은 채 적정한 보폭으로 산책하는 멋을 연출할 방법이 없다. 하지만 적당한 속도로 휠체어를 밀고, 옷과 휠체어의 색을 맞추고, 다른 사람들이 하지 못하는 자세로 휴식을 취하는 일은 가능하다(이런 것이 휠체어를 타지 않는 사람에게도 멋스럽게 보일까? 그저 '희귀한' 장애인의 한 사람으로만 보일지도 모를 일이다).

우리 대부분은 사춘기 무렵 점차 자리를 잡아가는 자기 몸의 특수성과 한계, 가능성을 확인하고, 또래들을 모방하면서 사회의 신체 운영 규범('품격'도 포함될 것이다)에 맞게 이를 조율한다. 자신만의 '몸 운용' 스타일을 형성하는 과정이다. 나는 휠체어를 타는 사람들과 함께 생활하며 그들이 발전시킨 방법에 도움을 받았다. 농학교에 다니는 청각장애 아동들은 수업 시간에 수어를 사용하지 않아도 같은 반 친구들에게서 수어를 배운다. 나 역시 휠체어로 이동하고, 뽐내고, 그 장비를 내 몸의 일부처럼 사용하며 자아를 표현하는 수단으로 삼는 일을 또래들과 함께 익혔다. 이는 휠체어 작동법이나 휠체어를 탄 나의 모습에 어떤 스타일을 만들었다는 의미만이 아니다. 수어를 배운 청각장애인이 자신을 표현하고 타인과 자유롭게 소통하는 방법을 배우며 해방감을 느끼듯이, 나를 표현하고 다른 이들과 일체감을 느끼는 몸의 재현 방식을 배우며 나는 스스로가 '별종'이 아니라 공통의 언어를 사용하는 집단에 속해 있다는 소속감을 경험했다.

이런 소속감, 즉 어떤 '정체성identity'을 공유한다는 느낌 속에서 비로소 나는 휠체어를 밀고 세상으로 나갔고, 주변의 모든 사람이 높은 힐과 멋스러운 바지를 입고 걸어 다니는 그 '정상성의 숲' 한가운데서도 내 정수리까지 빛이 닿을 수 있음을 경험했다. 우리는 그저 당당한 척하는 정신승리법을 익힌 것이 아니라 일종의 '정신의 스타일'을 만들었던 것이다. 휠체어 디자인과 조작 방법을 세련되게 갈고닦는 것을 넘어서, 우리는 장애를 가진 나의 신체를 이질적인 세상에 통합시키는, 이전과는 다른 상호작용 능력을 키우기 시작했다. 이런 스타일의 초기 단계는 무모할 정도의 당당함과 불리한 처지에 대한 냉소적인 비틀기로 시작되었다. 영화 〈조제, 호랑이, 그리고 물고기들〉의 한 장면을 떠올려보라. 장애인인 주인공 조제에게 남자 친구 츠네오를 빼앗긴 츠네오의 전 애인은 조제를 찾아와 뺨을 때린 후 말한다.

"나도 차라리 너처럼 다리가 없으면 좋겠네."

조제도 상대의 뺨을 때린 후 무표정한 얼굴로 답한다.

"그럼 너도 다리를 잘라."[19]

우리는 그와 유사한 태도를 익혔다고 말할 수 있다. 서너 명이 모여 휠체어를 밀고 바람같이 차도를 질주했다. 겉멋만 잔뜩 든 청소년기의 우리는 그것이 자유롭고 꽤나 섹시하다고 생각했다(지나가는 사람들에게 우리는 그저 시설에서 지내다 잠시 외출 나온 장애인들로 보였을 테지만). 이러한 감수성은 우리에게 해악이기만 했을까? 우리는 도로를 달리며 생각했다.

'너도 이렇게 막 도로 위에서 위험천만하게 달리고 싶냐? 그럼 너도 다리를 잘라보지 그래?'

이 감정은 물론 허세로 (그것도 전형적으로 마초적인) 가득했다. 하지만 우리는 이처럼 저항적인 자기 인식과 세상에 대한 고유의 해석을 토대로, 자신을 비정상이나 결여된 존재가 아니라 고유성을 가진 존재로 인식할 수 있었다. 자아에 스타일이 부여되기 시작한 것이다.

스타일의 추구는 자신을 '무엇이 아님'이라는 결여가 아니라 '무

19 이때 츠네오의 전 애인은 조제가 한쪽 손을 들어 뺨을 때리려는 포즈를 취하자 리어카에 깊숙이 앉아 있는 조제가 뺨을 때릴 수 있도록 얼굴을 조제의 팔이 닿는 위치까지 가져다 댄다. 비현실적이고 코믹한 이 장면은 우리가 앞에서 언급한 '존엄을 위한 상호작용'의 이상적인 예가 아닌가? 두 사람은 싸우고 경쟁하지만, 한쪽을 모욕하지는 않는다. 츠네오의 전 애인이 만약 조제의 뺨을 때리고 멀리 도망갔다면 이는 싸움이 아니라 일방적인 모욕이자 학대일 것이다. 두 사람은 그렇게 하지 않고 '공정한 방식'으로 싸운다.

엇임'이라고 적극적positive으로 규정할 수 있을 때 가능하다. 무엇이 '아닌 것'이라는 소극적 형태로는 그와 같은 스타일 만들기가 불가능하다. 내가 장애를 가진 친구들과 함께 휠체어의 디자인을 고민하고 그것을 우리 몸에 맞게 조율하며 허세를 부릴 때, 우리는 분명 '정상성의 결여'로서 '나'를 인식하지 않았다. 그와 같은 경험을 하기 전까지 나는 오직 '정상'이 아닌 상태로 존재했다. 나의 외모와 정신의 스타일을 추구하기란 당연히 불가능했다.

유사한 예는 많다. 미혼未婚은 결혼의 결여를 표현하지만 비혼非婚은 적극적으로 규정된 삶의 스타일이 될 수 있다. '청각장애'는 청력의 부재를 의미하지만, '농'은 농문화의 존재를 전제한다. 농인 부모에게서 태어났지만 농인이 아닌 아이들은 그전까지 '정상적인 부모가 결여된' 장애 가정의 자녀로 받아들여졌지만, 최근에는 자신을 '농인 부모의 자녀들'이라는 뜻의 영문 축약어인 '코다CODA(Children of Deaf Adults)'라고 부른다. 코다는 다른 코다를 만나 어린 시절부터 부모의 통역사 역할을 해왔던 기억, 수어와 구어 모두를 유창하게 활용하는 자신의 특별한 경험을 나눈다. 코다라는 말도 결국 풀어 쓰면 장애를 가진 부모의 자녀라는 의미이지만, 이를 결여가 아니라 어떤 존재의 특성을 상기시키는 말로 바꾸고 스스로 '나는 코다입니다'라고 적극적으로 자신을 규정하는 순간 스타일이 출현한다.

이처럼 과거에는 결여나 결핍, 부족함, 기껏해야 '괴물freak'로 여겨졌던 존재들이 자신의 그러한 속성을 적극적인 정체성으로 규정하는 흐름은 최근 수십 년간 급격히 확산되었다. 미국의 저널리스트 앤드류 솔로몬Andrew Solomon은 청각장애뿐 아니라 흔히 '난쟁이'라고 불리는 저신장장애dwarfism, 다운증후군, 조현병(정신분열증) 등도 부모나 윗세대의 민족, 인종집단으로부터는 이어받을 수 없는 고유한 경험과 관점을 상호 공유한다는 의미에서 '수평적 정체성horizontal identity'의 일부가 될 수 있다고 말한다. 현대 사회에서 수평적 정체성을 함께 갖는 사람들은 자신과 유사한 삶을 경험하는 이들과 인터넷을 통해 과거보다 쉽게 만나고, 공동체를 형성하며, 그것에 소속감을 느낀다. 나아가 정체성을 구성하는 자신의 특질들에 긍정적 의미를 부여하거나, 부정적이기만 했던 의미들을 소거한다.

매드 프라이드Mad Pride 운동은 정신장애인들의 정체성 운동이다. 이들은 정신장애가 그저 범죄의 원인이나 인격성이 박탈된 비정상적 상태라는 통념에 맞서 이 역시 하나의 인간적 특질일 수 있고, 적절한 약물 치료와 사회적 지원, 편견 없는 문화적 태도가 뒷받침된다면 풍요로운 삶의 일부일 수 있다고 주장한다. 현대 의학이 정신질환 또는 정신장애로 규정하는 질병을 앓았던 위대한 사상가, 예술가, 작가들을 떠올려보라. 영화 〈뷰티풀 마인드〉로 잘 알려진 수학자 존 내쉬John Nash의 천재성은 조현병이 극도로 진행되면서 점차 사라졌지만, 조현병의 기저에 놓인 그의 뇌신경 메커니즘이 천재성과 깊이 관련되어 있었다고 여겨진다.[20] 우울증과 신경쇠약으로 힘겨운 삶을 산 반 고흐의 그림은 어떤가? 자폐성 장애를 가진 미국의 작가이자 최고의 축산업 설계 디자이너 템플 그랜딘 Temple Grandin은 자폐인의 독특한 사고방식이 동물의 행동을 이해하고 그들에게 가장 편리한 디자인을 창조해내는 데 어떻게 기여하는가를 보여준다. 이런 이야기들은 우리에게 질병과 천재성, 인간적 고유성의 관계가 얼마나 밀접하게 연결되어 있는지를 성찰하게 한다. 그렇기에 유전 질환과 질병을 완전히 없앤 사회가 더 풍요롭고 흥미로운 세계일지 우리는 확신할 수 없다.

나 역시 내 질병과 장애를 정체성으로서 수용하는 일을 두고 오랜 시간을 보냈으며, 지금도 보내고 있다. 장애를 가진 친구들과의 수평적 교류는 분명히 새로운 세계로 가는 문을 열었다. 우리가 부모나 사회의 선배 세대에게 넘겨받은 관점이란 포기하지 말고 장애를 극복하거나 치료해야 한다는 것이었다. "그럼 너도 다리를 잘라"와 같은 태도는 건강한 두 다리를 가진 나의 어머니는 나를 아무리 사랑한다 해도 전해줄 수 없는 정신의 스타일이다. 〈조제, 호랑이 그리고 물고기들〉에서 조제의 할머니는 츠네오와의 관계 때문에 괴로워하는 조제에게 "남들 하는 대로 살려고 하면 안 된다"고 조언한다. 할머니는 조제의 유일한 보호자이자 조제를 가장 사랑하는 사람이지만, '수직적' 관계에서는 그 정도의 조언이 최선인 것이다. 우리를 사랑하는 할머니와 어머니, 우리를 보호하는 국가와 공동체, 우리를 구원하려는 종교 지도자들과 성서의 가르침은 결코

20 로널드 버거, 앞의 책, 254~255쪽.

“너의 욕망대로 살아라, 만약 남들이 그것을 문제 삼는다면 ‘그럼 너도 다리를 잘라’라고 말하라” 하고 가르치지 못한다. 우리는 수평적 정체성을 가진 다른 존재들과 연결될 때에만 정상성의 결여로서의 내가 아니라 그 자체로 하나의 ‘존재’인 자신을 인식하는 정신의 스타일을 구축할 수 있다.[21]

‘잘못된 삶’ 소송을 그저 질병이라는 ‘나쁜’ 인간적 특질을 제거하지 못한 산부인과 의사의 실수와 그에 대한 배상, 또다시 그런 실수를 하지 않도록 억제하는 법 실무의 하나로만 생각할 수는 없으며 그래서도 안 된다. 농인 여성들이 자신의 아이를 농인으로 선택하는 문제 역시 질병을 무책임하게 아이에게 물려준 행동이라고만 비난할 수 없다. 질병과 장애에는 각각의 역사가 있고, 그 역사는 질병과 장애를 안은 채 지금 이 시대를 살아가는 사람들의 삶 속에서 다시 해석되고 기록된다. 며칠 아팠다가 낫는 감기나 한 달 정도 입원했다 치료를 받고 끝나는 일시적인 질병은 우리가 잠시 휴식을 취하는 계기가 되고, 몸에 대해 한번쯤 생각해보는 기회가 될 뿐이다. 하지만 만성적인 질병, 늘 약을 먹어야 하고, 할 수 있는 일이 제한되고, 때로는 빨리 죽음에 이를지도 모른다는 두려움 속에서 살아야 하는

21 그런데 이런 ‘정신의 스타일’이 과연 사회 전체적으로도 바람직할까? 이것은 장애인뿐 아니라 모든 ‘소수자’의 강렬한 정체성 주장이 사회 정의의 차원에서 어떻게 평가되어야 하는지에 관한 오랜 논쟁의 일부이다. 나는 이를 상세하게 다룰 능력도 부족하지만 그와 같은 논의는 본격적인 학술서가 아닌 이 책의 범위를 벗어난다. 그럼에도 우리는 이 책의 마지막 부분에서 이 문제를 제한적으로나마 다뤄볼 것이다.

질병이나 우발적인 사고로 갖게 된 '장애'라는 몸 상태는 한 사람에게 고유한 이야기narrative가 된다. 내 몸이 가진 이 속성, 흔적, 경험으로 우리는 어떤 이야기를 쓸 수 있을까? 정체성이란 결국 한 사람의 이야기와 밀접한 관련이 있다. 나는 장애를 정체성으로 선택했다고 말할 수 있는데, 그 선택이란 장애를 가진 사람들의 공통된 경험과 역사를 내 자아의 중대한 부분으로 삼는다는 말이다.

그런데 여기서 우리는 다음과 같은 물음에 직면한다. '잘못된 삶'이라고 규정된 자기 조건의 일부를 '스타일'의 토대로 삼거나 정체성으로 받아들이는 시도는 결국 '정신승리'가 아닐까? 장애인이 아니라면 태어날 수 없었던 사람들이, 혹은 장애인으로 평생 살아갈 수밖에 없게 된 사람들이 '여우와 신포도' 이야기처럼 자신이 가질 수 없는 대상을 단념한 채 살기 위해 펴는 전략에 불과한 것은 아닐까? 김원영은 자신의 커다란 결핍을 어떻게든 감당해보려고 걸을 수 없는 것이 스타일이라느니, 정체성이라느니 하고 떠드는 것이 아닐까? 나는 그럴 수도 있다. 그러나 잘못된 삶을 정체성의 일부로 '수용'하는 일과 사람들이 소위 말하는 '정신승리'가 구별되지 않는 것은 아니다. 우리는 장애를 수용한다는 개념을 다음 장에서 좀 더 살펴볼 것이다. 타인의 삶을 잘못되었다고 규정하고, 그로부터 위안을 얻는 사람들이야말로 어쩌면 이런 '정신승리'에 빠져 있는지도 모른다.

5장

기꺼운 책임

부모와 자식

현오는 장애인의 권리에 관심이 많았다. 오랜 기간 우정을 이어온 친구도 장애인이다. 그는 어린 시절 동네에서 유일하게 장애가 있는 친구를 위해 "나는 피부 관리를 해야 돼서 수영하러 안 가"라며 한여름에 계곡으로 놀러 가기를 포기했던 적도 있다. 대학을 졸업한 후에는 변호사가 되었고, 역시 사회적 소수자에게 열려 있는 진보적인 변호사 선유와 만나 결혼했다. 두 사람의 결혼사진에는 휠체어를 탄 대학 동기의 모습도 보인다. 선유의 친구 중에는 청각장애인이 있어서 이들은 결혼식에 수화 통역사를 부르는 '파격적' 조치를 하는 데도 망설임이 없었다.

현오는 대학 시절 장애 인권 동아리에서 적극적으로 활동했고, 선유는 학내 여성주의 모임에서 활동했다. 이들은 동아리 활동과 녹서를 통해 사회가 오랜 기간 형성하고 지속해온 미美의 획일적 기준이 어떻게 (특히) 여성을, 또 장애가 있는 사람을 억압해왔는지, 또 이들이 자기 신체를 혐오하도록 부추겨왔는지에 대한 문제의식을 가졌다. 선유는 친구가 소개팅에 나가 "장애인처럼 자기소개(JM)를 해보라"는 요청을 받았다는 말에 분노를 참을 수 없었다. 당장 SNS에 이를 알리고, 이런 식의 미팅, 소개팅 문화를 바꿔야 한다고 주장했다. 현오 역시 장애 인권 동아리에서 JM에 대한 뉴스를 접하고 충격에 빠졌다. 동아리원들이 모여 "모든 몸은 평등하고, 누구도 자신의 몸을 이유로 경멸의 대상이 되어서는 안 된다"는 대자보를 중앙도서관 앞 게시판에 붙였다.

결혼한 이후에도 두 사람은 바쁜 시간을 쪼개 장애인을 위한 권익 옹호 활동에 열심히 참여했다. 진심으로 어떤 몸과 정신을 가진 사람이라도 모두 인간으로서 완전한 권리를 보유하고, 공동체 구성원 모두에게 존중받아야 한다고 믿었다. 자신들은 비록 장애가 없고 변호사로도 활동하고 있지만, 장애나 질병이 있는 다른 어떤 사람보다 특별히 우월하다고 생각하지 않았다. 모든 인간은 몸과 정신의 차이에도 불구하고 법적, 도덕적으로 평등해야 할 뿐 아니라 실제로도 각자 풍요로운 삶을 살 가능성을 똑같이 지닌다고 확신했다.

결혼 후 몇 년이 지나 선유는 임신을 했다. 두 사람은 아이가 태어나면 책임감 있고, 자율적이며, 타인을 동등한 인격체로 존중하는 성인으로 양육하자고 마음먹었다. 그들은 예술이나 체육에도 관심이 많아서 아이가 공부만 잘하기보다는 무용가나 쇼트트랙 선수가 되어도 좋겠다는 이야기도 나눴다. 태아는 건강하게 자랐고 산

달이 되어 무사히 세상에 나왔다. 그런데 얼마 후 아이에게 연골무형성증[1]이 있음이 확인되었다. 두 사람은 충격에 빠졌다. 전혀 예상하지 못한 일이었다. 가족 중에 연골무형성증을 가진 사람은 아무도 없었다. 임신 과정을 복기하다 보니 산부인과 의사가 이 사실을 미리 발견할 수 있었음에도 놓쳤다는 사실을 알았다. 의사가 산전 진단을 제대로 수행했다면 두 사람은 (차마 서로 이야기를 꺼내지는 않았지만) 아이를 낳지 않기로 선택했을지도 몰랐다. 최소한 아이의 장애를 미리 알았더라면 마음의 준비를 하고, 양육에 필요한 적절한 대비라도 했을 거라 생각했다.

두 사람은 의사의 실수에 책임을 물어야겠다고 생각했다. 무엇보다 의사가 터무니없는 실수를 했고, 또한 병원의 배상을 받으면 아이를 키우는 데 도움이 되리라는 점도 고려했다. 법률가 동료들도 그 의사가 앞으로 같은 실수를 반복하지 않기 위해서라도 의료 과실에 대한 책임을 물어야 한다며 거들었다. 그러나 선유와 현오는 소를 제기할 수 없었다. 소를 제기하겠다는 마음을 먹었다는 사실만으로도 죄책감이 들었다. 두 사람은 지금까지 인간의 신체를 획일적으로 규율하고, 그 위계에 따라 사람들에게 차등적인 가치를 부여하는 사회에 오래도록 저항해왔다. 그런 자신들이 지금 연골무

1 연골무형성증Achondroplasia은 이른바 '난쟁이'라고 불리는 저신장장애의 일종이다. 짧은 팔다리, 튀어나온 둔부 등을 특징으로 한다. 미국 드라마 〈왕좌의 게임〉에 등장하는 배우 피터 딘클리지Peter Dinklage도 연골무형성증이 있다. 수두증 등 합병증을 수반하기도 한다.

형성증을 가지고 태어난 아이에 대해 '손해배상'을 청구하려 하고 있었다. 이 질환은 심각한 합병증이 발병하지 않는 이상 평균 수명에 영향을 미치지도 않고, 일상에서 특수한 생리적 고통을 유발하지도 않는다. 연골무형성증이 만들어내는 가장 큰 차이는 바로 신체의 외관에 있었다. 부부는 고민 끝에 소송을 포기했다.

선유와 현오는 이미 장애와 관련한 다양한 경험과 지식이 있었고, 누구보다 현명한 부모였다. 시간이 지나며 아이에 대한 사랑도 커졌다. 아이는 별다른 시련 없이 살아온 자신들의 인생에 더 깊은 의미를 부여하는 선물 같은 존재가 아닐까 하는 생각도 종종 했다. 그럼에도 문득 자신들이 아이의 출산에 대한 손해배상 청구를 진지하게 검토했었다는 사실이 떠오르곤 했다.

'우리는 우리 인생에 찾아온 어쩔 수 없는 운명, 장애아를 받아들여야만 하는 현실 앞에서 그저 자기기만에 빠져 있는 것은 아닐까? 언제라도 다시 아이가 없던 시절로 돌아갈 방법만 있다면, 임신 상태로 돌아가 의사가 태아의 연골무형성증을 진단하기만 한다면 망설이지 않고 임신중절을 하지 않을까?'

선유와 현오는 아이를 무척이나 사랑했고, 연골무형성증을 가진 모든 사람이 결코 덜 가치 있는 삶을 살거나 열등한 존재라고 생각하지 않았다. 하지만 출산 이전으로 돌아간다면, 이 아이를 낳지 않을지도 모른다는 생각을 떨쳐버릴 수는 없었다.

믿음과 수용

선유와 현오는 장애가 잘못된 삶이 아니라고 믿었다. 하지만 이들의 인생에 정말로 장애를 가진 아이가 찾아오자 모순된 감정에 빠진다. 이 두 사람은 물론 가상의 인물이다. 하지만 이들은 실제로 장애아를 낳아 키우는 부모를 상징할 수도 있고, '잘못된 삶'으로 규정된 자신의 신체적, 정신적, 사회적 조건을 온전히 받아들이고자 분투하는 우리의 자의식 그 자체일 수도 있다.

우리는 종종 하루에도 몇 번씩 장애가 '손해'라는 생각과 나의 정체성을 이루는 하나의 중요한 요소라는 생각 사이에서 혼란을 겪는다. 이는 우리가 장애를 온전히 수용하지 못했다는 의미가 아닐까? 이 혼란을 해소하기 위해서 우리는 먼저 '장애를 수용한다'는 말이 어떤 의미인지 분명히 이해할 필요가 있다. 장애를 수용한다는 말은 장애를 문화적 다양성이자 개인의 고유한 정체성이라고 '믿는' 것과는 구별된다.[2] 이를 이해하기 위해 우선 '믿는다believe'에서 출발해보자. 우리는 어떤 경우에 '믿는다'고 말할까? 가장 쉬운 답은 믿을 만한 '객관적 근거object-given reason'가 있을 때이다. 우리는 지구가 평평하지 않고 둥글다고 믿는다. 과학자들이 공개한

2 이 구별을 시도한 철학자들은 여럿이 있지만, 나는 김현섭의 글(Hyunseop Kim, "The Uncomfortable Truth about Wrongful Life Cases", *Philosophical Studies* Vol.164, No.3, 2013, pp.623~641)을 주로 참조했다. 다만 김현섭의 논의와 달리, 수용에 대해서는 훨씬 더 두터운 의미를 부여했다.

위성사진, 월식이 일어날 때 달에 비치는 지구의 둥그런 그림자, 비행기를 타고 한 방향으로 계속 가면 출발 지점으로 돌아온다는 사실 등에 근거해 우리는 이것이 사실이라 믿는다.

그 밖에 우리는 각자 처한 상황에서 유리하거나 필요한 이유 state-given reason가 있을 때 믿는다. 이런 유형의 믿음 가운데 가장 복잡하고 고차원적인 믿음은 아마 종교일 것이다. 종교는 사후세계(또는 영생)를 약속하며 수년에서 길어야 수십 년 후면 우주의 먼지가 되어 무한에 가까운 공간을 떠돌아야 하는 우리 삶의 덧없음에 의미를 부여한다. 이와 관련하여 프랑스의 철학자 파스칼의 기지 넘치는 논증이 잘 알려져 있다. 신이 없다고 믿었다가 있으면 낭패이지만, 신이 있다고 믿었다가 없으면 아무 일도 일어나지 않을 것이다. 만약 실제로 신이 있다면, 그것처럼 잘된 일은 없다! 파스칼은 그러므로 종교를 믿는 편이 낫다고 결론 내린다(루쉰의 소설 『아Q정전』에 등장하는 '정신승리'는 자신이 처한 상황 때문에 믿는 경우에 해당하지만 종교보다는 훨씬 저열한 형태일 것이다).[3]

3 아Q는 오로지 자신이 남보다 열등해 보일까 봐, 혹은 남보다 우월해 보이려고 현실을 왜곡한다. 건달들에게 두드려 맞으면서도 건달들이 자기 자식이라고 제멋대로 생각하고는 "자식이 부모를 때리는 세상이라니 참으로 문제다"라고 말해버린다. 한편 자신보다 못하다고 생각하는 털보와 비구니에게는 막무가내로 대하고 멸시한다. 이런 이유에서 '정신승리'의 핵심 요건으로 속물성(위계구조 아래서 사람들의 인격성에 우열을 평가하려는 속성)을 전제해야 한다는 입장이 있다. 이한, 『삶은 왜 의미 있는가』, 미지북스, 2016, 145~146쪽 및 같은 저자가 시민정치연구소(http://www.civiledu.org/1320)에 쓴 「정신승리에 관하여」를 참조하라.

객관적인 근거에 기초한 믿음이든 처한 상황에 따른 믿음이든, '믿음'의 특징은 내 마음대로 믿거나 믿지 않기가 어렵다는 것이다. CCTV에 친구가 도둑질을 하는 모습이 찍혀 있다면, 그 증거를 무시한 채 무죄 추정의 원칙을 이유로 친구를 계속 호의적으로 대하기 어렵다. 불치병에 걸렸을 때 어떤 의사는 치료가 가능하다고 말하고 다른 의사는 불가능하다고 말한다면, 불가능하다고 말하는 의사가 아무리 그 분야의 최고 권위자라 해도 우리는 치료가 가능하다고 말해주는 의사를 믿지 않기 어려울 것이다.

반면 우리가 무엇인가를 '수용한다accept'고 말할 때, 그것은 철저히 자발적인 선택을 의미한다. 믿음은 나의 의지에 따라 믿거나 믿지 않기가 대단히 어렵지만, 수용은 오로지 나의 의지에 달려 있다. 물론 객관적인 증거가 있다면 좀 더 수월하게 수용할 수 있지만(장애가 문화적 다양성을 증대시켰다는 풍부한 역사적 사례가 있다면 장애를 더 쉽게 수용할 수 있다), 근거가 꼭 필요하지는 않다. 당신이 장애가 있는 아이를 진정 가치 있고 반짝거리는 존재로 수용하고자 한다면, 그 아이에게 다른 아이에게는 없는 천재적인 수학 능력이 있는가 혹은 예술가로서의 빛나는 재능이 보이는가는 전혀 중요하지 않다. 앤드류 솔로몬이 인터뷰했던, 장애아를 둔 어머니 루스의 말은 수용의 의미를 잘 보여준다.

> 나는 우리가 신의 존재를 믿기 때문에 지금 같은 관점을 갖게 된 것은 아니라고 실제로 생각해요. 사람들은 상투적인 말로 우리를 위로하려고

해요. "하느님은 당신이 감당할 수 있는 만큼만 주십니다"라는 말처럼요. 하지만 샘이나 줄리아나 같은 장애아는 애초에 부모에게 선물이 될 운명으로 태어나지 않아요. 그럼에도 그 아이들이 우리에게 선물인 이유는 우리가 그들을 선택했기 때문이죠.[4]

위의 진술에서 믿음과 수용은 명료히 구별된다. 침대 위에서 거의 움직이지 못하고 24시간 돌봄이 필요한 아이들(샘과 줄리아나)이 정말로 신의 선물이라고 여길 때 우리는 루스가 그러한 '믿음'을 가졌다고 말할 수 있다. 하지만 장애아를 둔 어머니 루스는 신이 아이를 선물로 주었다고 믿을 객관적인 근거는 없음을 분명히 한다. 루스는 아이를 선물이라 믿어서가 아니라, 그 아이를 자기 삶의 선물로 '선택'하기를 실천할 뿐이다.

수용은 객관적 근거에 의존하는 믿음과 다르기 때문에 맥락 의존적context-related일 수 있다. 예를 들어보자. 우리는 술을 잔뜩 마신 채 다른 사람을 해하는 범죄를 저지른 사람에게 분노한다. 설령 그 사람이 상사가 회식 자리에서 강제로 먹인 술 때문에 음주운전을 하다가 행인을 쳤더라도 그의 법적, 도덕적 책임을 면해주지 않는다(물론 우리는 다른 음주운전자보다는 그를 조금 더 딱하게 여기고, 그의 상황은 법적으로도 일정 부분 참작될 것이다). 다시 말해서 그 사람이 상사의 강

4 앤드류 솔로몬, 고기탁 옮김, 『부모와 다른 아이들 1』, 열린책들, 2015, 676~677쪽.

요 때문에 불가피하게 술을 마셨고, 그 술 때문에 뇌의 이성적 판단 영역이 마비되어 범죄를 저질렀다는 사실이 '과학적으로' 밝혀지더라도 여전히 그에게 도덕적, 법적 책임을 묻는다. 이는 우리가 도덕적, 법적 판단을 할 때는 그러한 자연적/과학적 인과관계는 '괄호 안에 넣고' 없는 것으로 간주하기로 선택하기 때문이다. 즉 우리는 그를 '자유롭고 이성적인 행위자'라고 간주한다. 이렇게 어떤 사람의 행위를 도덕적, 법적으로 판단하는 맥락에서 우리는 그를 이성적 행위자로 '수용'한다.[5]

반면에 당신이 뇌과학자로서 인간의 이성적 판단 능력에 대해 연구하는 사람이라고 해보자. 당신은 지금 음주운전과 뺑소니 사고로 사람을 죽게 한 그의 뇌를 연구하는 중이다. 이때 당신은 그를 이성적, 자율적 행위자로 수용해서는 안 된다. 만약 뇌과학자인 당신이 범죄자들을 이성적 행위자로 수용한 후에 그 수용을 '해제'하지 못한다면 연구를 진행하면서 내내 회의감이 들 것이다. 나쁜 짓을 한 인간들의 뇌를 철저히 분석해보면 다 그럴 만한 과학적 원인이 있을 것이기 때문이다. 그러므로 뇌과학자인 당신은 범죄자의 뇌를 연구할 때는 이성적이고 자유로운 행위자로서의 인간을 '괄호 안에' 넣고 그를 '자연적 존재'로만 바라보아야 한다(즉 자연적 존

5 실제 재판에서는 술을 마신 행위가 형법상 책임을 감경하는 사유가 되기도 한다. 그러나 기본적으로 우리는 그가 범죄를 저질렀고 사람을 죽였다는 도덕적, 법적 책임을 철회하지 않는다.

재로서 수용한다).[6] 수용이란 이처럼 그 분명한 맥락에 따라 괄호를 벗기고 씌우는 일을 자유자재로 한다는 점에서 믿음과 구별된다.

마지막으로, 수용은 나의 자발적인 선택에 의한 것이기 때문에 내가 원하는 삶의 전체적인 기획 및 그에 대한 근본적인 태도와 밀접하게 연관된다는 점에서도 믿음과 큰 차이가 있다. 무엇인가를 수용한다는 행위는 그 개별적인 행위 하나에 대한 태도에 그치지 않는다. 수용은 우리 삶의 전반적인 방향과 연결된 윤리적인 결단[7]이므로, 자기가 처한 상황에서 유리한 이유state-given reason가 있어서 믿는 일종의 '전략적(정신승리적) 믿음'과 구별된다. 장애아의 부모인 루스가 도저히 버틸 수가 없어서, 아무 근거도 없지만 그 아이가 신의 선물이라 믿고 있다고 가정해보라. 그런데 어느 날 알고 보니 아이의 장애는 치료가 가능했고, 실제로 약물 치료를 받아 장애가 사라졌다. 루스가 자신에게 찾아온 비극적 운명을 감당하기 위

6 이와 관련해서는 가라타니 고진, 이신철 옮김, 『트랜스크리틱』, 도서출판b, 2013, 166쪽을 참조했다.

7 다소 형이상학적인 논의이지만, 관련하여 칸트 철학을 참조했다. 핵심만 간략히 소개한다면 이렇다. 칸트는 '인간은 자유롭다'라는 생각과 '인간은 자연의 인과관계에 철저히 종속된 존재다'라는 생각이 양립할 수 있다고 보았다. 이는 칸트가 『순수이성비판』에서 다룬 이성의 이율배반 중 하나다. 이 이율배반을 해소하는 칸트의 설명에 대해 수많은 형이상학적 해설이 시도되었는데, 그중 하나는 우리가 '두 입장'을 가진다는 이론이다(theory of two standpoint). 우리는 실천적인 측면에서, 즉 도덕과 인간의 책임을 다루는 영역에서는 인간을 철저히 자유로운 존재자로 '본다'. 반면 인간을 자연적 대상으로 볼 때, 즉 이론적 설명의 대상으로 다룰 때는 자연의 일부로서 자연적 인과관계에 놓인 '이론적 존재'로 '본다'. 위에서 설명한 '수용'적 태도는 실천적 입장의 하나로 이해할 수 있다.

해 아이의 장애를 '선물'로 여겼던 사람이라면, 이제 루스는 자기 아이와 같은 장애를 가진 아이들에게 관심을 보이거나 그런 장애가 선물일 수도 있다고 생각하는 것을 포기할지도 모른다. 더 이상 자기 운명을 감당하기 위한 '전략적' 믿음이 필요하지 않기 때문이다. 하지만 루스가 장애 그 자체를 수용했다면, 루스의 실천적 선택은 자신의 아이가 장애를 치료받은 이후에도 달라지지 않을 것이다. 루스가 장애를 수용한 것은 단순한 전략적 믿음이 아니라 자기 인생의 근본적인 전제(장애가 있는 모든 아이의 삶은 중요하고, 존중받아야 하며, 어떤 면에서는 분명 선물일 수 있다)를 변경하는 실천적 선택이었기 때문이다.

같은 맥락에서 『아Q정전』에 등장하는 '정신승리'와의 차이를 이해할 수 있다. 사람들 앞에서 머리에 난 부스럼 때문에 주눅이 드는 아Q는 부스럼 따위는 아무것도 아니라고 정신승리한다. 그가 정신승리적 믿음을 가지는 이유는 자신이 적어도 마을의 털보보다는 잘생긴 사람이라고 생각하며 자존감을 지키기 위해서다. 한편 아P라고 불리는 사람은 얼굴에 화상 자국도 있고, 큰 점도 나 있으며, 나이가 들어 주름살도 많고, 어린 시절 '핵토'라고 놀림을 받았다고 가정해보자. 그는 자기 얼굴을 '결코 추하거나 비정상적이 아니라 제법 특별하고 개성적인 얼굴'이라고 생각하려 애쓴다. 만약 아P가 아Q와 달리 정신승리적 믿음이 아니라 자기 외모를 고유한 개성의 일부로 수용하고 있다고 말할 수 있다면, 둘의 차이는 무엇일까?

아P가 자기 외모를 제법 괜찮다고, 부끄럽지 않다고 여기는 이유는 자신보다 더 심한 장애를 가진 사람 혹은 피부색이 일반적이지 않은 사람보다 자신이 더 낫다고 여기기 위해서가 아니다. 그는 자신의 얼굴을 특별하고 고유하다고 생각하기 위해서, 외모를 획일적인 기준에 따라 줄 세우는 세계관에 '괄호를 치는' 결단을 내렸다. 따라서 그는 지금보다 얼굴에 상처를 더 입어도, 엄청난 돈이나 권력을 갖게 되어 굳이 자신의 얼굴 콤플렉스를 옹호할 필요가 없어져도 여전히 그 생각을 바꾸지 않을 것이다(반면 아Q라면 엄청난 권력을 손에 넣어 자기 머리의 부스럼을 옹호할 필요가 없게 되면 외모에 대한 정신승리적 믿음을 유지하려 애쓰지 않을 것이다).

그러므로 어떤 사람이 자신의 장애가 있는 몸, 미적 기준에서 벗어난다고 여겨지는 신체를 수용했다고 말하는 것은 다음과 같은 의미이다. 그는 자기 자신을 혐오나 피해의식에 기초하여 받아들이지 않고, 이 세상이 구축해놓은 외모의 위계질서에 종속되지 않으며, 앞으로의 삶을 외모에 대한 사회적 차별이나 억압, 혹은 피억압자로서의 의식과 트라우마에 짓눌리지 않은 채 살아가겠다는, 삶에 대한 '근본적인 태도(입장)'를 수용한 것이다.[8]

장애를 수용한다는 것

이와 같은 수용의 의미를 염두에 두고, 선유와 현오라는 (가상의, 그러나 어딘가에 실재할) 부부의 이야기로 돌아오자. 우리는 우리 몸의 볼품없는 어떤 특성, 나이 들고 병들고 장애를 가진 내 자녀의, 친구의, 연인의, 그리고 나의 몸을 하나의 정체성이라고 (믿는 것이 아니라) '수용'해야 한다. 다시 말해 정체성이라고 간주할 필요가 있다. 우리가 장애를 정체성으로 받아들이는 것은 그것이 내 삶에 위안이 되고, 다른 사람들 앞에서 당당해질 수 있기 때문이 아니다. 또한 장애나 질병이 그 자체로 가치 있는 대상이라는 객관적 근거가 넘쳐서도 아니다.

물론 장애를 정체성이라고 믿으면, 나 자신의 혹은 내 자녀의 장애를 한층 긍정적으로 인식하며 삶에 좀 더 당당한 태도로 임할 수 있다. 또한 앞서 청각장애에 대해 살펴본 바와 같이 어떤 장애는 그 자체가 인류 문화의 다양성을 확대하는 가치 있는 산물로서 의미를 지닌다. 하지만 모든 장애가 모든 면에서 그런 것은 아니다. 선유와

8 철학자 프라이어슨Frierson은 인간의 자유의지에 대한 믿음을 파스칼 식의 신에 대한 믿음과 구별하면서 '이차 수준의 믿음second-order belief'이라고 말한다. 나는 프라이어슨의 이 생각에서 위에서 언급한 '수용'의 의미를 끌어왔다. 참고로 프라이어슨은 이차 수준의 믿음으로서의 자유의지에 대해 이렇게 썼다. "인간이 자유롭다는 실천적 요청의 지위는 근본적으로 파스칼이나 제임스의 '실천적인' 믿음들과는 다르다. …… 파스칼은 그가 좋은 결과라고 생각하는 것을 얻기 위해서는 신이 존재한다고 믿어야 한다고 추론한다. 마찬가지로 제임스는 성공의 기회를 높이기 위해 협곡을 뛰어넘을 능력이 있다고 믿어야 한다고 추론한다. 이것들은 모두 행위의 이유들이다. …… 그러나 인간이 자유롭다는 믿음은 그 자체로 그에게 좋은 것은 아니며 이득이 있기에 취해지는 것도 아니다. 이것은 오히려 인간이 실천적으로 이성적일 수 있다는 사실을 이해하기 위한 필수적인 믿음이다. 이는 이성적 행위자로서 인간이 반드시 취해야 하는 입장의 개념적 전제이다(Patrick Frierson, "Two Standpoints and the Problem of Moral Anthropology", Benjamin J. Bruxvoort Lipscomb, James Krueger(ed), *Kant's Moral Metaphysics*, 2010, p.90)."

현오의 자녀가 가진 연골무형성증은 분명 개인의 고유한 경험이자 문화적 다양성으로 존중받을 여지가 있지만, 다른 한편으로는 경우에 따라 이런저런 통증과 신체의 변형을 수반한다. 이것을 지닌 채 평화롭고 당당하게 살기 위해서는 많은 고통과 역경을 돌파해야 한다. 일상적으로 극심한 통증을 유발하고, 평균 수명이 매우 짧으며, 움직임의 자유를 극도로 제한하는 질병들에 대해서는 문화적 다양성이나 정체성의 요소라는 말을 꺼내기가 훨씬 어렵다. 따라서 우리는 심리적 위안을 얻기 위해, 혹은 그것이 지닌 어떤 객관적 가치 때문에 장애를 정체성으로 받아들이려 시도하는 것이 아니다. 오직 자발적이고 실천적인 '선택'으로서 그와 같은 속성들을 정체성으로 수용할 수 있을 따름이다.

따라서 장애의 '수용'은 실천적 선택이라는 맥락에 국한되며, 어떤 상황에서든 장애는 고정된 정체성의 일부라 고집하는 '믿음'과 다르다. 어떤 사람들은 정체성 정치identity politics에 깊이 심취한 나머지, 어마어마한 고통을 유발하는 유전 질환[9]을 판별하기 위해 유전자진단을 시행한 예비 부모에게 그것은 '장애인을 학살하는 것과 동일한 행위'라며 비판을 가한다. 하지만 어떤 장애나 질병은 분명 한 인간에게 깊은 고통을 유발한다. 그럴 가능성이 있는 아이를

9 예로 자주 등장하는 것은 테이-삭스 병Tay-Sachs disease이다. 이 병은 당과 지질성분으로 구성된 강글리오시드라는 성분이 축적되어 중추신경계의 점진적인 파괴를 유발하는 지질 침착 질환이다. 진행성 정신장애, 실명, 간질발작이 임상적으로 나타나고 대개 2세 미만에 쇠약 또는 감염으로 인하여 사망한다.

키우지 않기로 선택하는 부모가 그런 사람들을 학살하거나 비하하는 것은 아니다. 나는 감히 골형성부전증도 그렇다고 주장하고 싶다. 골형성부전증을 가진 사람이 이 세상에서 전부 사라진다면 나는 얼마간 외로울지 모르지만(나는 '라스트 골형성부전증'으로 의학전시관에 전시되기 싫다), 그래도 할 수만 있다면 이 병을 사전에 예방하거나 이 병을 가진 태아를 임신하지 않도록 하는 것이 나쁜 일이라고만 주장할 수는 없다. 특히 선유나 현오와 달리 다양한 몸에 대한 경험과 지식을 쌓을 기회가 없었고, 매우 가난하고, 삶에 지친 부부들에게는 내 수평적 정체성 옹호의 논리를 꺼내들기가 쉽지 않다. (선유, 현오 부부가 아니었던) 나의 부모님이 짊어진 짐의 크기가 결코 작지 않았음을 나는 잘 알고 있다.

장애를 정체성으로 '믿는' 사람들은 장애가 그 자체로 정말 좋거나 혹은 그렇게 믿는 것이 자신에게 유리하기 때문에 믿는다. 이런 믿음은 맥락에 따라 변형되지 못하고, 일관성을 유지하기 위해 줄곧 고수된다. 이런 믿음에 기초한다면 장애나 질병에 대한 어떤 부정적인 묘사도 모순에 처한다. 장애가 정체성으로 받아들일 만한 좋은 '산물로서의' 가치를 갖는다면, 왜 장애를 치료하는가? 왜 일부러 장애를 유발하지는 않는가? 고통 없이 시각장애인으로 만들 수 있는 약물이 생긴다면, 우리는 아이들에게 그 약물을 투여해도 괜찮은가? 그렇게 생각하는 사람은 아마 없을 것이다.

정체성이란 객관적인 대상처럼 존재하는 어떤 산물이 아니다. 정체성이 귀중한 이유는 우리가 각자의 인간적 상황에 맞서는 과정에서 만들어지는 '수행적 가치'를 포함하기 때문이다. 수행적 가치가 무엇인지는 예술품을 예로 들면 이해하기 쉽다. 가령 반 고흐의 그림을 최고 성능의 컬러복사기를 이용해 복제한다면, 그 그림은 고흐의 원작과 다를까? 수준 높은 미술평론가들조차 원작과 모작을 구별하지 못할 정도라면, 양자의 '산물로서의 가치'는 동등할 것이다. 그럼에도 우리는 여전히 원작이 더 가치 있다고 믿는다. 왜 그런가? "위대한 예술품에 가치를 두는 궁극적인 이유는 예술품이 우리의 삶을 증진시켜서가 아니라 예술적 도전에 맞선 수행performance을 체화하고 있기 때문이다."[10] 우리가 '골형성부전증'이나 '암' 또는 청각장애가 가치 있다고 말한다면, 이 역시 산물로서의 가치보다는 수행으로서의 가치를 체화하고 있기 때문이다. 즉 우리가 수평적 정체성으로서 옹호하고자 하는 장애나 질병, 너무 크거나 작은 키, 인종, 특정한 정신질환, 성적 지향 등은 한 사람이 어떤 경험과 도전에 맞서 자신의 이야기를 써 내려간 역사가 체화된 인간적 속성으로서 의미를 갖는다. 김현경은 정체성에 대해 다음과 같이 쓴다.

현대 사회에서는 개인의 의사와 무관하게 주어져 있는 정체성의 규정 요소들, 예컨대 국적이나 출신 계급이나 인종이나 성별, 심지어 언어와 문화는 개인의 정체성 서사에 통합되는 한에서만 중요하고, 그렇지 않으면 우연하고 부수적인 요소로 간주되어야 한다는 생각이 널리 받아들

10 로널드 드워킨, 『정의론』, 민음사, 2015, 321쪽.

여지고 있다. 이는 개인의 정체성의 핵이 더 이상 이런 요소들이 아니라, 그것들을 바탕으로 정체성 서사를 써나가는 주체의 저자성authorship 자체임을 뜻한다. 정체성에 대한 인정은 특정한 서사 내용("나는 레즈비언이다")에 대한 인정이 아니라, 서사의 편집권에 대한 인정이다.[11]

장애를 받아들이는 일은 장애를 어떤 가치 있는 산물이라고 믿는 일과는 다르다. 그러한 믿음은 우리가 장애아의 출산을 손해라고 생각하는 순간 지속되지 않을 것이다. 어떻게 가치 있는 산물이 손해라는 말인가. 그러나 장애라는 정체성이 어떤 산물이라기보다는 장애라는 경험에 맞서 한 개인이 작성해나가는 '이야기' 그 자체라면, 우리가 정체성을 받아들이는 일은 하나의 국면이 아니라 긴 삶의 시간 동안 그것을 '써나가는' 일이 될 것이다. 그렇다면 장애의 수용이란 결국 우리가 철저히 자발적으로 장애라는 정체성을 작성해나가는 일을 의미하게 된다. 선유와 현오가 비록 한순간 연골무형성증을 손해라고 여겼고, 지금도 그러한 생각을 문득문득 버릴 수 없더라도 그들은 자신의 믿음을 고쳐 쓰고 또 고쳐 쓰면서 매일매일 장애를 수용해가고 있다고 우리는 말할 수 있다.

마지막으로 수용이 왜 '윤리적' 결단에 관한 일인지 살펴보기로 하자. 어떤 사람들은 이런 궁금증을 가질 수 있다. 질병이나 장애처럼 어떤 불가피한 속성을 자신의 정체성으로, 삶의 핵심적인 전제

11 김현경, 앞의 책, 215쪽.

로 받아들이는 일이 필요하다면, 소아성애나 사이코패스적 성향을 가진 사람들도 자신의 그러한 속성을 진심으로 수용하고, 정체성으로 받아들여도 되는 것 아닌가? 진정한 자기 자신이 되기 위한 핵심 전제로서 수용이라는 말은 어떤 가치 평가에도 중립적인가? 장애나 질병을 수용하는 일은 소아성애를 수용하는 일(소아성애도 엄밀히 말하면 '질병'에 속할 것이다)과 어떻게 다른가?

박찬욱 감독의 영화 〈스토커〉에는 사이코패스적 정신을 타고난 주인공 인디아가 등장한다. 인디아의 열여덟 살 생일 무렵 갑작스럽게 아버지가 죽고, 인디아와 엄마가 같이 살던 집에 존재도 알지 못하던 삼촌 찰리가 찾아온다. 삼촌은 어딘가 이상한 분위기를 풍기며 인디아에게 접근한다. 찰리의 존재는 의심스럽지만 인디아는 그에게 끌리고, 점차 두 사람은 가까워진다. 어느 날 인디아는 찰리와 함께 자신을 성폭행하려던 동급생을 죽이는데, 이 사건을 계기로 자신의 내면에 숨어 있던 성적 충동과 살인에 대한 욕망을 깨닫는다. 사실 인디아의 아버지는 동생 찰리가 어린 시절에 보인 잔인성 때문에 찰리를 정신병원에 입원시키고는 그의 존재를 숨겨왔다. 딸 인디아에게서 찰리와 같은 가능성이 보이자, 그는 인디아가 살인 충동을 다스릴 수 있도록 사냥을 가르친다. 인디아는 아빠에게 "나쁜 짓을 해봐야 더 나쁜 짓을 안 할 수 있다"는 조언을 듣고 사냥을 배운다. 하지만 찰리는 인디아가 자신과 같은 존재임을 인식하고는(찰리는 인디아가 자신과 같은 '수평적 정체성'을 가진 존재라는 사실을 깨닫고 그에 이끌리는 셈이다) 인디아에게 접근해 그녀의 위험한 욕망을 자극하고 결국 작동시킨다.

이 영화는 스릴러의 형식으로 전개되지만 사실 한 소녀의 성장담으로 읽힌다. 인디아는 실제로든 상징으로서든 자기 삶에 개입하는 존재들을 '죽이며' 하나의 고유한 인간이 되어간다.[12] 영화의 서사 해석을 단순화하는 위험이 있지만, 우리는 이 영화를 자식의 사이코패스적 욕망을 눈치 채고 이를 억제하려 했던 아버지의 노력에도 불구하고 온전히 자신을 실현하는 한 인간의 '정체성의 서사'로 규정할 수도 있다. 인디아의 아버지는 자신과 다른 정체성을 갖고 태어난 딸을 '고치려고' 애쓴다. 이는 장애를 치료하고, 동성애를 강제로 이성애로 전환시키려는 부모의 끈질긴 노력에 맞서 스스로 정체성의 서사를 만들어가는 당신과 나(또는 당신의 아이)의 이야기를 닮지 않았는가? 인디아는 어떤 면에서 자신의 사이코패스적 존재 양상을 '수용'하고 있는 것은 아닐까?

우리가 지금껏 이야기해온 맥락에서 무엇을 '수용'한다는 것은 그럴만한 충분한 (과학적) 이유가 있거나, 그렇게 받아들이는 것이 전략적으로 유리하기에 선택하는 일과는 무관했다. 수용은 그럴만한 이유도 별로 없고, 그렇게 받아들이는 것이 유리하지 않을 때조차 삶의 전반적인 기획의 일부로서 그것을 자신의 책임으로 기꺼이 감당하는 결단을 의미했다. 그러므로 정체성을 수용한다는 말은 단

12 신형철이 그렇게 읽는다. 신형철, 「황홀한 리비도의 시」, 『정확한 사랑의 실험』, 마음산책, 2014, 175~184쪽.

지 자기 자신에 대한 심리학적 이해가 아니라 자신을 스스로 감당하고 책임지겠다는 적극적인 선택이다. 누군가 뇌의 억제하기 어려운 충동 때문에 폭력이나 살인을 저질렀다면, 그가 선택할 수 있는 길은 두 가지다. 하나는 자신을 '사이코패스'라고 명명하고, 자신의 행위는 뇌가 일으키는 자연적 현상에 의한 어쩔 수 없는 일이었다고 설명하는 길이다. 술에 취해 사고를 낸 사람의 이야기를 기억하라. 반면 그는 다음과 같은 선택을 할 수도 있다. 자신이 억제하기 어려운 뇌의 충동에 의해 살인을 저지른 것은 맞지만, '그렇게 하지 않을 수도 있었다'라고 간주하는 것이다. 앞의 것은 자신에 대한 (이론적인) 설명이다. 뒤의 것은 자신에 대한 자율적(실천적) 결단이다. 따라서 '사이코패스 정체성' 또는 '소아성애 정체성', 나아가 '알코올 중독자로서의 정체성'을 운운하면서 자신의 행위를 해명하는 일은 자기 정체성을 수용하는 것과는 아무런 상관이 없다. 이 사람은 자신에 대한 관찰자 또는 과학자가 되어 자신의 상태에 대한 이론적 '설명'을 시도하는 것에 불과하다. 영화 〈스토커〉에서 이제 다 성장한 인디아는 말한다.

"나는 아빠의 벨트를 맸고 엄마의 블라우스를 입었으며 삼촌이 준 구두를 신었지. 이게 나야. 꽃이 제 색깔을 선택할 수 없듯이, 우리는 지금의 자신에 대해 책임질 필요가 없어. 이것을 깨달을 때만 자유로워질 수 있고, 어른이 된다는 건 바로 자유로워진다는 거지."

이렇게 인디아는 자신에 대해 (이론적) 설명을 나열하고는, 그 때문에 자신에게는 책임이 없다고 믿고, 그래서 이렇게 살 수밖에 없으므로 자신은 자유롭다고 믿는다.

골형성부전증, 연골무형성증, 다운증후군 혹은 그러한 질병을 가진 아이의 부모가 되는 일, 성적 지향, 인종, 성별 등을 자신의 정체성의 한 요소로 수용하고자 하는 사람도 인디아와 비슷하게 말을 시작할 것이다.

"나는 걸을 수 없고, 키가 작으며, 휠체어를 탔고, 뼈가 자주 부러지지. 이것이 나다."

하지만 그는 인디아와 다르게, 자신에 대한 이론적 설명을 거쳐 실천적 책임으로 나아갈 것이다.

"나는 나의 몸과 정신의 상태를 극복할 수 없으니 몸과 정신에 따른 결과를 책임질 필요가 없고, 책임질 수도 없다. 그럼에도 나는 내 몸이 자유롭고, 존엄하고, 가치 있어야 한다는 책임을 지기로 '결단'한다. 장애로 인한 삶의 결과를 나는 책임질 수 있었다고 간주한다. 이것을 깨달을 때만이 자유로워질 수 있고, 어른이 된다는 건 바로 자유로워진다는 것이다."

정체성의 수용에 성공한다면, 그는 장애와 질병으로 인한 정신적, 신체적 특질을 가지고 살아갈 자기 삶에 대한 책임을 부담할 것이다. 여기서의 책임이란 걷지 못하는데도 억지로 걸으려고 하는 것이 아니다. 걸을 수 없다고 해서 자신이 부자유하고, 가치 없고, 존엄하지 않은 존재로 여겨지는 상황에 책임감을 느끼는 것이다. 그는 스스로의 존엄을 위해 투쟁한다. 자기 몸과 정신이 부여한 자연적 경향성을 인정하지만 그것을 가지고 어떻게 살아야 한다는 윤리적 책임은 버리지 않는다.

키가 아주 작거나 얼굴에 커다란 반점이 있는 것은 나의 책임이 아니다. 하지만 그런 몸으로 태어난 것이 추하고, 존엄하지 않고, 하찮다고 여겨지는 상황에 대해서는 나도 책임을 부담한다. 나에 대한 그런 손가락질의 원인은 세상의 잘못된 평가와 위계적 질서이지만, 그에 맞서 내 존재의 존엄성과 아름다움을 선언할 책임은 우리 자신에게 있다. 이것이 '정체성을 수용한다'라고 말하는 사람들이 취하는 실천적 태도이다.

앞서 소개한 '잘못된 삶 소송'은 그래서 어떻게 결론이 났을까? 우리 대법원은 다음과 같이 판단했다.

> 원고는 자신이 출생하지 않았어야 함에도 장애를 가지고 출생한 것이 손해라는 점도 이 사건 청구원인 사실로 삼고 있으나, 인간 생명의 존엄성과 그 가치의 무한함(헌법 제10조)에 비추어 볼 때, 어떠한 인간 또는 인간이 되려고 하는 존재가 타인에 대하여 자신의 출생을 막아줄 것을 요구할 권리를 가진다고 보기 어렵고, 장애를 갖고 출생한 것 자체를 인공임신중절로 출생하지 않은 것과 비교해서 법률적으로 손해라고 단정할 수도 없으며, 그로 인하여 치료비 등 여러 가지 비용이 정상인에 비하여 더 소요된다고 하더라도 그 장애 자체가 의사나 다른 누구의 과실로 말미암은 것이 아닌 이상 이를 선천적으로 장애를 지닌 채 태어난 아이 자신이 청구할 수 있는 손해라고 할 수는 없다.[13]

이 사건에서 법원은 차마 장애를 손해라고 판단하지 못했다. 그렇다고 하여 법원이 장애를 정체성의 일부로 적극 수용하는 입장을 취해왔던 것도 아니다. 우리는 '잘못된 삶'이라고 규정된 사람들이 스스로를 수용하는 것을 넘어서, 법과 제도의 수준에서 자신이 수용될 수 있도록 해온 노력을 살펴볼 때가 되었다. 이 세상에 잘못된 삶이란 없다는 우리의 변론이 성공하려면, 정치 공동체 일반이 그것을 수용할 수 있음을 보일 필요가 있기 때문이다. 우리는 다음 장에서 '잘못된 삶'이 법 앞에서 어떻게 다루어졌고, 다루어져야 하는지를 확인할 것이다.

13 대법원 1999. 6. 11. 선고 98다22857 판결. 여기서 대법원은 다운증후군이 「모자보건법」상 임신중절사유가 되지 않는다는 점도 지적했다.

법 앞에서

폐쇄병동

"저는 의사가 되고 싶었어요. 제가 공부를 잘했거든요."

마른 체구의 유선 씨(가명)가 조용히 말했다. 내 질문과는 관련이 없었다. 9월 말의 얼마간 선선한 공기가 테이블 하나를 두고 마주 앉은 우리를 감쌌다. 강원도의 한 정신병원 폐쇄병동 옆 상담실이었다.

"아빠는 이해를 못 했어요. 의사가 되겠다는 걸. 의대 가려면 화학 공부를 해야 돼요. 제가 그걸 공부하면 화학책을 다 버렸어요. 여자가 무슨 의사가 되느냐고."

정신병원(정신의료기관)에서 인권 침해를 당했다고 국가인권위원회에 연락하는 사람들은 사건에 관한 이야기만 하는 법이 없다. 30대에 포클레인 기사로 일하다 허리를 다쳤고 이후 사업을 했지만 그마저 실패했다거나, 대학원에서 물리학으로 유학을 가려했으나 교수에게 농락당했고 아내가 자녀와 함께 도망갔다는 이야기 등이 이어졌다.

유선 씨도 아버지와의 관계를 중심으로 어린 시절부터 자신의 이야기를 시작했다. 면담 때마다 반복되는 패턴이었다. 나는 고개를 숙인 채로 뭔가를 끼적이고, 손으로 펜을 굴리다가 이따금 "그러셨군요", "네, 그럴 수 있지요"라고 반응했다. 마음이 급하면 말을 잘랐다.

"선생님, 잘 알겠습니다. 그런데요, 그날 환청을 들었다는 건가요, 아닌가요?"

"저희 집에 저를 이해하는 사람이 없었어요. 제가 보던 소설이나 철학책도 아빠가 다 버렸어요."

어린 시절 폭압적이었던 아버지에 관한 이야기는 유선 씨의 사건을 해결하는 데 직접적인 관계는 없어 보였다. 유선 씨가 국가인권위원회에 진정을 접수한 이유는 자신의 입원이 부당하다거나 폭력을 당했다는 것이 아니라, 병동의 간호사들이 자신의 글과 그림을 동의 없이 버렸다는 것이었다. 나는 병원이 실제로 유선 씨의 사적인 물품을 본인 동의 없이 버렸는지, 버렸다면 그 행동을 정당화할 만한 이유가 있는지 살피면 되었다. 여름을 막 지내고 찾아온 선선한 공기 덕일까. 나는 참을성을 발휘해 이야기를 듣고 있었다.

"조사관님도 외로우셨죠?"

"네?"

"어려운 형편에…… 혼자 공부 잘하고 그러면…… 또…… 혼자 장애인. 이런 말 해도 되나? 그러니까…… 아니에요?"

메모하던 손을 멈추고, 나는 유선 씨를 올려다보았다.

"조사관님이 쓰신 글, 읽어봤어요."

2015년 가을, 40대 중반의 유선 씨는 강원도의 한 정신병원 폐쇄병동에서 생활하고 있었다.[1] 유선 씨가 제기한 진정 사건이 배정된 이후 담당 조사관의 이름이 통보되자 유선 씨는 내 이름을 인터넷에서 검색해보았고, 그러다 내가 몇 군데 기고한 글을 읽은 모양이었다. 유선 씨가 있는 병원은 (우리나라의 폐쇄병동에서는 예외적인데) 몇몇 환자에게 휴대폰 소지를 허용하고 있었다.

"저희 아버지는 책을 버리시지 않아요."

나는 웃으며 답한 후 다시 사건에 관해 질문하려 노력했다. 유선 씨는 자신의 물건을 병원 측이 치워버린 일에 더는 관심이 없었다. 대화를 원했고, 자꾸 나에게 질문을 했다. 왜 인권위원회에서 일하는지, 아버지와의 관계는 어땠는지, 외롭지는 않았는지, 유명 철학자들의 이름을 아는지도 물었다.

나는 그녀가 더 이상 자신이 진정을 제기한 일에는 관심이 없어 보여서 아버지로부터 독립해서 살 수 있는 방법을 찾아보자고 제안했다. 이런저런 의견을 나누다가 국가로부터 임대주택을 분양받

1 유선 씨의 이야기에서 나는 그녀의 이름을 포함해 몇 가지 사실 관계를 바꿨다. 나는 유선 씨를 만난 날의 감상을 메모해두었고, 그것을 바탕으로 이 글을 썼다. 하지만 그녀와의 대화를 상세히 기록한 것은 물론 아니다. 대화를 복기한 것은 1년이 넘은 시점이었다. 따라서 아래에 등장하는 대화나 세부적인 묘사는 그날의 진실과 거리가 있을지도 모른다. 내가 특정한 목적의 글쓰기를 위해 유선 씨의 말투, 표정, 제스처를 위작하지 않기를 희망한다.

고 기초생계비를 지원받으면 아버지와 거리를 두고 혼자 생활하는 데 도움이 될 거라고 안내했다. 이런 사회복지서비스를 받을 때는 유선 씨가 「장애인복지법」에 따라 '정신장애인'으로 등록하고 장애인 복지카드를 받으면 더 편리한 면이 있다고 덧붙였다. 그전까지 가만히 듣고 있던 유선 씨의 표정이 굳어지기 시작했다. 나는 꼭 등록을 해야 한다는 말이 아니라, 전략상 그 편이 유리할 수 있다는 뜻이라며 '전략'임을 강조했다.

"저는 정신병이 없다니까요. 없는데 제가 왜 등록을 해요?"

유선 씨의 목소리가 커졌다.

"우리가 암에 걸려도 몸속에 암이 있는지 잘 모를 수 있잖아요. 검사를 하면 알게 되고요. 정신질환이 있는지 자신은 모르는 경우도 있지 않을까요?"

그녀는 깊게 한숨을 쉬고는 창밖으로 시선을 돌렸다.

정신질환자가 되기까지

정신질환자[2]가 되어 여러 정신병원을 전전하는 사람들의 삶은 어느 평범한 날 아침 덩치 큰 남자들의 방문으로 시작된다. 이들은 '누군가 나를 모함했음이 분명하다'는 생각으로 당신들은 누구냐, 왜 여기 왔느냐고 묻지만 남자들은 그저 "선생님이 아프다고 해서 병원에 모시고 가려고 왔어요"라는 말만 반복한다. 자신이 어디가 아프다는 것인지 전혀 알지 못하는 '환자'는 누가 그들을 보냈느냐고 다시 묻지만 그들은 제대로 답하지 않는다. 덩치 큰 남자들의 정체는 '○○ 응급이송단' 등의 이름을 한 사설 응급이송업체의 이송대원들이다. 느닷없는 방문에 화가 난 '환자'가 집을 박차고 나간다면, 친절하게 말을 걸던 이송대원들이 달려든다. 저항하고 도망치려 하면 온몸을 묶어 강제로 구급차에 태운다.[3]

'환자'는 황급히 경찰을 부르지만, 경찰은 다른 가족들 및 덩치 큰 남자들과 몇 마디 나눈 후 "한번 가서 진료만 받아보세요"라고

2 우리 사회에서 '정신질환자person with mental illness'라는 용어는 법(「정신건강복지법」)과 의료계에서 주로 사용된다. 그러나 이 '정신질환mental illness'이라는 표현에는 정신장애를 지나치게 병리적, 생물학적으로만 이해하는 한계가 있다는 비판이 많다(국가인권위원회, 『정신장애인 국가보고서』, 2009 등 참조). 이에 사회복지 및 인권 분야에서는 더 포괄적인 의미를 지니면서도 병리적 관점에 국한되지 않는 '정신장애mental disorder/disability'라는 표현이 더 광범위하게 사용된다. 최근에는 정신장애의 사회적 측면을 더욱 강조한 표현으로 '심리사회적 장애psyco-social disability'라는 말이 당사자 단체 등 국제 인권법 담론을 중심으로 선호된다. 이 글에서 나는 맥락상 정신장애가 '질병으로만' 규정되는 경우, 그리고 법률용어를 써야 하는 경우에만 '정신질환자'라는 표현을 사용하고, 그 밖에는 모두 '정신장애'라는 표현을 사용할 것이다. '심리사회적 장애'를 굳이 사용하지 않는 이유는 이미 '장애disability'라는 개념을 우리가 수용acceptance의 대상으로, 사회적인 분석의 목표로, 정치적인 대응의 문제로 사고하는 이상 충분히 '심리사회적 장애'라는 표현의 의도를 담고 있다고 생각하기 때문이다. 장애는 그 자체로 이미 '사회적'이다.

3 MBC 〈시사매거진 2580〉의 '강제입원 가능합니다'(2014년 10월 27일 방송) 편에는 이 장면이 생생하게 담겼다. 기자 두 사람 중 한 사람이 응급이송업체를 불러 다른 기자가 정신질환이 있는 가족이라고 말하자 이송업체 직원은 가족관계를 확인하지도, 그에게 정말 정신질환이 있는지 묻지도 않고 기자를 차에 강제로 태운다. 기자는 끌려가는 도중에 당신들은 누구냐, 어디로 데려가는 것이냐 묻지만 이들은 제대로 답하지 않는다.

말하고는 자리를 떠난다. 이렇게 구급차에 타는 순간부터 이들은 진짜 환자가 되는 길에 들어선다. 병원에 도착하면 병원 직원들이 환자를 인계받고, 몇 장의 서류를 내어준다. 보호자들은 별도의 차를 타고 구급차를 따라와 환자가 보이지 않는 곳에서 입원 신청 서류에 사인을 하고 의사와 면담한 뒤 돌아간다. 환자는 대개 입원 당일 병원 직원에게도, 주치의에게도 자세한 사정과 입원 이유, 예상되는 입원 기간, 치료 계획을 듣지 못한다. 그럴 이야기를 나눌 겨를조차 없다. 그저 "나는 미치지 않았어요. 자식들이 나를 모함하는 겁니다!"라며 억울함을 호소하는 수밖에 없다.

저항이 심하면 침대 하나만 있는 작은 보호실(CR실)에 격리된다. 바깥쪽을 향한 창문도 시계도 없는 직사각형의 폐쇄 공간. 더 극렬히 반항하면 그의 신체는 보호실보다 더 작은 직사각형 침대에 갇힌다. 양팔과 양다리가 묶이거나(4 포인트point 강박), 심하면 사지와 가슴이 묶인 채(5 포인트 강박) 환자들 사이에서 일명 '코끼리 주사'로 불리는 안정제인 아티반을 맞는다. 기저귀를 차고 누운 채 몸과 의식은 하나의 점으로 수렴한다. 이 점은 환자로서의 삶이 시작되는 순간이며, 많은 환자들이 그 이후부터 쪼그라들어 도착하게 되는 종착점이기도 하다.[4]

통상 강제입원(비자의非自意입원)이라고 부르는 정신병원 입원은

4 정신병원 내부에서의 격리나 강박 실태에 관해서는 인권의학연구소, 「정신병원 격리·강박 실태조사」, 국가인권위원회, 2015를 참조하라.

「정신건강복지법」(정식 명칭은 「정신건강증진 및 정신질환자 복지서비스 지원에 관한 법률」)에 따라 가족 두 사람이 입원을 신청하고, 정신건강의학과 전문의가 입원이 필요하다는 진단을 내리면 가능하다.[5] 이 제도를 통해 정신병원에 입원하는 사람들의 사정은 다양하다. 조현병(정신분열증)이나 조울증이 만성화되어 스스로 생활을 유지하기 어렵지만 돌봐줄 이가 없는 사람들, 자살을 시도하거나 극도의 피해망상에 빠져 주변인들을 오해하고 때로는 해하려는 사람들, 알코올중독으로 술에 취해 가족을 괴롭히거나 자기 몸을 파괴하는 사람들이 있다. 굳이 입원하지 않아도 약간의 의료적 관리를 받으면 충분히 집에서 생활이 가능한 환자들도 병원에 갇힌다. 지역 사회에서 이 사람들을 돌보는 시스템이 절대적으로 부족하고, 이웃과 가족 모두 정신질환 증세가 있는 사람을 주변에 두기를 꺼려해

5 이 법은 2016년에 제정되어 2017년 5월 30일부터 시행되고 있다. 그전에는 「정신보건법」이 있었다. 정신보건법은 의사 한 사람이 진단하고, 보호의무자 두 사람(두 사람이 없는 경우 한 사람)이 동의하면 환자가 동의하지 않아도 강제입원이 가능하도록 규정했다. 이 규정에 대하여 2016년 9월 헌법재판소는 정신질환자의 기본권 침해가 너무 커서 정당화되기 어렵다며 위헌 결정을 내렸다(헌재 2016. 9. 29. 2014헌가9). 새로 제정된 「정신건강복지법」은 환자의 동의 없는 입원 요건을 「정신보건법」보다 엄격하게 설정하고 있다. 과거 「정신보건법」이 정신과 전문의 1인의 진단만으로 6개월 동안 입원시키는 일이 가능했던 반면, 「정신건강복지법」에서는 의사 1인은 진단을 위한 2주간의 입원만을 결정할 수 있고, 그보다 더 길게 환자를 (강제로) 입원시켜야 한다면 의사 2인이 입원 결정을 내려야 한다. 이때 그 둘 중 한 사람 이상은 반드시 환자가 입원하는 병원이 아닌 다른 병원, 그중에서도 국공립 병원이나 보건복지부장관이 지정한 병원 소속의 의사가 되도록 했다(제43조). 하지만 이 법 역시 현실에서는 이전의 법과 실질적인 차이를 만들어내지 못한다는 비판이 있다.

서다. 2015년 기준 우리나라의 정신병원과 정신요양시설에 입원해 있는 사람은 8만 1105명이며, 이 가운데 5만 5041명이 강제로 입원해 있다.[6] 같은 해 기준 교도소에 수감된 사람 수(5만 5123명)보다 정신병원과 요양시설에 입원한 사람이 더 많다.

중증도의 정신질환은 환자와 그 가족의 삶을 파괴하고, 그 무게는 대부분 돌봄 노동을 감당하는 가족 구성원이 짊어진다. 강제입원 신청에 나서는 가족들을 쉽게 비난할 수 없는 이유다. 논란이 있는 문제지만, 때로는 환자의 의지에 반하는 의료적 개입이 필요하다. 그럼에도 위와 같은 입원 과정은 환자에게 치명적인 트라우마를 남기고, 환자의 남은 인격을 질환 자체보다 더 빠른 속도로 소멸시키는 것은 아닌지 우려스럽다. 환자의 의지에 반하는 입원 치료를 어디까지 허용할 것인가는 정신건강 정책을 둘러싼 가장 뜨거운 인권 이슈다. 그 입장이 무엇이든 강제입원이 '느닷없이' 한 사람의 인생에 찾아오고, 때로 정신질환 그 자체보다 더 갑작스럽게 한 사람의 삶을 완전히 포획한다는 점은 분명하다.

자녀의 동성 연인을 떼어놓기 위해서, 아버지의 재산을 빼돌리기

6 보건복지부·국립정신건강센터, 「2016 국가 정신건강현황 2차 예비조사 결과 보고서」, 2017, 135쪽. 다만 이 통계는 2017년 발간된 자료이므로 2017년 5월 말부터 시행된 새로운 「정신건강복지법」 이전의 현실을 반영하고 있다. 새로운 법률이 강제입원의 요건을 더 까다롭게 설정하고 있으므로 자기 의지에 반해 입원한 사람의 수는 2018년 5월 현재 더 적을 것으로 보인다. 한편, 2015년 기준 우리나라 교도소 및 구치소 수감자 수는 법무부 발표 자료를 인용한 기사('교도소 수감 5만 5123명, 정원 17퍼센트 초과, 재소자 간 폭력 늘고 아랫목 쟁탈전도', 〈중앙일보〉 2015. 12. 14) 참조.

위해서 강제입원이 행해지기도 한다. 정신의학의 진단 기준에 부합하는 증상을 가진 사람이라도 강제입원 과정에서 겪는 트라우마는 상당하다.[7] 강제입원 과정은 무엇보다 한 사람이 철저히 '물건'처럼 취급되는 긴 절차다. 택배처럼 이송되어 기계적이고 관료적인 절차에 따라 병원의 규율에 복속된다. 의사-간호사-병동 보호사로 이어지는 위계질서, 병동 내부에서 다시 알코올 의존증(이들은 술이 깨면 명료한 의식 상태를 유지하므로 정신병동의 '지배계급'을 이룬다)-기타 정신질환-발달장애가 수반된 정신질환-정신질환을 가진 청소년이나 노인으로 이어지는 환자들 간의 권력관계가 병동 전체에 촘촘히 구축된다.

특히 위계질서의 맨 꼭대기에 있는 의사는 폐쇄병동에 갇힌 환자들이 매일같이 만나 자신이 '미치지 않았음'을 호소하고 싶은 대상이다. 동시에 가장 만나기 어려운 존재이기도 하다. 하루에 5분 아침 회진을 돌 때 잠깐 만날 수 있을 뿐이고, 개별 면담 기회는 자주 찾아오지 않는다. 의사는 환자들의 격리와 강박, 입원과 퇴원, 전화통화의 자유까지 모든 것을 결정하는 절대적인 존재다. 물론 의사나 간호사, 응급이송대원을 포함해 강제입원 절차에 관여하는 모든 사람이 더 따듯하고 인격적으로 환자를 대우하고, 긴 시간 정성을 들여 진료하고 보호하는 경우도 적지 않다. 나는 열악한 건강보험 재정 한도 내에서 헌신적으로 환자의 개별성을 존중하며 치료하는 정신과 병원 몇몇 곳을 알고 있다(하지만 안타깝게도 그렇지 않은 곳

7 송수헌 외, 『2015 광인일기』, 비마이너, 2015, 24~26쪽.

이 훨씬 많다). 그럼에도 정신병원의 강제입원 과정은 정도의 차이가 있을 뿐 일련의 관료적 절차(부당한 입원을 막기 위해 강제입원에는 긴 서류 작업이 필요하다)로 이어지며, 병동은 자신의 의지에 반해 입원한 환자들을 통제하기 위한 위계와 규율의 공간일 수밖에 없다. 유선 씨도 이러한 절차를 거쳐 나를 만났다.

빠져나갈 길이 없다

강제입원 절차로 수용된 정신질환자의 인권 보호를 위해 「정신건강복지법」에 따른 퇴원 심사 절차 등을 비롯하여 몇몇 법률이 별도의 구제 절차를 마련해두고 있다. 환자는 「인신보호법」에 따라 인신人身구제를 법원에 청구하고, 「국가인권위원회법」에 따라 인권위원회에 진정을 넣을 수 있다. 경찰에 직접 피해를 호소하기도 한다. 정신병원 근처 지구대 경찰들은 거의 매일 병원에 출동한다. 새로 입원하는 환자들이 가족과 의사를 고소하겠다며 전화를 걸기 때문이다. 그러나 경찰에 도움을 요청해 퇴원한 환자를 나는 관련 업무를 하는 3년 동안 단 한 명도 보지 못했다.

법이 정한 절차에 따라 이루어진 입원[8]에서 경찰이 환자의 정신질환 유무나 정도를 살펴 손쓸 방법은 사실상 없다. 서류가 모두 갖춰져 있고, 가족(보호의무자)의 신청이 있었고, 의사가 직접 얼굴을 보고 입원을 시켰다면 환자는 그것만으로도 이미 정신질환자가 된다. 인신구제청구를 통해 법원에서 재판을 받든 인권위원회를 통하든 결과는 크게 다르지 않다. 입원 과정에서 서류를 빠트리거나 가족이 아닌 사람이 입원을 신청하는 등 명시적인 '절차상 위법'이 있다면 퇴원을 기대해볼 수 있지만[9], '정신병이 있다'라는 의사의 진단이 번복되기를 기대하기는 거의 불가능하다.[10] 의사의 진단이 절

8 다만 민간이 운영하는 응급이송단에 의해 의사가 대면 진단을 하기도 전에 환자를 병원으로 끌고 가는 것은 그것을 주도하고 실행한 사람들에게 체포, 감금죄가 적용될 소지가 있다(대법원 2001. 2. 23. 선고 2000도4415 판결). 그러나 재산을 빼앗기 위해 병원과 응급이송업체, 가족이 결탁하여 이런 일을 벌이지 않는 이상 경찰은 이 사안을 굳이 통제하지 않는다(법에 위반되는지를 잘 모르기도 한다).

9 대법원 2001. 2. 23. 선고 2000도4415 판결이 그 예이다. 의사의 대면 진단 없이 남편을 강제로 입원시킨 아내가 남편에게 실제로 정신질환이 있다며 자신의 입원 조치가 위법하지 않다고 주장했지만, 법원은 아내와 병원 원무과장을 감금죄로 처벌했다(위에서 언급했듯 응급이송단 직원들도 처벌받았다). 대면 진단이라는 강제입원의 절차 요건을 갖추지 않았기 때문이다. 반면, 남편이 부인을 강제로 입원시켰으나, 며칠 후 부인이 변호사를 대동하여 퇴원하고 의사를 감금죄로 고소한 사안에서는 법원은 일단 의사가 '진단'해서 입원을 시켰으므로 최초의 입원 조치에 대해 감금죄를 인정하지 않았다(의정부지방법원 2007. 6. 8. 선고 2006노536 판결).

10 「인신보호법」에 따라 정신병원에 수용된 강제입원 환자들은 법원에 인신구제청구를 할 수 있다. 이렇게 열린 인신보호 재판에서 판사가 다른 병원에 피수용자(환자)의 정신감정을 의뢰하는 경우가 없지는 않다. 그러나 이는 예외적이며, 감정 결과 질환이 없거나 경미하다는 이유로 퇴원 명령이 나오는 사례는 더욱 드물다. 내가 다뤘던 사건에서 진정인이 법원에 '인신구제청구'를 하고, 담당 판사가 다른 정신병원에 정신감정을 요청한 일이 있었다. 하지만 이 경우에는 절차상 위법의 소지가 있었기 때문에 판사가 수용자(환자를 입원시킨 병원장)의 진단 내용에 대해서도 의심을 품었던 것이다. 절차상 위법이 보이지 않는 경우 정신과 의사가 전문가로서 내린 진단에는 아주 큰 재량이 인정된다. 따라서 그에 따라 이루어진 진단 내용에 관해 판사가 실체적인 판단을 내리기란 사실상 불가능하다. 국가인권위원회도 진단의 실체적 내용의 당부當否를 판단하지는 않는다.

차를 지켜 이루어진 이상 그는 이미 '정신질환자'인 상태로 그곳에 있기 때문에 자신이 정신질환자가 아니라면서 퇴원하는 일은 (논리적으로도) 가능하지 않다.

그러므로 '합법적'으로 입원한 환자가 병원 밖으로 나가는 확실한 길은 하나뿐이다. 자신에게 병이 있음을 인정하는 것. 설령 자신에게 병이 있음을 절대로 믿지 않더라도 병에 대한 인식이 있음을 보이고, 자발적으로 치료를 받겠다고 의사 앞에서, 판사 앞에서, 조사관 앞에서, 관할 지역 보건소 직원 앞에서 확실하게 선언하는 것이다. 이 '전략'은 가장 유리하고 합리적인 선택지이다. 바로 이 지점에 강제입원 제도의 역설이 있다. 어느 날 아침 자신을 정신질환자로 규정한 법의 힘에서 조금이라도 벗어나기 위해서 환자는 스스로를 정신질환자로 인정해야 하는 셈이다. 정신보건 관련 법체계에서 벗어나기 위해 환자는 바로 그 법체계에 깊숙이 포획되어야 한다.

법의 문지기

유선 씨와의 면담 이후 며칠이 지났을 무렵, 그녀가 사무실로 전화를 걸어왔다. 나는 유선 씨 본인이 특별히 조사를 원하지 않았으므로 사건 종결을 준비하고 있었다. 그녀는 여전히 사건에 관해서는 아무런 언급도 없이 내 안부를 묻고는 갑자기 자신의 조카에게 전화를 걸어달라고 했다. 뜬금없는 요청에 나는 적절하지 않은 것 같다고 말했지만 그녀는 포기하지 않았다.

유선 씨의 말에 따르면, 그녀의 언니가 낳은 아들과 유선 씨는 아주 가까운 사이였다. 조카는 지성이 넘쳤고 특별했다. 아버지를 중심으로 한 전근대적 가부장 체제에서 조카는 유일하게 그 폐쇄된 질서의 외부를 상상할 수 있는 사람이었다. 유선 씨는 조카가 어린 시절의 자신처럼 가족들에게 억압당해 그 가능성을 펼치지 못할까 우려했다. 어느 날 아버지와 언니는 더 이상 조카가 유선 씨와 만나지 못하게 막았다. 전화 통화도 금지했고, 유선 씨가 병원에 입원한 뒤로는 조카의 병문안을 허용하지 않았다. 유선 씨는 조카가 어떻게 지내는지 수년간 어떤 소식도 듣지 못했다. 전화번호를 알고 있었지만 아무리 전화를 걸어도 받지 않는데, 아마도 언니가 못 받게 하기 때문인 것 같다고 했다.

"가족들이 뭐라고 하든 그 말 듣지 말고 하고 싶은 일 하라고 좀 전해주시면 안 될까요?"

나는 사실 조금 귀찮았고 사건에 직접 관련되지도 않은 진정인의 조카에게 전화를 거는 일이 부적절하다는 생각도 들었다. 하지만 조카의 존재가 약간 궁금한 것도 사실이었다.

"그럼 딱 그 이야기만 할게요."

다음 날 유선 씨가 알려준 번호로 전화를 걸었다. 한참 동안 상대방은 전화를 받지 않았다. 역시 괜한 짓이라는 생각이 들 때쯤 20대 남사의 목소리가 들렸다.

"아, 혹시 ○○○ 씨 되시나요?"

"그런데요."

"여기는 국가인권위원회라고 하는데요, 다름이 아니라 혹시 이유선 씨라고 아세요?"

"누구요?"

"이유선 씨요. 친척분 중에……."

"그런 사람 없는데."

"건강이 조금 안 좋으셔서…… 병원에 계신 이모, 안 계세요?"

"아……."

그가 날숨을 섞으며 되물었다.

"그 사람이 왜요?"

여전히 유선 씨의 말이 어느 정도는 사실일 가능성이 있었다. 다만 조카는 오랜 기간 이모를 만나지 않았고, 어린 시절 잠깐 있었던 유대감조차 증발하여 그의 인생에 이모라는 존재는 별다른 의미를 남기지 않은 상황일지도 몰랐다.

그러나 조카의 반응은 유선 씨의 기억이 완전히 그녀 혼자만의 상상이었을 가능성을 강하게 암시했다. 아버지의 폭압, 의과대학을 준비한 일 등은 모조리 그녀의 망상일 수도 있다. 그녀는 그저 10여 년 전에 정신질환이 발병했고, 내가 만난 여러 환자들이 환청을 듣고, 환시를 경험하고, 국정원이 자신을 도청한다고 믿듯 아버지가 자신에게 유무형의 폭력을 행사한다고 진심으로 믿는 상태일지 모른다. 그 과정에서 자신의 젊은 시절에 태어난 조카에게 어떤 이상을 투영하여 평범한 조카를 지적으로 빛나는 존재로 만들었던 건 아닐까. 나는 전화기 건너편의 목소리와 말투에서 어떤 '빛'도 감지하지 못했다. 그는 그냥 껄렁대며 친구들과 몰려다니고, 술을 마시고, 센 척하는 20대 초반의 남자 같았다. 나는 그에게 이모가 연락하기를 원하며, 그가 다른 사람들에게 흔들리지 말고 원하던 일을 계속하기를 바란다고 간략히 전했다.

"거기가 어디라고요?"

"국가인권위원회입니다."

"그쪽에서 이모를 왜 만나요?"

나는 환자들을 모니터링하다 우연히 만났다고 설명했다. 더는 할 말이 없었다.

"이모께서 걱정을 많이 하시니까, 잘 지내시고……."

"저기요, 제가 지금 뭐 하던 중이라서."

이런 일은 얼마든지 일어날 수 있다. 정신과 환자들을 많이 만나온 나는 사람들이 완전한 거짓은 아닐지라도 왜곡된 기억으로 자신의 이야기를 풀어놓는 경우를 자주 봤다. 다만 분명한 것은 유선 씨가 조카와의 이야기를 의도적으로 꾸며내 인권위 조사에 영향을 미치려고 한 것은 아니었다는 점이다. 조카와의 관계는 그녀의 주관적 세계에서는 진실이었고, 그를 향한 마음도 진심인 것 같았다. 나는 '객관적 진실'을 전달해야 할지, 아니면 적당히 얼버무리는 것이 좋을지 생각했다.

나에게는 유선 씨 이외에도 수십 건의 사건이 더 있었다. 국가인권위원회를 그만두고 다른 일을 하려는 마음도 들던 때였다. 정신병원 안에서 나던 오줌 냄새와 그곳의 말라붙은 공기도 지겨웠다. 그녀는 정신장애인 등록을 하라는 나의 조언도 무시하지 않았던가. 조카와의 전화 통화로 드러난 진실은 그녀가 주관적으로 현실을 왜곡하고 과장하고 있을 가능성이 높다는 쪽을 가리켰다. 나는 유선 씨에게 전화를 걸었다. 조카와 통화했으며, 그는 잘 지내지만 바빠서 당분간 이모를 보러 가기 어려울 것 같다고 말했다. 그녀는 놀라는 눈치였다.

"감사해요."

"아닙니다, 뭐……."

"저, 그런데 ○○랑 조사관님이 좀 친하게 지내면 안 될까요? 개 주위에 애가 막 나가는 걸 막아줄 사람이 없어요. 똑똑한 애인데 그 애가……."

커피를 마셔도 졸린 오후였다. 그런 싸가지 없어 보이는 놈이랑 뭘 잘 지내라는 말인지, 나는 약간 짜증이 났다.

"제가 사건 관련해서 만난 사람이랑 어떻게 잘 지내요. 그런데 유선 씨, 혹시 그 그림이랑 글 가져다 버린 거는 특별히 더 조사하지 않아도 되겠지요?"

"아, 네. 그런데 조사관님, 요새 뭐하고 지낸다던가요?"

나는 무시하고 다시 물었다.

"유선 씨, 진정 접수하신 것은 조사를 특별히 원하지 않는 걸로 제가 알면 되나요?"

"네…… 그렇게 해주세요. 그런데 ○○가……."

유선 씨의 대답을 듣고, 몇 가지를 더 확인한 후 나는 통화를 종료했다. 그리고 사건 종결을 위해 인권위원에게 보고서를 썼다.

국가인권위원회법 제32조 제1항 제8호.

'피해자가 조사를 원하지 않는 경우 진정을 각하却下한다.'

피진정인이 운영하는 ○○병원 소속 간호사 ○○○ 외 1인은, 201○년 ○월 ○○일, 진정인(피해자와 동일)이 보관하던 그림 ○점과 글 ○점을 ○○호실에서 진정인이 프로그램실에 있는 동안 수거하여 폐기처분하였음. …… 위와 같이 예비조사 결과, 진정인이 조사를 원하지 않는다는 의사를 표시하였으므로 법 제32조 제1항 제8호에 따라 각하 의견으로 보고. 별첨. 전화조사보고서 1부. 끝.

이후로도 유선 씨의 연락을 몇 번 더 받았지만 바쁘다고 말하고는 대충 전화를 끊었다. 한동안 연락이 없었는데, 거의 1년 가까이 지나 전화번호도 담당 업무도 바뀐 나를 찾아 전화가 왔다. 조카에게 연락을 해달라는 요청을 다시 받았다. 나는 그렇게 하겠다고 말하고는 전화하지 않았다. 그리고 몇 주 뒤에 인권위원회를 나왔다.

나는 법의 문 앞을 지키는 '문지기'였다. 정신병이 없는 자신의 물건을 부당하게 빼앗겨서, 아버지가 자신을 여성이라는 이유로 억압해서, 의사가 정신질환이 없는 자신을 제대로 진단도 하지 않은 채 가두어서 유선 씨가 도움을 호소했던 법의 문 앞에 내가 있었다. (유선 씨의 생각에) 법은 정신질환이 없는 그녀를 정신질환자로 규정하여 강제로 병원에 끌고 왔고, 그 배경에는 자신의 성별을 혐오하는 아버지가 있었다. 명백히 자유를 제한당하고 평등한 대우를 받지 못한 유선 씨에게 '법'은 문을 열어주어야 했다. 하지만 오랜 시간을 기다려도 문지기는 "아직은 들어갈 수 없소"라고 답할 뿐이었다. 그녀는 아마 수년간 이런 경험을 계속해왔을 것이다. 병원을 나가 아버지에게서 분리되기를 그토록 원하면서도 정작 인권위원회에는 "사적인 물건을 가져다 버렸다"는 사실만을 진정 요지로 삼은 것을 보아도 짐작할 수 있다. 어차피 인권위원회 조사관도, 경찰도, 판사도, 보건소의 정신병원 관리 담당자도 ('적법하게' 절차를 밟아 입원한) 그녀에게 문을 열어주지 않을 것임을 이미 알고 있었기에, 그녀는 퇴원과 같은 근본적인 권리구제는 생각도 하지 않았을 것이다.

다른 한편으로 유선 씨는 나를 '수평적 정체성'을 공유하는 존재, 그동안 자신을 밀어냈던 법의 문지기들과는 다른 사람으로 여겼던 것 같다. 가부장적이고 폭압적인 아버지 때문에 꿈을 포기했던 그녀는 가난한 시골에서 장애를 가지고 태어났지만 대학에 들어가 변호사가 된 내게서 자신이 오래도록 품어왔던 꿈의 현실태를 발견한 것은 아닐까(물론 내 현실은 그녀의 상상과 많이 다르지만)? 유선 씨는 나를 문지기가 아니라 시골에서 올라와 법의 문이 열리기를 함께 기다리는, 공통의 정체성을 가진 '인격'으로 대했다.

그러나 나는 덩치 큰 문지기에 함께 맞서는 동료가 아니었다. 내 삶에 대해 알고, 나에게 인격적으로 다가왔던 이 환자에게 마음이 쓰인 것은 사실이지만 그저 잠시뿐이었다. 유선 씨의 이야기는 내가 맡은 여러 사건들 가운데 딱히 심각하다고 볼 수 없는 주장을 담은 한 가지 사례에 불과했다. 무엇보다 나는 그녀의 말을 곧이곧대로 믿지 못했다. 그녀가 하는 말은 모두 거짓일 수도 있었다. 정신질환은 적지 않은 경우 망상delusion과 작화confabulation, 즉 말 꾸며내기 증상을 수반한다. 아버지는 폭군이 아니라 그저 평생 딸을 지극정성으로 돌보다 이제는 나이가 들어 지친 보호자일 수도 있다. 언니는 질환이 점점 심해지던 여동생이 자신의 아이에게 집착을 보이자 어쩔 수 없이 이를 방어한 평범한 엄마인지도 모른다.

내가 유선 씨에게 기울인 노력은 "정신장애인으로 등록하라"는 전략적 조언이 전부였다. 그녀는 단호하게 자신이 정신장애인이 아니라고 반발했다. 나는 논리적으로 자신의 처지와 욕구를 설명하는 사람이라면 이 전략을 수용할 수 있다고 생각했다. 일단 퇴원을 한 뒤에 자신을 억압하는 존재에게서 벗어나 독립적으로 살기 위해서라면 정신장애인으로 등록하는 일이 뭐가 그리 대수일까. 정신장애인 등록은 물론 심각한 낙인을 수반하지만 유선 씨는 이미 10년 넘게 정신병원 입퇴원을 반복했으며, 실질적인 사회적 네트워크에서 완전히 분리된 상태였다. 정신질환이 없다면 처방받은 약을 먹지 않아도 아무 문제가 없을 테니, 적당히 치료받는 흉내를 내면서 기초생활수급권자가 되고, 생계비를 받고, 임대주택을 분양받아 의학 공부든 철학 공부든 하면 되지 않나. 그녀의 '진실'을 알지 못하는 내가 보기에 저 조언에는 결함이 없었다. 그것은 정신질환 유무와 상관없이 그녀가 처한 현실에서 가장 전략적이고 실용적인 선택이었다. 오히려 이러한 전략을 무조건 부정하는 태도가 정신질환이 있음을 암시한다고도 생각했다. 자신의 복리well-being를 위해 필요한 행동을 효과적으로 취하는 실용적 합리성pragmatic rationality의 결핍이야말로 정신질환의 한 표식이기 때문이다.[11]

인생을 설명하는 통합 이론

김민아는 『아픈 몸, 더 아픈 차별』에서 "당신의 병에 대해 들려주세요"라고 아픈 사람들에게 청하면 그들 모두가 '자신의 인

11 Jillian Craigie & Lisa Bortolotti, "Rationality, Diagnosis, and Patient Autonomy in Psychiatry", *The Oxford Handbook of Psychiatric Ethics*, Vol.1, Oxford University Press, 2015, pp.393~394. 단 이 글의 필자들도 실용적 합리성의 결핍이 무조건 정신질환의 특징이라고 주장하는 것은 아니다. 복리는 장기적으로 볼 때 실용적 합리성이 결여된 경우에 더 증대되기도 하며, '사이코패스'는 오히려 실용적 합리성이 대단히 뛰어난 경우이다(우리는 1장에서 일본에서 장애인들을 집단 살해한 우에마쓰 사토시가 고도로 '성찰적인' 존재였음을 언급했다. 바꿔 말하면 이런 성찰적인 존재들의 능력은 자신의 목표 달성을 위해 철저히 실용주의적 선택을 해나가는 일종의 실용적 합리성이라고도 볼 수 있다. 물론 바로 이런 이유에서 사이코패스를 정신질환의 범주에 넣지 않는 것이 타당할지도 모르지만). 따라서 실용적 합리성의 유무가 정신질환의 유무와 반드시 대응되지는 않는다. 다만 인식에서의 합리성epistemic rationality보다는 훨씬 관련성이 높다는 것이 필자들의 주장이다. 인식에서의 합리성(사실관계를 객관적으로 인지하는 능력)은 정신질환의 충분조건이 아닐 뿐 아니라 종종 필요조건도 아니다.

생 역정biographical history'을 들려달라는 이야기로 받아들였다고 말한다. 그들은 "자신이 누구인지, 어떤 일을 해왔는지, 사는 모양은 어떠한지 한참을 풀어놓은 끝에 '아마도 이런 이유로 이 병이 오지 않았나 싶다'"라며 말을 마쳤다.[12]

유선 씨를 비롯해 내가 만난 정신장애인들이 조사를 나간 나에게 자신의 인생 이야기를 들려준 것 역시 같은 맥락이 아니었을까? 그들은 설령 자신에게 병이 없다고 생각한다 해도 현재 폐쇄병동에 갇혀 있는 자신의 고통스러운 상황을 설명할 필요가 있었다. 배우자나 부모와의 갈등, 친구의 배신, 느닷없이 찾아온 재난, 어린 시절의 학대, 자신이 늘 유지한 식습관과 수면 패턴 등을 돌아보며 각각의 사건을 해석하고, 이를 바탕으로 하나의 이야기를 구성하여 자신이 왜 지금 이곳에 와 있는지를 스스로에게, 또 나에게 해명하려 애썼다. 그 이야기는 대개 지루했다. 재미없는 긴 이야기를 늘어놓는 수다쟁이들 같았다. 관련이 있는지 없는지도 모를 인생의 여러 사건과 만남들, 그것을 통과해온 무수한 감정을 현재 정신질환이 있어서(또는 없음에도 불구하고) 병원에 갇혀 있는 자신을 설명하는 데 가져다 썼다.

가만히 생각해보면 병원의 환자들뿐 아니라 많은 사람들이 각자의 삶을 관통해왔고 앞으로도 이어질 의미의 줄기를 찾아 인생을 일정한 이야기로 구성하는 일에 능숙한 것 같다. 남자 중학생이든

12 김민아, 『아픈 몸, 더 아픈 차별』, 뜨인돌, 2016, 21쪽.

은퇴한 70대 여성이든 자기 이야기를 자유롭게 할 기회가 주어진다면(평범한 사람들은 자기 이야기를 쉽게 털어놓지 못한다. 권력자들은 틈만 나면 자기 이야기를 하는데 대부분 지루하기 짝이 없다) 모두 탁월한 이야기꾼이 될 것이다. 탁월하다는 말은 모든 사람의 이야기가 전부 흥미진진하고 극적이라는 의미가 아니다. 삶에서 발생하는 우연하고 예상치 못한 개별 사건들을 날줄과 씨줄로 꿰어 자신이 지내온 인생 전체로 통합하는 데 뛰어나다는 뜻이다.

예를 들어 현오는 X라는 축구팀을 아주 좋아하는데, 그 이유가 X팀이 실력은 별 볼 일 없어도 경기 중에 절대로 반칙을 하지 않고, 늘 상대팀과 팬들을 존중하며, 주어진 조건하에서 최선을 다하기 때문이라고 해보자. 현오는 자신이 X 축구팀을 좋아하고 응원하는 이유인 그 태도를 삶의 다른 영역에서도 가급적 일관되게 유지하려 할 것이다. 티 나지 않아도 작은 일에 최선을 다하고, 수능 고득점을 맞거나 최고 연봉을 받지 못해도 반칙을 하지 않고, 자신을 지지해주는 사람을 배신하지 않는 삶에 무게를 두는 식으로 말이다. 이렇게 현오는 세상에 관한 여러 가치관, 대응 방식, 태도를 가능한 한 일관성 있게 유지하면서 자기 서사self-narrative를 만든다.

물론 이런 태도가 본래 불공정을 싫어하고 성과보다는 과정에 중심을 두는 타고난 성격이나 기질에서 비롯한 것이니 삶의 모든 면에서 같은 태도가 나오는 것은 당연한 일 아니냐고 반문할 수도 있다. 그런 면이 분명히 있을 것이다. 하지만 철학자 데이빗 벨레만J. David Velleman이 주장하는 것처럼, 우리가 과거 인생을 돌아보며 구축한 가상의fictional 자아는 그 이야기의 일관성, 통합성을 유지하기 위해 미래의 우리 선택에 영향을 미칠 수 있다. 우리가 스스로 만든 자기 서사의 신뢰성을 위해 그에 맞춰서 행동하고 살아간다면, 가상으로만 존재하던 자아는 실재reality가 된다.[13] 현오는 자신의 아들이 컨닝을 해서라도 좋은 대학에 합격하면 그만이라는 생각을 조금은 가지고 있었지만, X팀을 좋아하면서 자신이 일관되게 유지해온 특정한 가치관, 지향, 삶의 태도와 그에 근거해 지금까지 만들어온 이야기(자기 서사) 때문에 절대로 아들의 컨닝을 허용하지 않는 사람이 (실제로) 된다.

이런 자기 서사 만들기는 별 생각 없이 선택하고 행동한 것들을 시간이 흐른 뒤에 돌아보며 진행되기도 한다. 나는 장애를 중심에 놓고 내 삶의 이야기를 만드는 경향이 있다. 내가 연극을 좋아하고, 괴물이 등장하는 영화를 즐겨 보고, 2006년 가을쯤 누군가에게 사랑에 빠져 있던 이유는 내 장애와 아무런 관련이 없거나 관련이 있다 해도 아주 적을 수 있다. 그럼에도 나는 내 삶을 돌아보면서 그렇게 일어났던 개별 사건들을 장애와 관련된 것으로 '해석'한다(연극을 좋아하는 건 어차피 장애인으로서 이질적인 시선을 받는 처지라면 그 삶을 주체적으로 관객의 시선 앞에 두고 싶기 때문이다 등등). 이런 해석을 통해 내 인생에 등장했던 각각의 순간들, 사소하거나 중요했던 하루

13 J. D. Velleman, *Self to Self*, Cambridge University Press, 2005, pp. 205~206.

하루를 커다란 의미의 줄기 아래 재배치하여 나만의 인생 이야기를 써나간다. 이 인생 이야기는 앞으로 내가 취할 선택들에도 영향을 미칠 것이다.

이처럼 각자의 인생 책을 쓰는 저자인 우리는 사소해 보이는 선택과 취향, 선호, 삶에서 일어난 중요한 사건들과 그에 대한 반응을 통합하여 정합적인 삶의 이야기를 만들어내려는 경향이 있기에, 종종 그러한 통합성이 깨질 때 큰 모순을 경험하게 된다. 나는 어린 시절 부모님이 모두 (소위 '꼽추'라 불렸던) 척추장애인이던 비장애인 친구와 자주 싸웠다. 싸움이 격렬해지면 둘 중 한 사람이 장애를 비하하는 욕설을 했다. 말싸움에 밀리던 친구 녀석이 나에게 "야, 이 다리병신 새끼야!"라고 외치면, 나는 이성을 잃고 맞받아쳤다. "야, 이 꼽추 집안에서 태어난 새끼야!" 하지만 이 욕설까지 나오면 싸움은 더 이상 이어지지 않았고, 덜 심한 욕을 하며 싸웠을 때보다 빨리 화해했다.

어린 나이에 느끼기에도 이런 욕은 우리 각자의 마음속에 깊은 모순을 불러왔던 것이 아닐까? 단지 나도 같은 입장이면서 친구에게 심한 욕을 했다는 도덕적인 죄책감만은 아니었다. 그 욕을 발설하는 순간, 내가 그동안 삶의 여러 한계들에 도전하며 살아왔던 시간, 장애를 부끄럽게 여기지 않고 나 역시도 존중받아야 하는 사람이라 여기며 지내온 날들, 삶을 향한 나의 태도 전체를 스스로 무너뜨리는 기분을 느꼈던 것 같다. 내 친구도 아마 자신의 부모님을 부끄러워하지 않고 존경하며 살겠다고 마음먹었던 자신의 결심과 삶에 대한 태도를 스스로 무너뜨렸다고 생각하지 않았을까?[14]

장애나 질병 등 여러 의미에서 '잘못된 삶'으로 규정된 사람들 역시 자기의 이야기를 쓴다. 질병을 가진 사람들이 병을 자기 인생 역정을 통해 설명하는 것도 그 예로 볼 수 있다. 이들에게 병은 나의 잘못된 습관이나 내가 저지른 '죄'에 대한 인과응보로 이해되기도 하고, 삶 전체에 의미를 부여하는 가치 있는 경험이 되기도 한다. 해석의 방향은 다르겠지만 어느 쪽이든 병의 존재는 인생 이야기 전체와 통합된다. 아픈 사람이 자신의 질병을 자기 서사의 중심에 놓는 경향이 있다면, 이는 질병을 나름의 방식으로 납득해야만 감당할 수 있기 때문일 것이다. 인류가 불현듯 찾아오는 태풍, 아무 잘못도 저지르지 않았는데 삶의 모든 것을 파괴하는 홍수, 지독한 가뭄, 비극적인 전쟁과 전염병을 설명하기 위해 밤하늘을 쳐다보며 천문학을 이해하려 애썼던 이유를 떠올려보라. 우리는 언제나 이해할 수 없는 고통과 두려움을 납득하기 위해 그것을 해명하는 이야기(신화) 또는 이론(기상학, 천문학, 물리학, 화학, 역사학, 사회학 등)을 필요로 했다. 우리 개개인도 자기 인생에서 감당하기 어려운 사건들을

14 로널드 드워킨의 표현을 빌리면, 인생 전체를 정합적인 것으로 만들고자 하는 우리의 이런 관심은 '비판적 이익critical interest'이라고 부를 수 있다. 드워킨에 따르면 우리 대부분은 직접적인 즐거움이나 만족감 같은 경험적 이익experimental interest도 물론 소중하게 생각하지만, 삶 전체를 더 통합적으로("더 좋게") 만드는 비판적 이익에도 관심이 많다. 드워킨은 비판적 이익을 자율적인 인간만이 추구할 수 있는 이익으로 전제하며, 자율성이야말로 인간 존엄의 핵심 근거라고 본다(로널드 드워킨, 박경신·김지미 옮김, 『생명의 지배 영역』, 이화여자대학교출판부, 2009, 7장 및 8장 참조).

이해하고 납득하기 위해 이야기를, 이론을 만든다. '단 하나의 최종적인 이야기'로 삶 전체를 설명할 수 있다면, 그 이야기는 아마 가장 우아할 것이다. 뉴턴의 이론이 달의 움직임과 지구 위에서 떨어지는 사과의 움직임을 중력 하나로 설명할 때 보여준 위대함처럼.

병에 걸린 이유, 병에 걸린 자신의 몸과 일상을 삶 전체에 걸쳐 통합적으로 설명해내고자 하는 관심은, 병에 걸린 사람들이 각자 써 내려가는 인생 이야기의 중심에 있다. 그러나 법은 병에 걸린 이들을 보호하고 치료하고 복지라는 이름으로 도움을 준다는 이유로 개인들이 힘들게 구축해온 자기 서사와 나름의 이론을 종종 철저히 무시한다. 이런 '잘못된 삶'들은 법 앞에서 구체적인 서사를 가진 개인으로 존재하지 못한다. 실격당한 삶이 된다.

망상에 빠진 작가

유선 씨에게도 자신의 병에 관한 긴 이야기가 있다. 아버지의 가부장적 독재, 여성이라는 이유로 받은 차별과 억압, 자신의 독립적인 지성을 뒷받침하지 못하는 가정환경. 유선 씨는 그 안에서 아버지에 대항해 자신만의 이야기를 쓰고, 자기 이야기의 저자가 되어 고유한 정체성(예컨대 지성과 합리성을 추구하는 자유롭고 평등한 주체로서의 여성)을 쌓아왔는지 모른다. 이런 유선 씨에게 아버지가, 혹은 아버지로서 작동하는 '법'이 "네가 정신질환자라는 사실을 인정하라"

고 요구할 때, 그녀는 이를 수긍할 수 있을까? 우리가 암에 걸려 있더라도 검사를 받기 전에는 실제 암이 있는지 모르듯이, 단지 자신에게 정신질환이 있음을 몰랐을 뿐이라며 담담히 받아들일 수 있을까?

어떤 사람을 존엄한 존재로 대우한다는 것은 그 사람을 자기 인생의 자율적인 형성 주체, 말하자면 작가/저자author로서 존중함을 의미한다는 견해가 있다. 이는 현대 입헌민주주의 국가의 헌법 질서가 인간의 존엄을 정의하는 가장 영향력 있는 입장이다.[15] 우리나라의 헌법재판소, 독일의 연방헌법재판소를 비롯한 각 나라의 최고법원은 그와 유사한 견해로 인간의 존엄을 정의하고 있다.[16] 자기 이

15 "헌법적 가치로서의 인간 존엄은 인간으로서 각 개인이 가진 인간성the humanity을 말한다. 그것은 바로 인간들이 가진 선택의 자유이며, 그들의 의지의 자율이다(Aharon Barak, "The Constitutional Value and the Constitutional Right", *Understanding Human Dignity*, C. McCrudden(ed.), Oxford University Press, 2013, p.363)." 한편 이 책의 2장에서 언급한 칸트의 '존엄성' 개념도 이와 맞닿아 있다. 칸트에게 인간이 존엄한 이유는 인간이 자연적 인과성에 귀속되지 않고(정확히 말하면, 귀속되지 않는 입장standpoint을 취할 수 있음으로써) 모든 도덕적 행위의 '원동자原動者'가 되는 자율적 의지를 보유했다는 사실 때문이다.

16 독일연방헌법재판소는 인간 존엄의 토대가 되는 인간상Menshenbild을 정리하면서, "인간을 자유롭게 스스로 결정하며 스스로를 발현하는 소질을 부여받은 정신적·윤리적 존재로 보는 관념"에 기초하여 헌법상 인간 존엄 규범을 이해한다(최규환 외, 『인간 존엄의 형량 가능성』, 헌법재판소 헌법연구원, 2017, 6쪽). 우리나라 헌법재판소 역시 고유한 인간상을 정의하여 그것을 토대로 인간 존엄 개념을 구성하는데, 헌법이 정의하는 인간상은 "자신이 스스로 선택한 인생관·사회관을 바탕으로 사회공동체 안에서 각자의 생활을 자신의 책임 아래 스스로 결정하고 형성하는" 동시에 "공동체에 관련되고 공동체에 구속되어 있기는 하지만 그로 인하여 자신의 고유가치를 훼손당하지 아니하고 개인과 공동체의 상호연관 속에서 균형을 잡고 있는 인격체"이다(헌법재판소 1998. 5. 28. 96헌가5 결정 등).

야기를 자율적으로 써 내려가는 자기 인생의 저자라는 개념은 우리 모두가 각자 고유한 이야기와 관점을 가진 개별적인 존재임을 강조한다. 우리가 차별로부터 보호되어야 하는 이유 역시 우리가 가진 고유성, 자기 삶을 직접 작성하는 저자성authorship이 침해되기 때문이다. 이때의 '작성'이란 자기 삶의 경로를 자율적으로 선택하는 것만을 의미하지 않고, 자신이 걸어온 길들을 돌아보며 스스로 해명(설명)하면서, 자기 선택을 반성적reflective으로 밀고 나가는 행위까지 포함한다.[17]

법은 이렇게 개개인의 구체적인 삶의 이야기를 인간 존엄 보장의 핵심으로 삼는다. 그러나 역설적으로 법은 개인의 존엄을 보호하기 위해 개인의 이야기를 삭제하기도 한다. 「정신건강복지법」을 비롯한 정신건강 관련 법체계는 지금까지 정신장애인 개개인의 이야기에 충분히 주목하지 못했다. (특히 입원 결정과 관련된) 의사의 진단은 철저히 정신의학적 증상의 경중, 자신과 타인에 대한 해악 가능성을 분별하는 데 집중되었다. 설사 강제입원 요건에 해당하는 정신의학적 증상을 보이더라도 환자 개인의 이야기는 복잡하고 풍부할 수 있다. 그러나 우리 법체계는 의사의 '진단'을 곧 강제입원 및 치료라는 강력한 조치를 정당화하는 유일한 지위로 삼는, 이른바 지위 접근status approach 방식[18]을 택하여 정신장애인의 자율성

17 Benjamin Eidelson, "Treating People as Individuals", D. Hellman and S. Moreau(ed.), *Philosophical Foundation of Discrimination Law*, Oxford University Press, 2013, pp.204~205.

과 고유성을 간편하게 억압한다.

이것이 정신장애인에게만 해당되는 문제는 아니다. 장애인거주시설에서 27년간 살다 독립해 자기 집에서 살게 된 중증 뇌성마비장애인 송국현은 국민연금공단 심사를 거쳐 「장애인복지법」상 장애등급 3급을 받았다. 2014년 당시 3급에 해당하는 장애인은 일상생활과 신변 처리를 도와주는 '활동지원인'을 신청할 자격이 없었다. 송국현의 장애등급심사를 진행한 의사는 그가 뇌성마비로 인해 팔다리의 기능이 크게 저하된 상태이지만 '충분히' 저하되지는 않았다고 판정했다. 2014년 4월 송국현이 집에 혼자 있을 때 불이 났는데, 그는 활동지원을 받을 만큼 '충분히' 저하되지 않은 팔다리로 탈출할 수가 없어 심한 화상을 입고 며칠 후 결국 사망했다.

사회복지서비스의 적용 대상을 판단할 때 의료적인 기준은 물론 중요한 참조 사항이다. 그러나 뇌의 기질적 병변과 그에 따른 신체 기능 수준이 의학적으로 어느 정도인지와 상관없이, 어떤 사람은 송국현처럼 27년간 시설에서 다른 사람에게 의존해 사는 바람에 혼자 자기 몸을 효과적으로 운용하는 방법을 익히지 못한다. 그가 살아온 '삶의 이야기'와 무관한 '신체 기능'에 대한 판단만으로는 한 사람의 실질적인 삶의 조건과 역량을 이해하기에 턱없이 부족하다. 이와 관련하여 발달장애를 가진 동생 장혜정과 함께 국민연금공단의 심사 과정을 경험한 언니 장혜영은 다음과 같이 말한다.

18 Jillian Craigie & Lisa Bortolotti, 앞의 책, p.395.

(다른) 가족들에 대해서는 이렇게 열성적으로 많은 것을 물은 것과 대조적으로 공단 직원이 막내에게 직접 물어본 것은 딱 세 가지였다.

"오늘이 무슨 요일이에요?"

"오늘이 몇 일이에요?"

"이름 한번 써보세요."

…… 한편 서글펐던 부분은 이 면담을 진행한 공단 직원이 매우 친절한 사람이었다는 것이다. …… 필요한 것은 심사가 아니라 논의와 대화이다. 현재의 제도에서 장애 당사자는 대화의 주체가 아니라 관찰의 대상으로 전락해 있다. 만일 심사의 목적이 한정된 자원을 잘 분배하여 장애인의 삶의 질을 개선하는 것이라면 지금의 심사는 비효율적이기 짝이 없고 비인간적이기까지 하다. 필요한 것은 대화의 형식이다. 왜 장애 당사자가 무엇을 얼마만큼 필요로 하는지 직접 말하게 하지 않는가? 왜 당사자가 자기 자신을 더 풍부하고 효과적으로 표현할 수 있는 질문을 고안하지 않는가?[19]

'친절한' 공무원은 사회복지서비스를 제공하기 위해 설계된 질문을 던진다. 그 질문 앞에서 서비스를 받는 장애인은 장애라는 신체적, 정신적 특성으로만 표현될 뿐이다. 그런 신체적, 정신적 특성과 반응하며 수십 년을 살아온 한 사람의 삶은 이 과정에서 삭제된

19 장혜영, '활동보조 등급심사. 전기밥솥으로 밥을 할 수 있나구요?', 〈비마이너〉 2017. 9. 25.

다. 복잡한 이야기를 가진 장혜정이라는 독립된 개인은 밥을 하지 못하고, 날짜를 셀 수 없는 '발달장애'라는 속성으로 쪼그라든다.

우리는 송국현과 장혜정의 사례에서 정신병원에 갇힌 유선 씨의 이야기가 그대로 반복되고 있음을 확인할 수 있다. 이들의 복잡하고 고유한 삶의 이야기, 배경, 몸의 경험이 무엇이든 오로지 법은 (효과적이고 강제적이지 않은) 서비스를 받고 싶다면 정신질환자로 스스로를 인정하라고 요구한다. 법의 보호와 지원을 받기 위해서는 바로 그 보호가 필요한 이유인 '속성' 또는 '배경' 안으로 한 사람의 인격을 온전히 구겨 넣으라는, 즉 지체장애와 발달장애 그 자체로만 존재를 쪼그라트리라는 요청이다.

보편적으로 적용 가능해야 하는 법의 본질적 성격, 법을 적용할 때 안정성과 지속성, 예측 가능성을 유지해야 하는 관료 시스템의 한계를 모르지 않는다. 그런 점을 고려하더라도 법은 그들의 권리를 보호해주겠다고 나서면서도 사실상 그들을 그 보호의 '필요성' 안에 가둔 채 개개인의 저자성을 존중하지 못하는 우를 범한다. 헌법은 개인이 고유한 저자성을 갖기 때문에 존엄하고, 그 존엄성을 보장하기 위해 자유권, 평등권, 인간다운 생활을 할 권리 등이 필요하다고 명시하고 있지만, 정작 그 권리 보호의 문 안으로 들어가기 위해서는 개개인이 존엄의 핵심인 저자성을 침탈당해야 하는 셈이다.

몸에 장애를 가진 사람들은 역사 속에서 무수히 배제되고 차별받았다. 20세기 중반 들어 본격 등장한 장애인인권운동은 이런 장애인들이 비장애인과 '평등한' 대우를 받을 자격이 있는 존재임을 강조했다. 특히 시각, 청각, 지체장애인들은 자신을 미성년처럼 취급하고, 무력한 존재로 대우하고, 시혜적인 태도로 보호와 배려라는 말로 접근하는 국가의 사회복지시스템과 민간의 자선 행위에 반발했다. 이러한 반발은 1960년대 미국 서부의 버클리대학을 중심으로 성장한 장애인자립생활운동Independence Living Movement의 출현으로 이어졌다. 자립생활운동의 창시자로 불리는 미국의 에드 로버츠Ed Roberts는 호흡기의 도움을 받아 숨을 쉬어야 하는 중증 장애인이었다.[20]

자립생활운동은 영국이나 독일, 1980년대 일본을 거쳐 1990년대 한국, 2018년 현재는 네팔, 몽골, 캄보디아 등 상대적으로 덜 산업화된 국가들에까지 광범위한 영향을 미치고 있다. 에드 로버츠가 그렇듯, 자립생활운동 초기의 주요 장애인 당사자 리더는 모두 신체장애인이었다. 이들은 강력한 리더십, 노련한 상호작용 능력, 장기적인 기획력을 갖췄고, 자기 삶의 서사를 정치 공동체의 사회적 현실과 결합하여 일관되고 감동적인 이야기로 구성하는 탁월한 '저자들'이었다. 그들은 이런 능력을 바탕으로 자기결정권(자율성)이 장애인에게 얼마나 중요한 가치인지를 깨닫고 전파했다. 아무리 중증의 장애를 가진 사람이라도 의료 전문가, 재활 전문가, 사회복지 전문가들에게 이런저런 삶의 경로를 강요받거나, 특정한 서비스

20 에드 로버츠와 미국 장애인자립생활운동의 간략한 역사에 관하여는 로널드 버거, 앞의 책, 49~59쪽 참조.

가 자신에게 부합하는지 아닌지를 스스로 판단하지 못한 채 내맡겨지는 것은 장애인 당사자의 자율성을 침해한다는 것이 이들의 주장이었다. 자율성 침해는 곧 '평등한 인간'으로서 장애인이 지닌 존엄성의 침해라고 믿었다. 자립생활운동이 한국에 도입되고 본격적으로 확산, 발전되던 시기 10대 후반에서 20대를 보낸 나 역시 이러한 사람들의 영향을 많이 받았다. 자립생활운동이 전 세계 장애인들에게 끼친 영향은 놀라웠다.

인간의 자율성, 자기 서사를 창조하는 능력을 생각할 때면, 자연스럽게 '건강하고 독립적인 정신'을 떠올린다. 장애인이 자기 권리를 쟁취하고 존엄성을 획득해가는 과정은 이들의 훌륭한 정신에 대한 감탄으로 이어지기 쉽다. 그런데 바로 이것이 장애인운동의 새로운 고민과 맞닿아 있다. 장애인이 스스로 자기결정권을 가지고 자신의 서사를 창조해야 한다는 이념적 목표에 반대하는 사람은 별로 없다. 하지만 이는 주로 신체장애를 가진, 어느 정도 교육을 받았거나 지적으로 탁월한, 어린 시절부터 가족 안에서나마 삶의 주체로 대우받은 경험이 있는 일부 남성 장애인의 특징인 것처럼 보인다. 자립생활운동의 가치는 '발달장애인'에게도 적용될 수 있는가? '정신장애인'은 어떤가? 오랜 기간 여성이라는 이유로 가족에게서조차 사회적 역할을 기대받지 못하고, 교육도 받지 못한 채 삶의 대부분을 보낸 장애 여성들이 자기 삶의 서사를 자율적으로 창조하는 일에 더 어려움을 느낄 가능성은 없을까?

자율성과 자기 인생 이야기의 저자라는 개념을 우리는 잘못 이해하고 있는지도 모른다. 유선 씨의 진술은 모두 사실일 수도 있지만, 주카와의 관계 등에 비춰보면 어느 정도는 거짓이거나 모두 사실이 아닐 가능성이 충분히 있다. 그렇지만 유선 씨가 자기 인생 이야기를 구축하는 데 동원한 '사실들'이 진실이 아니라고 해서 그 이야기와 그 과정에서 구축된 그녀의 정체성이 무시되어도 좋은 것은 아니다.

우리는 더 근본적인 회의를 던져볼 수도 있다. 도대체 '진실'이란 무엇일까? 유선 씨가 느끼기에 아버지는 폭압적 독재자인데, 제3자들은 그렇게 생각하지 않을 때 진실은 꼭 다수에 해당하는 제3자의 의견에 가까운가? 이에 대한 인식론적 논쟁도 충분히 가능할 것이다. 하지만 여기서는 좀 더 단순한 수준에서 이해해보자. 이를테면, 유선 씨의 아버지가 집에 오는 길에 빵을 사다 주었는데 그것을 자신에게 밀가루를 자꾸 먹여 건강을 해치려는 의도라고 이해하는 경우, 또는 아버지가 너무 오래되고 낡아서 무슨 책인지 알아보기도 어려운 책을 버리자 자신이 여성이라는 이유로 교육받지 못하게 하려는 것이라고 이해하는 경우 등이다. 이런 정도의 오해와 왜곡은 '진실'이 무엇인지에 관한 복잡한 인식론적 논쟁까지 유발하지는 않을 것이다.

다만, 여전히 우리는 신중할 필요가 있다. 각각의 단편적인 사건에 대한 유선 씨의 인식은 명백한 오해일 수 있지만, 거기에는 나름의 이유가 있을지도 모른다. 유선 씨의 아버지는 정말로 유선 씨가 여자라는 이유로 어릴 때부터 집안일의 중요성만을 강조하고, 어린 그녀가 종종 큰 꿈을 고백하면 회의적인 의견을 내비쳤을지도 모른다. 그런 아버지가 어느 날 실수로 유선 씨의 책을 가져다 버렸고, 유선 씨가 아버지의 그 행위를 자신의 배움과 성장을 체계적으로 방해하는 의도적인 억압이라고 생각했다면? 물론 유선 씨의 그런 생각은 지나치게 과도해서 병리적 수준의 피해 의식으로 보이며, 치료가 필요할 수도 있다. 하지만 이런 '병리적 의식'의 바탕에 오랜 시간 누적되어온 차별이나 배제의 사소한 경험들이 납처럼 눌러 붙어 있다면, 유선 씨의 '피해망상'을 그녀가 살아온 삶의 경험과 완전히 독립된 것으로 취급할 수 있을까? 그저 약물로 소거하면 그만인 병적인 증상으로만 그녀의 이야기를 이해할 때 우리는 그녀의 정체성 가운데 중요한 부분을 놓치게 될 것이다.

물론 유선 씨가 잘못 인식한 사실들을 아무도 지적하지 않아도 된다는 말은 아니다. 그녀의 인식에 왜곡이 있다면 누군가는 다가가 그것을 지적하고, 그에 따른 불안감을 줄여주며, 더 객관적으로 현실을 바라볼 수 있도록 지지해줘야 할 것이다. 그 방법은 정신과적 상담일 수도 있고, 약물 치료일 수도 있으며, 가족이나 친구로서 나누는 대화일 수도 있다. 하지만 그렇게 유선 씨의 인식이 잘못된 이유나 근거를 지적하고 평가하더라도 그녀가 쌓아올린 삶의 가치와 인생에서 간직해온 '좋음'에 대한 지향들 자체를 쉽게 부정할 자격을 우리가 가진 것은 아니다.[21]

유선 씨는 자신이 아버지의 가부장적 독재하에서 유일하게 각성한 주체라고 생각했다. 그와 같은 맥락에서 조카에게 깊은 애정을 느꼈고, 그런 생각은 자신과 유사한 상황에 놓여 있다고 여긴 나에 대한 믿음으로까지 이어졌다. 그녀의 이런 인지적 판단에는 오류가 있겠지만, 그것이 그녀가 자기 삶에 대해 보유한 저자성을 무시할 근거가 되지는 않는다. 보르톨로티L. Bortolotti 등 몇몇 학자들도 정신질환에 따른 망상이나 작화가 개인의 저자성을 불가능하게 만들지는 않는다고 주장한다. 사람들이 자기 삶에서 일어나는 여러 사건을 계기로 어떤 이야기를 구성하고, 그 이야기가 그 사람이 앞으로 할 행위에까지 영향을 미친다면 그는 자기 삶의 저자로서 자격이 있다는 것이다.[22]

21 물론 정신질환이 있는 사람의 '비판적 이익'을 어떻게 고려할 것인가는 간단치 않은 문제다. 드워킨은 상당히 진행된 알츠하이머 환자의 경우 비판적 이익을 가질 수 없다고까지 주장한다(로널드 드워킨, 『생명의 지배 영역』). 하지만 유선 씨처럼 의사결정과 표현에서 별다른 기능적 퇴보가 없는 사람이라면 드워킨도 그녀의 비판적 이익을 부정하지 못할 것이다. 그녀가 비판적 이익을 보유한다고 할 때, 타인이 그것을 '평가'할 자격이 있을까? 물론 그 이익의 옳고 그름을 토의할 수는 있겠지만, 설령 그것이 내 마음에 들지 않더라도 한 개인이 가진 비판적 이익을 부정하는 강압적 조치를 취하는 일은 정당화되기 어렵다고 생각한다.

22 Lisa Bortolotti, Rochelle Cox, Matthew Broome, and Matteo Mameli, "Rationality and Self-knowledge in Delusion and Confabulation: Implication for Autonomy as Self-governance", L. Radoilska(ed.), *Autonomy and Mental Disorder*, Oxford University Press, 2012, pp.105~117. 다만 삶의 저자로서 자기 서사를 작성하더라도 그 '신뢰성'은 낮을 수밖에 없다는 점을 저자들은 지적한다. 저자성과 그 저자가 만들어낸 이야기의 신뢰도는 별개의 문제인 셈이다. 신뢰성 낮은 이야기가 반드시 개인의 자율성에 악영향을 끼치는 것은 아니지만, 그런 이야기는 그 개인이 앞으로 할 행위에 영향을 미치기 어렵다(사실과 다른 근거에 기초한 자기 서사는 자신의 미래 행위의 참조 기준이 되기에는 의심스럽고 허약하다).

자기 서사에 위계가 있을까

정신질환의 진단 여부와 상관없이 어떤 사람들은 작은 것을 과도하게 평가하거나 자신의 능력을 맹신한다. 작은 은행 봉투에 지나친 가치를 부여하여 그것을 모으는 데 평생의 시간과 재산을 바치거나, 일론 머스크도 아니면서 죽을 때까지 화성에 가기 위해 삶 전체를 디자인하고 돈을 모으는 사람이 있을지도 모른다. 이런 터무니없는 행동은 가족의 속을 썩인다. 우리는 왜 그 사람이 절대로 화성에 갈 수 없는지 현실적인 조건을 알려줄 수 있지만, 그가 화성에 가기로 결정한 이유와 그 목표에 기초하여 구축한 삶의 서사가 잘못된 '사실 인식'에 근거했다는 점만으로 그 서사 자체를 잘못이라고 할 수는 없다. 만약 사실 인식이 곧 자기 서사의 좋고 나쁨을 가른다면, 정보와 지식이 불충분한 사람은 절대로 자기 삶의 좋은 저자가 되지 못할 것이다.

발달장애인이 자율적으로 자기 삶의 서사를 창조하지 못한다는 생각도 '발달장애가 없는' 사람들의 전형적인 오해일 수 있다. 우리가 앞에서 본 장혜정 씨는 중증 발달장애를 가지고 있다. 그녀는 장기적인 인생 계획을 세우고, 인생에서 일어난 개별 사건들에 일관성, 통합성을 부여하여 자기만의 이야기를 만들기 어려울지도 모른다(사람들이 알아차리지 못할 뿐 그녀는 그런 작업을 충분히 해낼 수도 있다. 하지만 일단은 어렵다고 가정해보자). 그러나 자기만의 인생 이야기는 꼭 긴 시간의 축에서 추상적이고 복잡한 의미들로 구성되어야 할까? 만약 그렇다면 뛰어난 지적 역량으로 자기 인생을 역사, 철학, 정치적 맥락 속에서 재구성할 수 있는 버트런드 러셀Bertrand Russell 이나 존 스튜어트 밀John Stuart Mill 같은 천재들이 평범한 감각과 언어로 자기 인생 이야기를 구성하는 사람들보다 더 '우월한' 자기 서사를 가질 것이다. 이는 결국 존엄에 우열이 있다는 말이 되는데, 2장에서 이야기한 '최고 존엄'이라는 말이 성립할 수 없음을 다시 생각해본다면 이런 결론은 타당하지 않다.

창조된 각자의 서사는 위계 관계에 놓이지 않는다. 여기서 말하는 서사(이야기, narrative)는 잘 쓰인 놀라운 문학작품이 아니라 자신에게 찾아온 어떤 상황을 자기만의 시각으로 바라보고, 그것을 자기 삶에 결부시켜 구체적으로 받아들인 결과다. 자기 서사를 존중하고 고려하는 것이 중요한 이유는 각 개인의 고유성을 보여주기 때문이지, 개개인의 뛰어난 예술성을 드러내는 지표라서가 아니다.

올리버 색스는 그의 가장 유명한 저서인 『아내를 모자로 착각한 남자』에서 지적장애인 리베카의 사례를 들려준다. 리베카는 할머니와 둘이 사는 중증 지적장애인이었다. 도형을 이해하거나 간단한 수를 계산하는 능력도 없었고, 단순한 기술도 익히지 못했다. 8세 정도의 지능이라고 평가되었다. 하지만 어느 날 색스는 리베카가 할머니의 이야기를 듣는 것을 아주 좋아한다는 사실과 따듯한 봄날씨에 "체호프의 소설에 나오는 소녀가" 연상되는 연극적인 모습을 보인다는 것을 알고는 그녀의 다른 능력에 관심을 가지기 시작했다. 그는 리베카가 추상적인 개념을 이해하기는 아주 어려워하지만 이야기를 좋아하고, 즐기고, 표현한다는 점을 발견했다. 색스는 "자기 자신을 이야기적인 방법으로 통합할 수 있는 상태에 있다면 '이야기적인 존재'로서 그녀는 전혀 손상되지 않은 완벽한 존재"임을 깨닫는다.[23] 그는 리베카를 이해하기 위해 여러 가지 인지 기능에 관한 작업을 수행한 후에 모두 실패하고서 이렇게 쓴다.

> 리베카에게는 효과가 없었다. 다른 환자들도 마찬가지였다. 결함이 있다고 여긴 부분의 교정에 있는 힘을 모두 쏟아 붓고 때로는 잔혹할 정도의 작업을 부과했지만, 결과는 허사였다. 나는 이런 방법이 적절한 치료법이 되지 못한다는 생각을 하게 되었다.
> 우리는 환자의 결함에 너무 많은 주의를 기울였던 것이다. 그래서 변화하지 않는, 상실되지 않고 남아 있는 능력을 거의 간과했다. 내게 이 점을 처음으로 깨닫게 해준 사람이 리베카였다. 우리는 소위 '결함학'에 지나친 관심을 기울여서 '이야기학' 쪽에는 거의 주의를 기울이지 않았던 것이다.[24]

이야기 능력은 여러 개별 사안들, 사물들을 추상적인 개념으로 구성해 머릿속에서 각각의 관계를 분류하고 재배치하여 그 구조와

23 올리버 색스, 조석현 옮김, 『아내를 모자로 착각한 남자』, 이마고, 2006, 332~335쪽.

24 위의 책, 339쪽.

의미를 파악하는 능력과 대비된다. 그보다는 일정한 흐름 속에서 각각의 사안들, 사물들을 특정한 의미를 중심으로 통합하는 능력이다. 즉 우리가 지금껏 말한 '자기 서사'의 창조 능력이다. 올리버 색스는 이야기 능력을 기르는 좋은 방법으로 연극을 제안한다. 배우는 전체 연극 속에서 통일되고 정합적인 인격성을 유지하는 능력을 필수적으로 요구받기 때문이다. 좋은 배우는 한 작품 속에서 때로는 극도로 슬프고, 때로는 엄청나게 기쁘고, 때로는 어이없게 느껴지는 그 모든 '관련 없어 보이는' 감정이 한 사람의 인격 안에서 나타난다는 것을 관객에게 납득시킨다. 색스는 다수의 중증 발달장애인도 이러한 능력을 가지고 있다고 주장한다. 이러한 능력을 가진 사람이라면, 우리가 이야기하는 '자기 서사의 창조'도 당연히 가능할 것이다.

망상에 자주 빠지는 사람이든, 중증 지적장애를 가진 사람이든 모두 자기 인생의 저자가 될 수 있다. 문제는 이 저자성을 알아보는 다른 사람들의 능력과 감각이며, 이 다소 '특별한' 저자의 권리를 법이 어떻게 존중할 것인가이다. 이는 대단히 어려운 문제이며, 내가 정확한 답을 가진 것은 아니다. 그럼에도 몇 가지 접근 방향은 제시하고자 한다.

독해 능력과 공저자 되기

유선 씨나 혜정 씨가 충분히 자기 인생의 저자가 될 수 있다고 하더라도 이것을 우리 공동체가 제도적인 수준에서 고려하는 데는 여전히 문제가 남는다. 유선 씨와 혜정 씨의 저자성이 '법 앞에서' 철저히 무시된다면 이를 개선할 방법은 무엇일까? 뉴욕대 로스쿨 교수 켄지 요시노Kenji Yoshino는 현대 사회에서 장애인, 소수 인종, 성적 소수자 등을 대놓고 차별하고 배제하는 일은 많이 없어졌지만, 이 사람들에게 주류 집단에 동화同化되기를 요구하는 이른바 '커버링covering' 압력이 존재한다고 지적한다. 커버링은 말하자면, 자신이 가진 비주류적인 특성을 '티 내지 말라'는 요구다. 여성을 차별하지는 않지만 여성의 몸이 가진 특별한 상황(생리나 출산 등)을 티 내지 말 것을 암묵적, 명시적으로 요구하는 조직 문화, 장애인을 차별하지 않지만 장애로 인한 특성을 숨기기를 원하는 사회 분위기 같은 것이 그 예다. 켄지 요시노는 커버링에 대한 법적인 대응 방법을 고민하면서, 그중 하나로 '논리적 근거를 강제하는 대화reason-forcing conversation'를 제안한다.[25] 나는 이것으로 개인의 고유성을 무시하는 법체계를 다소나마 개선할 제도적 해결책을 모색해볼 수 있다고 생각한다.

어려운 말처럼 들리지만 '논리적 근거를 강제하는 대화'는 간단

25 켄지 요시노, 김현경 옮김, 『커버링』, 민음사, 2017, 260~261쪽.

한 개념이다. 한마디로 "네가 가진 장애, 성별 등을 티 내지 말라"고 커버링을 요구하는 쪽에서, 왜 그것을 티 내면 안 되는지 엄밀한 논리적 근거를 제시하고 말하는 것이다. "우리 회사에서는 보청기를 좀 가려줬으면 좋겠어요"라고 어떤 부서의 과장이 청각장애인 부서원에게 지시했을 때, (보통은 과장의 지시에 군말 없이 따르겠지만) 왜 그래야 하느냐고 물어보면 아마 "사내 분위기에 위화감을 주니까"라거나 "고객들이 불편해하니까" 등의 막연한 이유를 들 것이다. '주류'에 있는 사람들은 어떤 요구를 할 때 그 이유를 제대로 설명하지 않아도 된다. 그냥 "원래 여기서는 이렇게 해"라고 말하면 그만인 경우가 많다. 하지만 '논리적 근거를 강제하는 대화'에서는 다수자의 입장에서 아무리 당연해 보이는 이야기라도 그것을 말한 '주류 집단' 쪽에서 그 말을 정당화할 수 있는 근거를 철저히 제시해야 하는데, 켄지 요시노는 법이 이를 강제하거나 유도할 필요가 있다고 본다.

내가 고등학교에 다닐 무렵까지 선생님들은 추운 겨울에도 교복 위에 겉옷을 못 입게 하거나 머리를 마음대로 기르거나 묶지 못하게 했다. 여기에 반감을 가진 아이가 문제를 제기하면 "너는 꼭 그렇게 하지 말라는데도 머리를 그런 스타일로 길러야겠어?"라는 질책이 돌아왔다. '논리적 근거를 강제하는 대화'의 원칙은 우리에게 이 질문을 뒤바꾸라고 요구한다. 즉 선생님이 학생의 질문에 답하라는 것이다.

"도대체 선생님한테는 내 머리 스타일이 왜 그렇게 중요합니까?"

활동지원서비스를 받고 싶은 장애인이 의학적으로 보았을 때 팔과 다리를 어느 정도 사용할 수 있어 밥을 먹거나 용변을 처리하는 일 정도는 가능하다고 하자. 그렇지만 그는 "머리에 제품을 바르고 넥타이에 짙은 회색 슈트를 입고 외출하고 싶어서" 활동지원인을 신청했다. 그의 손과 발은 넥타이를 맬 정도의 작업을 하기에는 장애가 심하다. 법은 의사와 국민연금공단의 입을 빌려 다음과 같이 물을 것이다.

"아니, 왜 꼭 그렇게 넥타이에 슈트를 고집하십니까? 그 정도에 활동지원인을 제공하기는 어렵지요."

하지만 '논리적 근거를 강제하는 대화'의 원칙에 따라 우리는 질문을 바꿔야 한다.

"왜 활동지원인 보조를 받아 넥타이를 매고 슈트를 입겠다는 게 국민연금공단에게 그렇게 문제가 됩니까?"

우리 한 사람 한 사람의 고유성은 밥을 먹고 용변을 보는 데서 나오지 않는다. 우리가 생명을 유지하기 위해 밥을 먹고 용변을 보는 일은 너무나 중요하지만, 그렇게 동물로서 생명을 유지한 이후부터는 인간으로서 우리의 고유성이 출현한다. 밥을 먹고 용변을 보는 '스타일', 입는 옷, 향수 취향, 외출 횟수, 데이트 상대방을 고르는 기준, 머리 길이, 국정교과서를 지지하는지 여부, 남북정상회담에 대한 입장 등이 전부 축적되어 자신만의 개별적 서사가 창조된다. 각자의 서사를 존중하는 법이라면 "왜 당신은 꼭 그렇게 해야 합니까?"라고 묻지 않을 것이다. 오히려 사람이 법에게 묻는다.

"당신은 왜 내가 이렇게 하면 법의 문 안으로 들여보내주지 않습니까? 이게 왜 그렇게 '문지기'인 당신에게 중요합니까?"

나는 유선 씨에게 묻고 싶었다.

"왜 장애인 등록을 굳이 안 하려 합니까? 그게 뭐가 그리 중요합니까? 당신의 말이 모두 사실이라면 아버지로부터 독립해서 혼자 생계를 유지하며 자유롭게 사는 게 훨씬 낫지 않습니까?"

하지만 내가 모든 장애인, 모든 '잘못된 삶'을 존중하는 개인이자 법의 일부라면 나는 그렇게 물어서는 안 된다. 유선 씨가 내게 물어야 한다.

"김원영 조사관님, 왜 제가 장애인 등록을 하는 게 당신에게 그렇게 중요한가요?"

앞에서 인용한 장혜정의 언니 장혜영의 기고문에도 이와 관련지을 수 있는 내용이 등장한다. 장혜정의 활동지원서비스 심사를 하던 국민연금공단 직원이 언니 장혜영에게 묻는다.

"혜정 씨가 라면을 끓일 줄 아나요?"

장혜영은 이 질문의 어처구니없음을 지적하면서 자신이 도리어 묻고 싶었다고 한다.

"국수는 삶을 줄 아느냐고 왜 안 물어보나요? 파스타는? 라면을 끓이는 게 당신에게 왜 그렇게 중요한가요? 국수를 삶는 것은 왜 안 중요한가요? 라면이나 국수가 왜 그렇게 문제가 되나요?"

솔직히 말해 나는 정신적 장애(정신장애와 발달장애)를 가진 사람들의 내면세계를 잘 이해하지 못한다. 나는 자립생활운동을 출현시킨 그 '자율적인 정신'을 희망하며 나 자신의 이야기를 구성해온 '남성 신체장애인'이다. 그러나 내가 읽은 자료, 강의를 하며 만난 장애인 가족, 관련 직종 사람들의 이야기, 재활학교에서 만난 발달장애를 가진 친구들과의 경험은 정신적 장애인들의 언어와 생각에 대한 비정신적 장애인들의 '독해력'이 얼마나 형편없는지를 알게 했다.

분명 어떤 사람들은 아주 기초적인 사고 작용도 어려울 만큼 중증의 정신적 장애를 가지고 있다. 이들은 간단한 자극에 반응하거나 최소한의 의사 표현을 하기도 쉽지 않다. '자기 삶의 이야기를 창조하는 저자'라는 특성을 인간 존엄의 기초로 삼는다면, 이런 사람들은 여전히 배제되지 않을까? 이는 앞서 살펴본 장애의 '수용'이라는 개념에도 마찬가지로 적용된다. 장애를 수용하여 자기 존엄성을 스스로 긍정하는 일은 결국 중증 정신적 장애인 일부에게는 애초에 불가능한 작업이 아닌가? 나는 이에 대한 적절한 답을 알지 못한다. 다만, 우리가 '공동 저자'가 될 가능성을 생각할 수는 없을까? 나는 간단한 자극-반사 작용만 가능한 중증 장애아를 둔 부모가 그들과 함께 어떤 삶의 이야기를 써나가는지 알고 있다. 설령 손가락 하나만 까닥하고 눈동자만 움직이는 장애인이라도 그들의 부모, 형제, 이웃, 사회복지사, 학교 친구들, 선생님들, 법의 집행자들이 그들과 함께 공동 저자가 된다면 고유한 삶의 서사를 작성하는 일이 불가능하지 않을 것이다.

이 '공동의 서사 쓰기'를 위해서 우리는 중증의 장애를 가진 사람과 가장 가까운 곳에서 삶을 같이하는 이들의 이야기에 주목할 필요가 있다. 즉 장애아를 키운 부모의 이야기, 형제자매의 경험에 귀를 기울여야 한다. 사회에서 소외된 채 돌봄 노동을 전담한 가족들의 이야기가 공유되지 않는 이상 장애인은 그저 사회와 가족의 짐으로만 여겨지고, 그 가족들은 일방적으로 희생하는 사람들로만 인식될 것이다. 이들이 경험한 공생共生을 위한 갈등과 협력, 때때로 찾아오는 경이로운 순간들, 장애인을 한 사람의 자녀로, 또래로 온전히 받아들인 시간은 그 자체로 고유할 뿐 아니라, 중증 장애를 가진 사람들의 개별자로서의 이야기를 이전과는 다른 관점에서 드러내줄 것이다.[26]

얼마간 낭만적인 이야기로도 들리지만, 나는 그 가능성을 믿고 싶다. 나 같은 장애를 가진 사람도 인생의 주체적인 저자가 될 수 있다고는 아무도 생각하지 않던 시절이 있었다. 나의 어머니, 친구들, 연인, 선생님, 그리고 같은 장애를 가진 사람들이 '법 앞에서' 싸우는 모습을 보면서 나는 비로소 내가 스스로 삶의 저자가 될 수 있다고

26 부모로부터도 사회로부터도 주목받지 못한, 장애인 형제자매를 둔 비장애인들의 이야기는 그런 점에서 특히 귀하다. 정신적 장애인을 형제자매로 둔 청년들의 모임 '나는'은 최근 자신들의 경험을 서술한 책(『나는, 어떤 비장애 형제들의 이야기』, 피치마켓, 2018)을 발간하기도 했다. 물론 이들의 이야기를 '중증 장애인의 삶의 서사'를 위한 공동 저자로서만 바라보는 일이 없도록 주의해야 한다. 형제자매들은 당연하게도 '장애인의 형제자매' 이전에 각자의 이야기를 가진 자기 삶의 저자들이다. 그럼에도 나는 이들의 이야기에 등장하는 중증 정신적 장애인의 모습이 다른 곳에서 보기 어려운 구체적인 인물들이라는 점에 우선 눈길이 갔다. 여전히 형제자매의 삶을 통해 장애인의 삶을 읽어내고자 하는 나의 이런 태도를 '나는'의 구성원들이 이해해주기를 바랄 뿐이다.

확신하게 되었다. 거의 모든 사람이 삶의 저자가 될 수 있다고 해도 본인이 자신의 가능성을 확인하는 것은 또 다른 문제다. 여기서부터 우리의 서사는 더욱 확장되어 개인의 삶에 머물지 않고 '법'으로 침투해 들어간다. 나는 다음 장에서 이 서사가 법의 문지기를 넘어 '법 속으로' 들어간 이야기를 나처럼 의심 많은 독자에게 들려주려 한다.

7장

권리를 발명하다

오줌권

1984년 9월 22일자 조선일보에는 아래의 유서가 실렸다.

> 시장님, 왜 저희는 골목골목마다 박힌 식당 문턱에서 허기를 참고 돌아서야 합니까. 왜 저희는 목을 축여줄 한 모금의 물을 마시려고 그놈의 문턱과 싸워야 합니까. 또 우리는 왜 횡단보도를 건널 때마다 지나는 행인의 허리춤을 붙잡고 도움을 호소해야만 합니까. …… 그까짓 신경질과 욕설이야 차라리 살아보려는 저의 의지를 다시 한 번 다져보게 해주었습니다. 하지만 도대체 움직일 수 있는 공간을 만들어주지 않는 서울의 거리는 저의 마지막 발버둥조차 꺾어놓았습니다. …… 저 같은 사람들이 드나들 수 있는 화장실은 어디 한 군데라도 마련해주셨습니까.

서른네 살의 지체장애인 김순석은 서울시장 앞으로 이 유서를 남기고 조선일보 보도가 있기 3일 전인 9월 19일 음독자살했다. 그는 작은 작업실에서 머리핀, 반지, 목걸이 등을 만들어 남대문시장에 납품하며 생활하는 가장이었다. 아내와 다섯 살 자녀가 있던 김순석은 가족을 부양하기 위해 사람들의 멸시와 모욕을 들으며 휠체어를 타고 남대문 일대를 돌아다녔다. 유서에서 그가 말했듯 "신경질과 욕설이야" 차라리 어찌 의지를 다지는 계기로라도 삼겠지만 "도대체 움직일 수 있는 공간을 만들어주지 않는 서울의 거리"에서 그는 옴짝달싹할 수 없었다. 한편 기사에 소개된 아내 김동심의 인터뷰에 따르면, 김순석은 어느 날 길을 건너다 횡단보도 앞 차도와 인도 사이의 턱을 피해 도로 위에서 단차 없는 곳을 찾아 헤매다가 단속원에게 끌려갔다. 그는 끌려간 곳에서 하룻밤을 보내고 다음 날 아침 집에 돌아와 "공구와 공들여 만들어놓은 금형이며 제품들을 마구 때려 부쉈다."[1]

앞에서 우리는 일상에서 겪는 모욕, '품격 퍼포먼스'에 동원되는 삶을 다뤘다. 이는 우리가 스스로를 존엄한 존재로 정립하기 위해 넘어서고, 맞서야 할 중요한 삶의 과정이다. 하지만 지체장애인이라 걸을 수 없었던 김순석에게는 모욕과 멸시는 오히려 '감당할 만한' 일이었다. 타인의 모욕은 나 자신이 '보여지는 나'와 '바라보는 나'로 갈라지든, 다른 어떤 방법을 쓰든 내 정신으로 통제할 수 있

1 '"서울 거리 턱을 없애주시오" 휠체어 시민 유서 쓰고 자살', 〈조선일보〉 1984. 9. 22.

는 문제였다. 그는 모욕을 삶의 의지를 다지는 계기로 삼았다. 하지만 물리적인 공간은 그의 힘으로 어찌할 수 없었다. 옴짝달싹 못하는 세상에서 그는 결국 살아가기를 포기했다.

'장애 극복', '불굴의 의지' 같은 말은 작은 사회적 성취를 이룬 장애인을 언론이 보도할 때 사용하는 대표적인 수식어이다(그렇기 때문에 앞서 보았듯이 정신장애인이나 중증 발달장애인은 '장애 극복'의 주인공으로 등장하지 않는다). '긍정적으로 살아라', '희망적으로 생각하라'며 현실을 넘어설 것을 강요하고, 나아가 장애인에게 희망의 아이콘이 되어줄 것을 주문하기도 한다. 팔다리가 없이 태어나 세계를 돌아다니며 '동기 부여' 전문가로 활동하는 호주의 장애인 닉 부이치치Nick Vujicic 같은 인물이 그 대표적인 예다. 그러나 아무리 낙관적이고 강인한 정신을 가진 이라도 횡단보도를 건널 수 없고, 화장실을 가지 못한다면 삶에 '동기 부여'를 하기란 불가능하다. 하루 종일 오줌을 참으면서 희망을 가질 수는 없다. 오줌을 참을 때 필요한 건 희망이 아니라 화장실이다.

내 어린 시절 가장 큰 과제 역시 '오줌 누기'였다. 물론 여전히 꽤 큰 과제다. 밥은 사람들 앞에서도 먹는다. 불가피한 사정이 있다면 하루 정도 굶어도 괜찮다. 미리 많이 먹어두면 더 오래 안 먹어도 된다. 제대로 먹을 여건이 아니라면 간식을 챙겨 가서 한 줌이라도 입에 넣으면 허기를 모면할 수 있다. 하지만 오줌은 다르다. 급하다고 사람들 앞에서 눌 수는 없다. 버티는 시간은 길어야 대여섯 시간이다. 미리 눌 수도 없다. 조금씩 나눠서 누는 길로 상황을 모면하지도 못한다(상상만 해도 괴롭다). 데이트를 나갈 때도 나의 고민은 늘 오줌이었다. 장애인 화장실은 최근에는 도시에서 제법 만나게 되었지만 10여 년 전까지만 해도 쉽게 찾을 수 없었다. 오줌이 마려워 초조해하는 모습이 상대방에게 매력적으로 보일 리가 없다. 안절부절못할 상황이 되면 나는 빨리 그 자리를 떠나고 싶을 뿐이다. 누군가와 사랑에 빠지면 끼니 정도는 쉽게 거르지만, 아무리 매력적인 상대 앞에서라도 화장실에 가지 않기란 불가능하다. 그런 점에서 내 지인은 모든 권리 가운데 '오줌권'이야말로 인간에게 가장 중요한 권리라고 단언했다. 진지하게 말해서 '호흡할 권리'를 제외한다면 맞는 말 아닌가. 모두가 어디서든 편안하게 오줌을 눌 자격이 있다는 '오줌권'은 필수적이고 정당한 권리의 대표적인 예라고 할 수 있다.

법적 맥락에서 살펴본다면 오줌권은 헌법이 정한 자유권의 일종으로, 자유에 관한 여러 권리들 중에서 신체의 자유(제12조)로 대표될 수 있다. 헌법이 신체의 자유라는 기본적 권리를 통해 방어하려는 전형적인 상황은 1987년 남영동 대공분실에서 국가권력이 대학생 박종철에게 자행한 신체와 생명의 유린 같은 일이다. 「정신건강복지법」으로 정당화되고는 있지만, 법적 기준에 부합하지 않게 행사되는 정신장애인 강제입원도 전형적인 신체의 자유 침해 사안이다. 헌법 제12조 신체의 자유는 국가권력이나 그 밖에 힘 있는 타인(이를테면 '덩치 큰 남자들')이 우리의 신체를 함부로 통제하고, 구속하고, 예속시키고, 폭력을 가하려 할 때 우리를 보호해주는 '방어권'이라는 의미를 갖는다.[2] 신체의 자유는 장애 유무나 성별, 나이에 상관없이 모든 개인의 신체를 보호한다. 그러므로 누군가가 어떤 장애인이 용변을 보려 할 때마다 구타하거나 화장실에 가지 못하도록 온몸을 묶어놓는다면 그의 신체의 자유, 좁게는 오줌권을 침해한 것이다(온몸을 묶어 용변을 보지 못하게 하는 행위는 사실 그 피해자의 신체보다는 '인격'에 더 큰 상처를 남긴다. 옷 위에 그대로 용변을 볼 수밖에 없다면 그 사람은 신체의 자유를 침해당할 뿐 아니라 깊은 모멸감을 느낄 것이다).

그런데 만약 내가 서울 관악구청에서 개최한 행사에 참여했다가 구청 건물에 휠체어가 진입할 수 있는 화장실이 없어 용변을 보지 못했고, 고통에 시달리다 결국 집으로 돌아왔다면? 법적인 맥락이든 상식의 차원이든, 이런 경우에 장애인의 오줌권이 침해되었다고 말하기는 어렵다. 내가 화장실에 가겠다고 하자 관악구 공무원 세 명이 달려들어 12시간 동안 내 온몸을 붙잡고 있었거나, 관악구청장이 직접 달려와 휠체어 주위에 압정을 지뢰처럼 뿌려놓은 것은 아니기 때문이다. 나는 관악구청장이 구민의 인간다운 삶을 위해 장애인 화장실을 구청에 만들어야 했으나 그렇게 하지 않았다고 비난하고, 오줌을 참느라 겪은 고통과 수치심에 따른 손해배상을 청구해볼 수는 있을 것이다. 하지만 관악구가 나의 헌법상 '신체의 자

2 원칙적으로 헌법의 기본적 권리(기본권)는 국가와 국민의 관계에서만 문제가 된다. 헌법 제12조는 국가권력 또는 국가의 행위로 볼 만한 공공기관의 행위로부터 국민의 신체가 침해당하는 경우를 보호하는 기본권이다. 그러나 현대의 헌법 이론은 헌법의 기본권이 여러 경로를 통해 개인과 개인, 개인과 민간단체 등의 관계에도 확장되어 적용된다('수평 효과horizontal effect'라고도 부른다)고 이해한다. 우리의 논의 역시 이러한 사적인 관계까지 모두 염두에 두고 있다.

유(오줌권)'를 침해했다고 말하기는 어렵다.

국가든 개인이든, 외부의 침략이 있다면 곧바로 자위권을 발동하여 직접 방어하거나 자신보다 상위 수준의 정치제도(국가라면 유엔UN일 것이고, 개인이라면 국가일 것이다)에 보호를 요구할 국내법적, 국제법적 권리를 갖는다. 하지만 어려운 상황에 놓인 쪽에서 하는 도움이나 원조 요청은 (많은 경우) 법적인 권리가 아니다. 그저 상대방의 선의에 기대고, 정의감에 호소하는 일이다. 구청에 장애인 화장실을 지어달라는 주장은 도덕적인 요청이거나 기껏해야 추상적인 법적 권리에 근거한 요구일 뿐이다. 따라서 구청장이 그 요구를 들어주지 않는다고 해서 그가 법적 의무를 위반하여 장애인의 신체적 자유, 즉 자유권적 권리를 침해했다고 말하기는 어렵다. 도로의 턱을 없애고 접근 가능한 화장실을 만들어달라고 목숨을 끊으면서까지 요구한 김순석의 주장 역시 구체적인 법적 권리에 근거한 것은 아니었다. 국가와 공동체가 그에게 시혜를 베풀기 전까지 그의 외침은 공허한 메아리처럼 울릴 뿐이었다. 그러나 사방이 벽으로 막

3 김순석의 자살 이후 열린 전국지체부자유학생체전 개회식에서 대학생들은 모의로 만든 관을 들쳐 메고 김순석의 장례식을 치렀다. 그들은 보건사회부 장관이 직접 문상할 것을 요구하며 관을 태우는 화장식을 거행했다. 이런 움직임은 언론에 거의 보도되지 않았고, 젊은이들의 해프닝 정도로 취급되었다(김도현, 『차별에 저항하라』, 박종철출판사, 2007, 38~39쪽). 김순석의 자살은 당시 신체적으로 '정상'에 해당하지 않는 사람들이 처했던 한국 사회의 현실을 대중에게 처음으로 강렬하게 폭로했다. 당시에 많은 주목을 받지 못했다 해도 그의 죽음은 이후 30여 년 동안 전개되는 놀랍고도 역동적인 시간들의 태동이었다.

혀 옴짝달싹할 수 없던 시대에 그 메아리는 사면의 벽을 울리며, 결코 사라지지 않은 채로 사람들의 마음을 동요시키기 시작했다.[3]

당신의 잘못은 아니다

대략 열 살 즈음이 되면서 나는 걸을 수 없다는 것이 무슨 의미인지를 정확히 알게 되었다. 친구들은 초등학교에 다니기 시작했고, 넓은 공간을 마음껏 누비며 세상을 탐구했다. 10대에 접어들 무렵 아이들은 부모가 제공한 작고 안락한 세계를 벗어나 벌판 끝으로, 산 정상으로, 바위 그림자 아래로 위험하지만 낯설고 유혹적인 세계를 탐구하는 모험가가 된다. 시간은 천천히 흐르고, 어른보다 몸과 정신의 세계가 작은 아이들에게 세상은 무한히 크다. 마치 새로운 행성을 탐사하러 나선 우주인 같다. 때문에 혼자 이동하지 못하는 아이는 1년 넘게 날아 가까스로 화성에 착륙했지만, 우주선의 문이 고장나 꼼짝하지 못하는 우주인의 처지가 된다. 화성의 표면은 밟지 못하고, 우주선의 작은 구멍으로 화성의 빛깔과 언덕 모양만 내다볼 뿐이다.

나는 구체적인 현실 세계를 그다지 원망하지는 않았다. 초등학교에서 나를 거부했고, 마을에서 시내로 나갈 때 타는 32번 버스는 나 혼자만 타지 못했다. 부모님과 시내에 가면 갈 수 있는 화장실이 없어 오줌을 참거나 음료수병을 구해 한쪽 구석에서 처리해야 했지만, 학교와 버스 회사, 화장실이 없는 건물의 주인을 원망한 적은 없다. 내가 원망한 대상은 실체가 불분명하고 지극히 형이상학적인 어떤 '원리'였다. 우주의 어떤 원리에 따라 나는 출생의 제비뽑기에 참여했고, 거기서 불운하게도 지금의 내 몸을 인생 게임의 기본 캐릭터로 떠맡게 된 것이다. 나는 제비뽑기에 영향을 미친 어떤 초월적 존재자 또는 원리에 대해 화를 냈다. 버스는 본래 그렇게 생겼고, 학교는 원래 그런 곳이며, 화장실은 애초부터 그런 구조다. 본질상 그렇게 생긴 것들에 어떻게 화를 낼 수 있을까. 관악산 밑에 살지만 그 산을 등반하지 못한다고 해서 내가 봄날 아침마다 관악산에 따져 묻지 않는 것과 같은 이유이다.

우주선에 갇힌 채 진행되던 나의 삶은 1990년대 후반 특수학교에 입학하면서 급격히 달라지기 시작했다. 나는 휠체어를 타고 본격적으로 내가 사는 '행성'을 탐사하기 시작했다. 자아의 스타일을 형성해가던 때다. 그러던 어느 날, 중학교 1학년 도덕 수업 시간으로 기억한다. 키가 크고 목소리와 입담도 좋았던 선생님이 일본에 다녀온 이야기를 하며 "일본에는 작은 도시에 가도 휠체어가 탈 수 있는 버스가 있다"고 말했다. 나를 비롯한 아이들은 난생 처음으로 '휠체어를 탄 채 탑승 가능한 버스'가 돌아다닌다는 말을 듣고 눈이 커졌다. 우리가 아는 한 우리가 탈 수 있는 버스는 휠체어 리프트가 장착된 재활학교 셔틀버스밖에 없었다. 그는 눈이 커진 우리를 보면서 "우리나라에서는 너희가 버스랑 지하철을 못 타잖아. 이게 당연한 걸까?"라고 물었다.

"장애인이니까 못 타죠."

어느덧 호기심이 사라진 시큰둥한 대답으로 아이들이 맞섰다.

"버스는 대중교통이잖아. 장애인은 대중이 아니야?"

"……."

"대중교통이면 휠체어를 탄 사람이든 목발을 짚은 사람이든 모두 탈 수 있도록 만들어야 하는 거 아닐까?"

일본은 돈이 많아서 그런 게 아니냐는 '현실주의자'의 반론도 나왔었을 법하지만 잘 기억이 나지 않는다. 어쨌든 10대의 장애 청소년들에게 그 말은 꽤나 타당하게 들렸던 것 같다. 우리는 별 이견을 제시하지 않았다. 나는 이 대화를 한동안은 떠올리지 않았다. 그러다 대학에 갈 무렵 '장애인은 대중이 아니야?'라는 의문이 슬며시 다시 떠올랐다. 어떤 생각은 순식간에 마음 전체를 점령하지 않는다. 도덕 시간에 선생님이 꺼낸 말도 그 시기 우리 사회 여러 곳에 은밀하게 자리 잡은 채 때를 기다리던 어떤 생각의 일부였다. 아이들이 별 반응을 못하자, 선생님은 수업 내용으로 돌아가면서 이렇게 덧붙였다.

"너희가 버스를 못 타는 게 너희 잘못은 아니야."

특정한 세계관은 내밀하고 조용히 세상에 퍼져가다 어느 시점에 이르면 권리의 언어로 결정結晶되어 사람들의 말에 담긴다. 말은 흐르고 흘러 눈앞에 등장하고, 몸에 감촉되는 '물질'이 된다. 1997년 나에게 버스에 관해 언급했던 도덕 교사 백정기 선생님은 단국대학교 특수교육학과의 80년대 학번이었다. 1980년대는 우리 사회 전반의 민주주의의 발전과 1984년 김순석이 "서울 거리 턱을 없애주시오"라는 말로 심어놓았던 불씨가 결합하여 강한 화학 반응을 일으키던 때였다. 특수교육학과를 비롯해 장애인 문제에 관심을 가진 대학생(청년)들을 중심으로 급진적인 생각의 전환이 일어났다. 그 중심에는 청년 장애인 단체가 있었다.

1990년대에는 이런 화학 반응의 생성물이 쏟아져 나왔다.[4] 그 생성물이란, 이를테면 장애인들이 화장실이 없어서 용변을 못 보는 일이 권리로서의 '오줌권' 침해가 아니냐는 문제의식이었다. 사회가 설계하고 구축한 각종 인프라를 자신의 타고난 신체로 사용하지 못한다면, 이는 실상 자유권의 침해와 동일한 피해가 아닌가? 왜 이것이 국가나 공동체의 자선, 혹은 사회복지서비스의 문제로만 다루어져야 하는가?

2001년 서울 지하철 4호선 오이도역에서 장애인용 리프트가 추

4 1980년대에 들어서면서 장애인이나 이른바 '부랑인'이 집단적으로 시설에 수용되어왔다는 끔찍한 현실이 폭로되었다. 장애인들이 사회에서 분리되어 집이나 시설에 처박혀 살아가는 일이 결코 '보호'나 '복지'가 될 수 없다는 확신이 점차 많은 사람에게로 퍼져나갔다(장애문제연구회 울림터, 『울림터활동기록집』, 1992, 26쪽 등 참조). 1987년 6월 항쟁, 1988년 서울 장애인올림픽을 거치면서 장애인들의 집단적 저항은 더욱 강해졌다. 그 결과 중 하나로 1981년 제정된 「심신장애자복지법」이 전면 개정되어 「장애인복지법」이 만들어졌다. 이 법은 이전과 달리, 장애인들의 생계 보장과 취업 촉진을 위한 구체적인 정책을 담고 있었고, 장애인의 교통수단 및 공중 편의시설 이용에 관해서도 상세한 시설 기준을 보건복지부가 마련하고, 관련 시설들은 그 기준을 반드시 지킬 것을 요구했다. 본격적인 장애인 복지의 시작이었다.

락해 탑승해 있던 장애인이 사망한 사건을 계기로 '장애인 이동권 투쟁'이 시작되었다. 이는 면면히 흘러오던 새로운 인식이 구체적인 권리의 언어로 등장한 가장 유명한 사례라고 할 만하다. 오줌권과 마찬가지로 '이동권'은 법조계는 물론 일반인들 사이에서도 사용되지 않던 말이었다('이동권'이라는 말은 이동권 투쟁이 시작된 이후인 2003년 국립국어원 신어자료집에 등재된다). 대중교통이나 공중 편의시설에 대한 문제 제기와 법적 대응은 1988년 「장애인복지법」이 탄생한 시점부터 이미 본격적으로 시작되었다. 그러나 어느 경우에도 그것이 구체적인 실체법상의 권리로서 법체계에 진입하지는 못했다. 법적인 의미에서 권리란 그 권리를 가진 사람이 직접 (법원 등을 통해서) 다른 사람이나 기관에 그 내용을 보장하라고, 다른 이해관계보다 우선하여 그 권리에 따른 의무를 이행하라고 강제할 수 있음을 뜻한다. 따라서 이동이 만약 권리라면, 장애인은 이동권을 근거로 직접 국가나 버스 운수사업자, 지하철공사에 이동 편의를 돕는 설비를 설치하라고 주장할 수 있고, 법령의 규정 형식에 따라서는 법원을 통해 그 권리의 보장을 소로써 청구할 수도 있다.

장애인의 이동 문제는 오줌권과 같은 문제로 다뤄졌다. 국가권력 혹은 누군가가 장애인들이 이동하지 못하도록 온몸을 붙잡고 있거나 방문 앞을 지키는 것은 아니기에, 이는 사회복지(장애인복지)의 차원에서 논의될 수밖에 없었다. 「장애인복지법」의 공중 편의시설 관련 조항은 국가가 장애인이 원활히 이동할 수 있도록 노력하라는 내용을 담고 있을 뿐이다.[5] 하지만 장애인들의 마음속에서는 이런 지배적인 생각과 다른 관념이 확산되고 있었다. '이동'이 왜 국가가 노력할 수 있으면 하고 못 해도 그만인 문제인지, 결국 돈이 있으면

5 1981년 장애인복지에 관한 포괄적 내용을 담은 법으로는 처음 제정된 「심신장애자복지법」 제13조에도 이미 "도로·공원·공공건물·교통시설·통신시설 기타 공중이 이용하는 시설을 설치하는 자는 심신장애자가 이를 편리하게 이용할 수 있는 시설이나 설비를 갖추도록 노력하여야 한다"는 규정이 있었다. 하지만 장애인 개인이 편리하게 이용 가능한 시설이나 설비를 갖추도록 강제할 방법은 없었고, 국가가 이러한 시설을 확충하는 데 필요한 구체적인 노력이나 정책도 규정되어 있지 않았다. 1988년 장애인인권운동의 본격적인 전개, 1987년 이후의 민주주의 열기 속에서 「심신장애자복지법」이 대폭 개정되어 「장애인복지법」이 탄생했다. 「장애인복지법」은 이전의 법률보다 훨씬 더 구체적이고 적극적인 내용을 담고 있었다. 장애인 편의시설에 관한 규정과 기준, 시설에 관한 구체적인 사항을 대통령령에서 정하도록 하고, 이를 어기면 국가가 시정 요구를 할 수도 있으며(제33조), 특별한 이유 없이 불응하면 과태료를 부과할 수도 있었다(제57조 제3호, 제58조). 하지만 편의시설 설치 의무가 있는 시설이나 기준에 관한 내용을 구체화해야 할 대통령령은 1990년 다시 이 기준을 시행규칙(보건복지부령)으로 위임했다. 위임을 받은 보건복지부는 그로부터 다시 4년이 지난 1994년 12월 30일에서야 '장애인편의시설 및 설비의 설치기준에 관한 규칙(보건복지부령 제1호)'을 제정한다. 법률이 제정되고 6년이 지나서야 구체적인 기준이 마련된 셈이다(이는 사실상 법적 의무를 이행하지 않은 것으로 헌법 및 법률에 위반하는 의무불이행-부작위에 해당했다. 관련하여 차성안, 「장애인·노인·임산부 등의 편의증진보장에 관한 법률 제정사」, 『사회보장법연구』 제2호, 2012, 73~74쪽 참조). 이 편의시설 설치 기준에 관한 규칙은 1997년 「장애인·노인·임산부 등의 편의증진보장에 관한 법률」의 모태가 된다. 이처럼 편의시설 기준과 설치 의무는 많은 장애인과 관련 전문가, 활동가들의 노력으로 1990년대 후반 마침내 법률상의 규범이 된다. 그럼에도 이 법률은 여전히 '이동권'을 직접 규정하지는 않았다. 물론 국가의 의무와 그 이행 방식을 구체적이고 세부적으로 설정해 장애인 편의시설을 확충하는 데 크게 기여했지만, 법률이 제정되기 이전에 설치된 건물이나 교통수단에는 적용되지 않았기 때문에 장애인들은 여전히 버스를 전혀 타지 못했으며 소수의 지하철역에만 진입이 가능했다. 대부분의 지하철역에는 단지 '휠체어 리프트'만 설치되어 있었기 때문이다.

도와주고 없으면 안 도와줘도 괜찮은 선행이나 복지의 대상일 뿐인지 의문을 품었다.

그런 의문이 솟아나 마음속에서 구체화되는 양상을 내 경험에 비추어 묘사해본다면 이런 식이다. 과거에는 지하철역으로 내려가는 깊고 어두운 계단을 만나면 우선 나의 다리와 휠체어에 마음이 쓰였다("이런 젠장, 나는 왜 이렇게 태어나서는!"). 하지만 어느 순간부터는 마치 그 계단이 나의 휠체어와 다리를 '붙잡고' 있는 듯 느껴졌다. 구청 행사에 참석했는데 그곳에 장애인 화장실이 없다는 사실은 이제 구청장을 비롯한 공무원들이 내 휠체어를 붙잡고 있거나 화장실 문 앞에 압정을 뿌려두고 있는 것처럼 경험되기 시작했다. 거대한 계단, 횡단보도의 높은 턱, 무심한 관료들은 압도적인 힘으로 나의 사지를 붙잡아 침대에 묶어놓았고, 내 몸과 마음은 그토록 나를 배제하는 환경과 사람들의 무관심에 '공격'당했다.

건물 앞의 턱이나 지하철역의 계단이 내 몸을 '붙잡는' 듯이 느껴지자, 장애인들은 더 이상 이동의 어려움을 국가 등이 제공하는 사회복지나 배려의 문제가 아니라 신체의 자유가(오줌권이) 침해당하는 문제라고 생각했다. 이동하지 못하는 환경에 놓인 장애인들은 더 이상 편의시설을 설치해달라거나 장애인복지에 관심을 가져달라고 읍소하지 않았다. 대신에 "나를 계단과 횡단보도의 턱에 묶어두지 말라"며, "집 안에 더 이상 가두지 말라"며 외부의 침해로부터 내 몸을 지키기 위한 '방어권'을 행사했다(즉 무엇을 '해달라'가 아니라 '하지 말라'고 말하기 시작했다).[6] 이는 장애인 개개인에게는 시수늘 숭심으로 하는 사고에서 태양을 중심으로 하는 세계관으로 나아가는 일종의 '코페르니쿠스적 전환'이라 할 만했다. 이동권이라는 새로운 권리는 이러한 배경 속에서 발명된다.[7]

6 장애인들의 이와 같은 의식 변화에는 서구에서 발전한 장애학disability studies 담론들이 1990년대 말 한국에 소개된 것도 하나의 계기가 되었다. 장애학은 장애를 손상impairment과 장애disability로 구별하여 손상은 생물학적 상태로, 장애는 사회적 환경에 따른 활동 제한으로 규정한다. 이를 장애의 사회적 모델이라고 부른다. 사회적 모델에 따르면 장애인이 겪는 일상의 어려움은 사회 구조, 문화적 실천, 상호작용의 관행 등이 장애를 가진 몸과 마음에 부적합하기 때문이다. 이는 장애를 정체성으로 보는 입장과도 조응한다. 장애의 사회적 모델은 장애인들이 자신의 신체에 부여된 부정적 감각, 운명에 순응하는 태도에서 사회 구조를 변화시켜야겠다는 각성으로 나아가는 데 이론적 기반을 제공했다. 사회적 모델의 개념과 그에 따른 장애인들의 수용 경험에 관하여는 김도현, 『당신은 장애를 아는가』, 메이데이, 2007; 김원영, 앞의 책, 3장 등을 참고할 수 있다.

7 대중교통에 대한 접근권이 왜 '이동권'이라는, 번역하기도 어려운 독특한 이름을 갖게 되었는지 그 계기는 명확하지 않다. 이동권운동의 전면에 섰던 노들장애인야학 교사 김도현은 나의 질문에 대하여 구체적인 계기를 확인할 수는 없지만 2001년 1월 22일 오이도역 추락 참사 이후 같은 해 4월에 조직된 상설 연대체('장애인이동권쟁취를위한연대회의')의 이름을 정할 때 '이동권'이라는 말이 등장하면서 통용되기 시작했다고 답했다. 그에 따르면 "2001년에 구성된 조직의 명칭에서 '이동권'이라는 용어를 쓴 것에는 대중교통의 문제가 여전히 핵심이기는 했지만, 장애인의 이동 문제를 좀 더 폭넓은 맥락에서 제기하기 위한 '의도'가 반영되어 있었"다고 했다. "이동권, 영어로 표기하자면 'mobility rights'나 'right to mobility'라는 용어는 서구 장애인운동이나 장애 관련 국제 문서에서도 거의 쓰이지 않"기에, 이는 이동권연대의 "투쟁 속에서 '발명/창안'된 용어"라고 할 수 있다. 따라서 이들은 스스로 이 용어를 정의해 널리 알려야 했다. 당시 이동권연대의 공식 문건에서는 이동권을 다음과 같이 정의했다. "이동권이란 기본적으로 '어떠한 목적으로 통행을 할 때, 출발지에서 목적지까지 수단 및 동선을 확보함에 있어 제약을 받지 않고 자유로울 수 있는 권리'를 의미한다."

법 속으로

신체의 자유와 같은 자유권은 '하지 말라'라는 방어적인 권리로 이해되는 반면, 헌법 제34조로 대표되는 '인간다운 생활을 할 권리(복지에 대한 권리)'는 국가에게 국민을 보호할 의무를 부여하고 그 의무의 적극적인 이행을 요청하는 식의 '하라'라는 권리의 형식을 띤다. 국민의 기본적인 생계를 돕고, 실질적인 자유와 평등을 확보하기 위해 노인, 청소년, 장애인 등의 삶을 보호하고 지원하는 내용을 담은 이런 헌법상의 권리를 헌법학자들은 자유권과 대비하여 사회권(사회권적 기본권)이라고 부른다.

전통적으로 우리나라의 헌법재판소는 정부가 경제 상황이나 여러 제반 여건을 고려해 재정을 투입해야 비로소 보장되는 권리인 사회권은 국가가 '최소한의 노력도 하지 않고 방기한 경우'에만 헌법에 위반된다고 판단해왔다.[8] 그러므로 이동권을 복지의 문제, 즉

8 2002년 보건복지부가 기초생계비 지원 기준으로 최저생계비를 산정해 공표했을 때다. 기초생활수급권자이던 한 장애인이 공표된 기준이 너무 낮아서 자신의 '인간다운 생활'을 도저히 보장하지 못한다며 헌법소원심판을 청구했다. 이 청구에 대해 헌법재판소는 "생활이 어려운 장애인의 최저 생활보장의 구체적 수준을 결정하는 것은 입법부 또는 입법에 의하여 다시 위임을 받은 행정부 등 해당기관의 광범위한 재량에 맡겨져 있다고 보아야 한다"면서 "국가가 인간다운 생활을 보장하기 위한 헌법적 의무를 다하였는지의 여부가 사법적 심사의 대상이 된 경우에는, 국가가 최저생활보장에 관한 입법을 전혀 하지 아니하였다든가 그 내용이 현저히 불합리하여 헌법상 용인될 수 있는 재량의 범위를 명백히 일탈한 경우에 한하여 헌법에 위반된다고 할 수 있다"고 판시한다(헌법재판소 2004. 10. 28. 2002헌마328 결정).

사회권의 문제로 본다면 정부가 장애인복지관 건립에 재정을 지원하고, 특수 차량으로 장애인들의 나들이를 돕고, 각종 공공시설에 장애인 편의시설을 설치하도록 유도하는 이런저런 정책을 펼치고 있을 경우 침해당하고 있지 않은 것이다.

장애인들이 이동권을 사회권(복지)이 아니라 마치 자유권처럼 생각하기 시작한 이후에도 헌법재판소를 비롯한 우리나라의 법체계는 이러한 자유권/사회권의 이분법적인 접근을 계속 유지했다.[9] 2001년 장애인들과 법률가들은 (승소 가능성은 거의 없었지만) 헌법재판소에 상징적 의미의 소송을 제기했다. 장애인이 탑승할 수 있도록 설계된 '저상버스'를 국가가 도입하려 노력하지 않고 있으니, 이것이 헌법에 위반된다고 결정해달라는 헌법소원심판 청구였다. 입구가 계단으로 된 버스에 탑승하려 할 때마다 버스 회사와 정부가 자신의 사지를 '붙잡는다'고 생각하기 시작한 장애인들에게는 저상버스를 도입하지 않는 것이 복지 예산을 덜 편성해 사회권을 제한하는 문제에 그치지 않았다. 국가가 자신의 몸에 직접 침해를 가하는 헌법 위반으로 보였다. 물론 헌법재판소는 그것이 장애인들을 '붙잡는' 문제로 전혀 생각하지 않았다. 그들에게 이는 국가가 장애인에게 사회복지를 제공할 의무, 즉 '사회권'을 보장했느냐의 문제

9 이어지는 '이동권' 관념의 법체계 진입 과정에 대한 서술은 김원영, 「장애인운동이 발명한 권리와 그에 대한 사법체계의 수용에 대한 연구」, 서울대학교 법학전문대학원 인권법학회·공익인권법센터 편, 『공익과 인권』(통권 제8호), 2010의 내용을 재구성하였다.

였다. 위에서 보았듯 자유권 침해는 곧바로 문제가 될 수 있지만 사회권은 어느 정도 적절히 고려하고 대응한다면 헌법에 위반되지는 않는 성격의 권리였다. '최소한의 노력도 안 하면' 그때 비로소 헌법적으로 문제가 된다. 헌법재판소가 보기에 국가는 '최소한은' 노력하고 있었다.

> 사회적 기본권은 입법 과정이나 정책결정 과정에서 사회적 기본권에 규정된 국가 목표의 무조건적인 최우선적 배려가 아니라 단지 적절한 고려를 요청하는 것이다. …… 이러한 이해를 바탕으로 하여 이 사건을 본다면, 우선 장애인의 복지를 향상해야 할 국가의 의무가 다른 다양한 국가과제에 대하여 최우선적인 배려를 요청할 수 없을 뿐 아니라, 나아가 헌법의 규범으로부터는 '장애인을 위한 저상버스의 도입'과 같은 구체적인 국가의 행위 의무를 도출할 수 없는 것이다.[10]

헌법재판소의 재판관들이 배운 헌법과 법률 이론들, 헌법재판소

10 헌법재판소 2002. 12. 18. 선고 2002헌마52 결정. 구체적인 작위 의무 도출이 불가능하다는 이유로 헌법재판소는 이 헌법소원심판 청구를 각하했다. 각하란 사안의 당부를 심리하지 않고, 헌법소원심판의 요건에 맞지 않는다는 이유로 심사하지 않고 사건을 종결하는 결정을 말한다. 이 각하 결정 자체는 헌법재판소법과 헌법 이론상 타당한 면이 있다. 추상적인 헌법 규범에서 '저상버스 도입'이라는 구체적인 내용을 끌고 오기는 무리이기 때문이다. 그러나 이 결정은 장애인들의 청구를 전형적인 '사회적 기본권'의 시각에서만 접근하고, 청구가 제기된 근본적인 취지를 전혀 고려하지 않은 채 정부에게 '저상버스'라는 특정한 교통수단의 도입 의무가 있는지 여부만을 형식적, 단편적으로 판단했다는 한계가 있다.

가 그간 해온 결정의 관례, 그리고 재판관들 개인의 경험에서는 장애인들이 버스를 타지 못하는 일이 안타까운 사정이기는 해도 신체의 자유를 침해한 것과 유사한 종류의 문제는 아니었다. 그것은 국가의 "적절한 고려"를 요청하는 문제였고, "다양한 국가 과제에 대하여 최우선적인 배려를 요청할 수는 없는" 사안이었다. 사실 현대사회에서 국가가 해야 할 역할과 의무는 너무나 많다. 국방과 치안 유지라는 전통적인 역할은 물론이고 경제, 노동 정책, 학문과 예술의 진흥부터 산업 기반시설의 설치와 관리까지 끝도 없다. 이러한 일들 중에서 어느 것 하나 제대로 수행되지 않으면 사회가 멈춰버릴 수 있다. 이렇게 본다면 장애인이 버스와 지하철을 타고 도시를 돌아다니는 문제는 아주 급하지는 않은 정책 목표일지 모른다.

그러나 만약 우리가 장애인의 이동권을 자유권('신체의 자유' 또는 '일반적인 행동의 자유', '거주 이전의 자유' 등)과 같은 것으로 이해한다면 어떨까? 예를 들어 성범죄를 방지하기 위해서 경찰이 여성의 버스 탑승을 막는다면, 혹은 노인은 위험하고 도시의 흐름을 지체시키는 존재라며 한 마을에 몰아넣고 살게 한다면 어떻게 될까? 전국의 노인을 모두 모아 충청도의 작은 도시에 몰아넣고 살게 해도 국가 경제가 무너지는 일은 없다. 어쩌면 노인에 대한 돌봄 노동에서 자유로워진 젊은이들이 경제 활동에 적극 참여하고, 노인복지 비용은 더 효율적으로 집행되어 국가 경제의 발전에 도움이 될지도 모른다. 하지만 이러한 정책이 정당하다고 믿는 사람은 없다. 이는 국민의 신체, 행동, 거주 이전의 자유를 국가권력 또는 국민 다수가 직접 침해한 것이므로 전염병 발생이나 천재지변, 전쟁에 준하는 특수 상황이 아닌 이상 정당화될 여지가 없다(20대 남성이 2년간 특정 지역에서 신체의 자유를 완전히 제한당하는 현실은 휴전 국가에서 '국가 안보'라는 정당화 사유가 워낙 절대적인 것으로 받아들여지기에 가능한 일이다).

마찬가지로 장애인이 버스와 지하철에 탑승하지 못하는 이유가 단지 복지 정책이 미흡해서가 아니라, 애초에 장애인의 탑승을 고려해 버스를 설계하고 도입하는 일이 경제적 효율성을 떨어뜨리고 도시의 속도를 지체시키기 때문이라면, 이는 사실상 장애인의 신체 또는 일반적인 행동의 자유를 '침해'하는 것과 같지 않은가? 이동권은 꼭 사회권의 맥락에서만 고려될 문제인가? 이동권이 자유권의 성격을 갖는다고 상상할 수 있다면, 국가의 최우선적 '배려' 안에 반드시 포함될 수밖에 없을 것이다.

법원의 관행과 기존의 이론, 법조인의 생각은 쉽게 바뀌지 않는다. '법치주의'는 본래 민주주의에 따라 사회가 급격하게 변할 때 생기는 예측 불가능성을 제어하여 정치 공동체가 최소한의 안정을 유지하는 데 기여한다. 그렇지만 안정성이란 정도의 문제일 뿐 영원히 고정된 상태는 아니다. 권력이 없는 사람들을 위한 변화는 대개 강력한 저항의 결과인 경우가 많다. 2005년 헌법재판소가 헌법에 반한다고 결정해(헌법 불합치 결정) 폐지된 우리나라의 호주제도는 어느 날 갑자기 새로운 의식으로 무장한 헌법재판관들이 생각을 크게 바꿔 통 큰 결정을 내린 결과가 아니다. 미국연방대법원의 인종분리교육 폐지 결정, 동성결혼금지에 대한 위헌 선언 모두 마찬가지다.

장애인들은 상징적인 헌법 소송을 제기하고, 거리로 나와 휠체어를 서로 연결해 서울의 시내버스를 점거하고, 지하철 선로에 휠체어를 묶어 전동차를 세웠다. 급진적이고 과격한 방식에 시민들은 충격을 받았고 비난과 욕설을 퍼부었다. TV에 나오는 장애인을 보며 불쌍하다고 지갑을 열던 사람들이 그들에게는 '병신'이라며 비난을 퍼부었다. 이동권운동의 가장 전면에 나섰던 중증 장애인 교육기관 노들장애인야간학교의 교장 박경석은 그날 현장에서 이렇게 말했다.

> 좋습니다. 우리는 병신입니다. 그러나 당당한 병신으로 살고 싶습니다. 30년 동안 집구석에서 갇혀 지냈다고 아무리 말해도 안 들어주더니, 자신들이 당장 30분 늦으니까 저렇게 욕을 하는군요. 이제 그 병신들에게도 인간으로서의 최소한의 권리가 있다는 것을 알려줍시다. 당당한 병신으로 살아봅시다.[11]

2001년 2월 6일 지하철 1호선 서울역에서 시작된 지하철 연착 시위는 버스 타기, 선로 점거, 버스 점거, 도로 점거, 단식 농성, 100만인 서명운동 등으로 폭발적으로 확장되었다. 장애인이동권쟁취를위한연대회의(이동권연대)에는 수많은 장애인 단체와 대학생이

11 홍은전, 『그럼에도 불구하고 수업합시다』, 까치수염, 2014, 71쪽.

결합했다. 2000년대는 장애인운동의 시대였다고 말해도 좋다. 장애인들은 이동권뿐 아니라 활동지원서비스 역시 권리로 인정받기 위해 거리 시위를 하고, 한강대교를 기어서 건너고, 서명운동을 실시하고, 장관과 면담을 진행했다. 이명박 서울시장과 노무현 대통령 앞에서도 시위를 했다. 이동권연대는 이러한 과정을 거쳐 마침내 2002년 이명박 시장에게 서울의 모든 지하철역에 엘리베이터를 설치한다는 약속을 받아냈다.[12]

이후 2005년 1월 「교통약자의 이동편의증진법」이 제정되었다. 이 법률은 지하철과 버스는 물론이고, 비행기와 선박에 이르기까지 다양한 교통수단을 장애인, 노인, 임산부 등 '교통약자'가 탑승할 수 있도록 설비를 갖출 의무를 교통 사업자에게 부과하고, 국가는 저상버스, 특별교통수단(장애인용 리프트가 설치된 콜택시 등)을 각 시도별로 일정 비율 이상 도입하는 '교통약자이동편의증진계획'을 세우도록 하는 등 장애인의 교통수단 접근을 촉진하는 세부적인 규정을 대거 도입했다. 특히 주목할 만한 부분은 이 법 제3조가 장애인운동이 처음 '발명'한 말이었던 '이동권'을 드디어 공식적인 법률용어로 인정했다는 점이다.

> 제3조 (이동권) 교통약자는 인간으로서의 존엄과 가치 및 행복을 추구할 권리를 보장받기 위하여 교통약자가 아닌 사람들이 이용하는 모든

12 '모든 驛 장애인·노약자용 승강기', 〈한국일보〉 2002. 8. 29.

교통수단, 여객시설 및 도로를 차별 없이 안전하고 편리하게 이용하여 이동할 수 있는 권리를 가진다.

물론 이러한 법률 규정이 생겼다고 해서 자유권이 침해당했을 때처럼 이동권이 제한되는 즉시 헌법과 법률에 따라 소송을 제기하여 그 침해를 없애달라고 할 정도가 된 것은 아니다. 다만 이 법률은 장애인의 대중교통 이용은 국가가 보장해야 할 구체적인 책무이며, 장애인에게는 이를 요구할 자격이 있다는 것이 제도적으로 인정되었음을 상징적으로 보여주는 것이었다. 무엇보다 단지 '대중교통 이용'에 그치지 않고, 더 넓은 의미의 '이동'의 기회와 자유를 보장하는 일이 장애인 개인의 신체 문제만은 아니라는 사회적 합의가 등장하기 시작했다. 이는 2007년에 제정되는 「장애인차별금지법」에 의해 훨씬 더 강력한 의미를 지니게 되는데, 이에 대해서는 뒤에서 간략히 살펴보기로 한다.

이동권 투쟁의 역사가 보여주는 또 하나의 흥미로운 요소는, 장애인이 이동할 수 없다는 것을 보여주기 위한 시위 과정 자체가 장애인을 자꾸 이동시켰다는 점이다. 이동권 투쟁을 위해 시위를 하려면 장애인들이 버스를 타러, 지하철을 타러 밖으로 나와야 했다. 시위에 자주 참가했던 한 장애인은 집회가 열리는 날이면 집을 나서면서 "계단 30개를 오르는 데 30분이 걸릴 때도 있고 1시간이 걸릴 때도" 있었지만 그래도 "바깥으로 나갈 수 있다는 사실이 꿈만 같았다"고 회상한다. 그는 "어차피 남는 게 시간이고 집에 있어 봐야 누워 있기밖에 더 하겠느냐"면서 "갈 곳이 있다는 사실이 이렇게 신나는 일인 줄 처음 알았다"고 말했다.[13]

장애인이 자신의 이동할 권리를 발명하고, 이를 법제도에 진입시키기 위해서는 우선 스스로 이동해서 거리로 나와야 했던 것이다. 이는 권리가 법제도 안에서 국가권력의 힘을 통해 인정되어야만 실질적 의미를 갖는 것은 아님을 보여준다. 권리를 만들어가는 과정 자체, 자신의 신체나 정신 혹은 처한 사회적 상황의 문제를 권리의 언어로 표현하고 집단적으로 공유하고 법제도 안으로 진입시켜 실질적인 힘을 갖도록 정치적, 도덕적, 헌법적 의미를 부여하는 활동 자체가 '잘못된 삶'들의 존엄성이 사회적으로 승인되는 과정이다.[14]

이동권이 법률에 명시된 이후 법체계에서 공식적인 언어로 승인되었음을 보여주는 판결이 있다. 장애인의 이동권을 포함하여 권리에 대한 의식이 폭발적으로 성장하던 2002년 숭실대학교에 재학중이던 지체장애인 박지주는 학교가 학내에 장애 학생을 위한 편의시설을 제대로 마련하지 않아 학습에 어려움을 겪었다면서 학교를

13 홍은전, 앞의 책, 73쪽.

14 이 역시 권리 주장의 '수행적' 성격을 보여준다고 말할 수 있다. 국가의 의무를 끌어내는 수단으로서 권리를 지나치게 강조하는 방식은 국가의 '비대화'를 낳고, 이는 미셸 푸코가 비판하는 새로운 규율권력의 강화로 이어진다는 우려가 있다. 이런 입장에서는 권리를 국가의 의무, 그 의무의 이행을 위한 제도 강화의 근거로 보기보다는, 권리를 주장하고 실현하고 이를 정치적으로 확보하는 수행적 실천으로서 이해해야 한다고 말한다(Anja Eleveld, "Claiming Care Rights as a Performative Act", *Law Critique*, 2015, 26. pp.83~100 참조).

상대로 손해배상을 청구했다. 당시는 아직 장애인의 이동권에 대한 명시적인 법률 규정도 없었고, 우리 사회의 인식도 흐릿하던 시기였다. 법원은 학생이 입학금을 내고, 대학은 교육서비스를 제공하겠다는 계약을 체결했음을 강조하면서 숭실대학교가 적절한 교육서비스를 원고에게 제공하지 않아 '배려 의무'를 위반했다고 판결했다. 그러면서 숭실대학교에 대해 박지주 학생에게 얼마간의 위자료를 지급하라고 명령했다.[15]

과거에는 장애인이 대학에 합격할 점수를 얻어도 탈락시키는 일이 빈번했다. 그런 과거에 비추어 볼 때, 대학이 장애인 학생이 공부하기 편리한 시설을 갖추지 않은 것이 손해배상 책임의 대상이 된다고 인정한 이 판결은 당시 고조되던 장애인 인권에 대한 인식을 반영한 것이라 볼 수 있다. 하지만 여전히 법원은 '배려 의무'라는 표현을 사용했다. 만약 비장애인 학생이 대학에서 수업을 듣는데 학교 측이 강의실 문을 잠그고 들어오지 못하게 했다면, 이는 '배려 의무'의 위반이 아니라 명시적인 교육권 침해로 인정되었을 것이다. 위에서 살펴본 자유권과 사회권에 대한 다른 접근방식이 이 판결에서도 유지되고 있다. 즉 대학 안에서 이동하는 데 어려움을 겪고, 수업을 듣기 힘든 상황이 장애인에게 일어났을 때는 '배려'의 문제라고 판단한 것이다.

그러나 2000년대 들어 계속된 장애인들의 격렬한 저항과 권리

15 서울지방법원 2002. 7. 26. 선고 2001가단76197 판결.

주장, 법제도의 변화를 거치면서 법원의 언어와 태도도 변화한다. 약 5년 후에 박지주 사건과 거의 유사한 요구가 경남 창원에서 제기되었다. 원고는 역시 휠체어를 타는 학생이었는데, 경남대학교가 장애인 편의시설을 제대로 마련하지 않아 적절한 교육을 받지 못했다며 법원에 경남대학교에 대한 손해배상 명령을 청구했다. 창원지방법원은 여전히 '배려 의무'라는 표현을 쓰기는 하지만, 긴 이유를 덧붙여 이렇게 판결한다.

> 사회적 약자에 대한 배려가 더는 가진 자들의 은혜적 배려가 아닌 전 국민이 함께 고민하며 풀어가야 할 사회적 책무로서 막연히 예산상의 이유만을 들어 그러한 의무를 계속적으로 회피할 수는 없다. …… 모든 인간은 자신이 인간다운 생활을 할 수 있는 권리를 끊임없이 요구하는 방법으로 일상생활을 보다 나은 방향으로 발전시켜왔다. 그런데 일상생활에 있어 아무런 제약이 없어 비장애인에게는 그 존재의 가치조차 논의하지 아니하는 이동권이 단순히 예산상의 이유만으로 제약을 받는 것은 이 시대의 모순일 수밖에 없는 바, 이러한 모순은 이 시대를 살아가는 모든 사람들이 함께 해결할 문제로서 조그마한 노력과 비용의 부담으로 충분히 극복할 수 있는 것이므로 더는 비장애인을 기준으로 판단하여 그 시기를 늦출 수는 없다고 할 것이고, 인간에게 있어 가장 기초적인 이동권마저 비장애인과의 형평성 및 예산상의 문제 등을 거론하며 그 시기를 늦추려고 하는 것은 비장애인들의 편의적인 발상에 불과하다고 할 것이다.[16]

법에 익숙하지 않은 독자라도 앞서 소개한 헌법재판소 판결과의 선명한 차이를 확인할 수 있을 것이다. 2002년의 헌법재판소는 이동권의 보장이 '최우선적 배려'라고는 볼 수 없다고 판단했고, 법원도 '배려 의무'만을 강조하면서 약간의 손해배상을 인정했을 뿐이다. 하지만 불과 5, 6년 사이에 세상은 완전히 바뀌었다. 이동권이라는 말이 법률에 명시되었고, (비록 1심 법원의 판단이기는 하지만) 법원이 "더는 비장애인을 기준으로 판단하여 그 시기를 늦출 수는 없다"고 선언하기에 이른 것이다.

이런 변화 과정은 드라마틱하게 폭풍처럼 이뤄졌다. 우리가 존엄한 존재로 인정받기 위해 각자의 '고유성', 그에 기반한 자기만의 인생 이야기를 그대로 보존한 채 법 속으로 진입해 들어가야 한다면, 장애인들의 이동권운동은 자신의 존재를 그대로 긍정하면서 법을 바꿔낸 훌륭한 예가 될 것이다. 우리는 또 하나의 예를 2007년에 제정된 「장애인차별금지 및 권리구제 등에 관한 법률」(장애인차별금지법)에서도 확인하게 된다.

당신의 고유함은 정당하고 정당하다

유선 씨를 다시 떠올려보자. 그녀가 자신의 고유한 '삶의

16 창원지방법원 2008. 4. 23. 선고 2007가단27413 판결.

이야기'를 가능한 한 존중받으면서 치료도 받고, 퇴원하여 일도 하고, 지역 주민과 함께 살아갈 방법은 무엇일까? 신체장애가 중한 장애인이 시골에 있는 장애인거주시설에서 30년을 보내는 것이 아니라, 많은 사람이 어울려 살아가는 도시에서 혹은 작은 마을에서라도 주민으로서 더불어 살아갈 방법은 무엇일까? 당연히 사회복지서비스는 중요한 수단이다. 당장은 직장 생활이 어려우니 일정한 소득을 보장해주고, 의료서비스도 저렴하게 혹은 무료로 이용하도록 지원하고, 필요한 보조 기기를 구입할 비용을 보태주고, 근처에 정신건강증진센터나 장애인복지관을 설립해 자기 상태에 맞는 여가나 직업 훈련, 건강 프로그램을 누릴 기회를 제공한다면 좋을 것이다. 실제로 우리나라 정부는 적어도 1990년대 이후부터는 이와 같은 사회복지서비스를 장애인과 노인, 아동 등에게 제공하기 시작했다. 이는 모두 헌법 제34조를 중심으로 하는 사회권(인간다운 생활을 할 권리)이 구체화된 결과라고 말할 수 있다.

문제는 그 이상으로 사회에 참여하려 할 때다. 낮에는 복지관에 가고 저녁에는 집에서 TV를 보는 삶보다는 가족들과 영화도 보고, 미술관도 가고, 고양이 집사 모임에도 나가고, 정당 활동도 하고, 직업을 가질 수 있다면 더 좋고, 사랑과 우정을 나누고, 섹스도 하고, 몇 년에 한 번 정도는 해외여행을 떠나기도 하는 삶이 훨씬 더 풍요롭고 인간다운 삶일 것이다. 이것이 가능하려면 장애인이나 그 밖에 여러 이유에서 불리한 조건에 놓인 사람들이 다른 사람과 만나 교류하고 경제 활동을 하며 필요한 지식과 정보를 나누어야 한다. 그렇지만 이렇게 사회 속으로 한 발 더 들어가려 하면, '평등의 질서'가 제대로 작동하지 않고 우리를 내팽개칠 때가 많다. 정신장애인이어도 괜찮지만 정신장애를 티내지 말고, 청각장애인이어도 괜찮지만 수어는 쓰지 말고, 노인이어도 괜찮지만 젊은이같이 행동하라는 요구(커버링 요구)에 추상적인 헌법 규정은 무용지물일 때가 많다.

장애인에 대한 평등의 문제는 평등만을 강조해봐야 아무 의미가 없는 경우가 다반사다. 1960년대 미국에서 발전한 민권법은 주로 종교나 인종차별을 금지하려는 시도를 법제화한 것이었다. 인종차별의 경우, 예를 들어 식당에서 흑인이라는 이유로 출입을 금지하면 부당한 차별임을 바로 포착할 수 있다. 그러나 장애인에 대한 차별은 이렇게 간단하지가 않다. 기존의 평등권 보장 수단은 식당에서 장애인을 대놓고 차별하지는 않더라도 입구에 세 개의 계단이 있어 장애인이 들어갈 수 없는 경우를 전혀 해결하지 못한다. 성차별 문제는 인종차별과 장애인차별의 중간 정도에 있다. 대부분의 경우 여성과 남성은 그냥 동일한 기준을 적용하면 된다. 지방자치단체에서 여성을 위한 공공도서관을 지으면 남성에 대한 차별이다(국가인권위원회에서 실제 차별로 인정했다). 로펌에서 남성 변호사만 뽑으면 여성에 대한 차별이다. 이런 문제는 인종차별처럼 차별인지 아닌지를 명확하게 파악할 수 있다. 그런데 여성은 남성과 다른 신체 구조를 가지고 있고 생리를 하고 출산을 한다. 평균 신장이나 근력도 남성과 다르다. 따라서 소방관을 뽑을 때 완전히 똑같은 체력 검정을 요구하거나, 생리휴가나 출산휴가를 제공하지 않는다면 여성은 사실상 해당 직역에 들어갈 수가 없다. 이는 인종차별보다는 장애인차별과 유사한 면이 있다.

이처럼 신체적, 정신적 특성이 다수와 다른 사람들은 똑같은 기준을 적용하더라도 일상을 살아가는 데 어려움을 느끼고, 주류 집단에서 배제될 가능성이 크다. 장애인의 대학 입학에 어떤 불이익을 주지는 않더라도 입학 이후 수업을 듣기 위해 계단을 기어오르든 굴러 내려가든, 교수의 말이 들리지 않으면 친구의 필기를 빌리든 알아서 해결하라고 하면 사실상 이는 대학에 다니지 말라는 것과 마찬가지다. 그래서 세계 주요 국가의 「장애인차별금지법」은 특별히 이 문제를 해결하기 위한 수단을 마련해두고 있다. 바로 '합리적 편의 제공reasonable accommodation'이다.

'합리적 편의 제공'은 1964년 미국의 민권법이 제정될 때, 소수 종교인들에 대한 차별을 금지하기 위해 처음 도입되었다가 1990년에 제정된 미국의 「장애인차별금지법American with Disability Act, ADA」[17]에 적용되었다. '합리적 편의 제공'은 우리나라뿐만 아니라 독일, 영국, 일본 등 여러 장애인차별 관련법에 존재하는 개념이며, 특히 2006년 제정된 세계장애인권리협약Convention on the Rights of Persons with Disabilities에서도 중요한 개념으로 인정하고 있다. 세계장애인권리협약의 정의에 따

17 David Wasserman, "Is Disability Discrimination Different?", D. Hellman and S. Moreau(ed.), *Philosophical Foundation of Discrimination Law*, Oxford University Press, 2013, p.270.

르면 "'합리적 편의 제공'이라 함은, 다른 사람과 동등하게 장애인에게 모든 인권과 기본적인 자유의 향유 또는 행사를 보장하기 위하여, 그것이 요구되는 특별한 경우, 불균형하거나 부당한 부담을 지우지 아니하는 필요하고 적절한 변경과 조정을 의미한다."(제2조) 예를 들어, 어떤 장애인이 식당에 가려 하는데 식당 앞에 두 개의 계단이 있다면, 그 계단 앞에 간단한 슬로프(경사로)를 설치하거나 장애인이 올라갈 수 있도록 직접 도움을 제공하는 것이다. 시각장애인이 시험을 볼 때 점자로 된 시험지를 제공하거나, 컴퓨터를 통해 음성으로 시험 문제를 파악할 수 있도록 하는 것도 '합리적 편의 제공'에 해당한다. 편의를 제공하는 사람에게 '부당한 부담'까지 지우지만 않는다면, 편의 제공의 책임이 있는 사람은 합리적 편의를 제공해야 하고 그렇게 하지 않으면 장애인에 대한 차별이 성립할 수 있다.

그렇다면 왜 국가기관뿐 아니라 아무 '죄'도 없는 식당 주인이나 민간 건물의 건물주까지 장애인을 위해 이런 책임을 져야 할까? 통상의 차별금지야 그냥 인종이나 성별, 종교를 이유로 그 사람을 적극적으로 배척하거나 거부하지 않으면 된다지만, 장애인차별은 무엇인가를 '제공'해야 하는 적극적 의무를 져야 하니 너무 큰 부담이 아닐까? '합리적 편의 제공'은 그동안 사회의 제도, 문화, 물리적 구조나 토대가 장애인에 대한 고려 없이 설계되고 실천되다가 그 상태로 고착되는 바람에 결과적으로 장애인이 기회를 균등하게 누리지 못했다는 문제의식에 기초한다.[18] 이러한 생각은 우리가 위에서

본 '오줌권'이나 '이동권'에 대한 장애인들의 인식 전환과 맞닿아 있다. 계단으로 가득한 건물과 지하철, 야근과 회식이 잦은 직장 문화, 조금 느린 의사소통을 참지 못하는 우리의 성향, '품격' 있는 움직임이 아니라면 멸시하고 배제하는 집단의식 등이 오랜 시간 누적되어 장애인의 몸을 '붙잡고', '입을 막고', '눈을 가린다'. 즉 장애인의 삶은 복지서비스가 부족해서가 아니라 장애인의 자유와 평등이 오랜 기간 축적된 획일적인 관행과 구조에 의해 직접 침해당하고 있다고 간주된다. 바로 이러한 생각이 '합리적 편의 제공' 의무를 정당화한다.

우리나라의 「장애인차별금지법」은 2007년에 제정되어 2008년부터 시행되었다. 이 법이 2000년대 장애인운동의 폭발적인 에너지에 힘입어 제정되었음을 보여주기라도 하듯, 보통 합리적 편의로 번역되던 'reasonable accommodation'은 '정당한 편의'라는 말로 규정됐다(일본에서는 '합리적 배려'라고 표현한다. 한국보다 훨씬 조심스럽고 약한 표현이다). '정당한 편의 제공'은 모든 사람이 과도한 부담이나 현저히 곤란한 사정이 없는 이상 제공할 의무가 있음을 뜻하고, 그렇게 하지 않으면 장애인에 대한 차별이 성립할 수 있다(「장애인차별금지법」 제4조). 아주 부담이 크거나 곤란한 사정이 있어 편의 제공이 어렵다는 사실은 이 의무를 이행해야 할 국가, 고용주, 대학

18 조원희 외 「장애인차별금지법상 정당한 편의 제공 거부에 의한 차별의 위법성」, 『장애인법연구』, 법무법인 태평양·재단법인 동천 편, 경인문화사, 2016, 306쪽.

총장 등이 입증해야 한다. 나는 아마 축구 심판이 되기는 어려울 것이다. 그렇더라도 축구협회의 심판으로 취업하고자 지원서를 내볼 수는 있다. '정당한 편의 제공' 의무가 없던 시절이라면 축구협회는 내 지원서를 읽어보지도 않고 던져버렸을 것이다. 조금 관대함을 베푼다면 4월 20일 장애인의 날에 심판 체험 행사를 열어주겠다고 했을지도 모르겠다. 하지만 이제는 그럴 수 없다. 축구협회는 '정당한 편의 제공' 의무에 따라 혹시 나도 심판으로 활동할 수 있는지 진지하게 살펴보고, 그럴 수 없다면 왜 그런지를 설명하여 나를 심판으로 채용하기 어렵다는 사실을 입증할 책임을 진다.

합리적/정당한 편의 제공 의무를 다시 표현한다면, 이는 결국 "순응을 요구할 근거가 없다면 개인이 국가나 고용주[등]에게 맞추는 것이 아니라 반드시 국가와 고용주[등]가 개인에게 맞추어야 한다"는 의미와 같다.[19] 당신은 혹시 나에게 장애가 없거나 장애가 없는 척하지 않으면 이 회사에, 학교에, 영화관에, 식당에, 정부 건물에 들어올 수 없다고 말하고 싶은가? 그렇다면 그에 대한 논리적 근거를 '당신이' 제공해야 한다. 당신이 그렇게 하지 못한다면, 나는 장애를 가진 내 모습 그대로를 존중받아야 한다. 이쯤에서 관련성을 눈치 챈 독자가 많을 것이다. 합리적/정당한 편의 제공은 결국 우리가 6장에서 살펴본 켄지 요시노의 '논리적 근거를 강제하는 대화'의 원칙과 연결된다. 우리 개인이 가진 구체적인 삶의 이야기,

19 켄지 요시노, 앞의 책, 245쪽.

몸의 특성, 복잡다단한 고유성을 주류 집단이 간단히 무시해버리지 않아야 하며, 만약 그것을 받아들이기 어렵다면 왜 그러한지 그들이 직접 근거를 제시해야 한다는 원칙이 곧 합리적/정당한 편의 제공의 전제다.

장애인에게 편의를 제공할 의무를 진다는 것은 그저 장애인을 배려하라는 말이 아니라, 장애인이 그 신체적, 정신적 특성을 가지고 오랜 기간 나름의 방식으로 살아온 삶의 이야기를 존중하라는 요구와도 같다. 따라서 합리적/정당한 편의 제공은 장애인이 사회적 자원에 접근할 수 있도록 도와서 자원 분배를 평등하게 하는 정의justice 실현 수단에 그치는 것이 아니다.[20] 만약 정의만이 문제라면, 계단이 10개 있는 회사에 장애인이 다니게 되었을 때 동료 직원들이 그 장애인을 번쩍 안거나 업어서 사무실까지 옮겨주는 것만으로도 '정당한' 편의 제공이 성립할 것이다. 그러나 누군가에게 의존해야만 하는 상황은 '정당한 편의 제공'으로 인정받기 어렵다. 그런 방식은 장애인을 사무실로 들어가게는 하지만, 그가 휠체어를 자기 몸의 일부로, 일종의 '스타일'로 삼아 오랜 기간 독립적이고 주체적인 사람으로서 자기 이야기를 만들어왔다는 점을 존중하지 않기 때문이다.

장애인운동은 사회권과 자유권이라는 전통적인 이분법에 균열을 내면서 '이동권'을 공식적인 법적 개념으로 만들어냈고, '정당

20 David Wasserman, 앞의 책, pp.271~272.

한 편의 제공'이라는 개념을 통해 개인의 고유성을 무시하고 획일성을 강제하는 일을 법적으로 통제할 여지를 개척했다. 이러한 성과는 '법 앞에서' 자기 삶의 이야기를 인정받지 못했던 이들이 자신의 몸과 정신적 특성, 독특한 사회적 배경을 고려하지 않는 법령, 법해석, 법 관행에 맞서 법의 문지기를 이겨낸 좋은 사례로 삼을 만하다. 최근 20여 년 사이에 일어난 이러한 변화는 장애인뿐만이 아니라 자신의 고유성을 인정받지 못한 채 배제되는 무수히 많은 '잘못된 삶'들이 스스로 자기 존엄을 법 앞에 선언하고, 법이 그 존엄을 보장하는 효과적인 체계로 작동하도록 만들 수 있음을 보여준다.

우리는 우리를 존중하는 사람들과의 일상적 상호작용을 통해서, 각자가 가진 결핍을 '수용'하는 윤리적 결단을 바탕으로, 권리의 발명과 법제도의 변화를 달성하면서 우리의 존엄을 서서히 확고하게 각인시켜왔다. 다음 장에서는 이러한 노력을 통해서도 여전히 우리가 스스로를 사랑하고, 다독이고, 자랑스럽게 여기기 힘든 이유를 살펴보려 한다. 그것은 권리를 발명하고, 차별을 금지하기 위해 아무리 노력한다 해도 결코 해결되지 않는 '매력 불평등'의 문제다.

8장

아름다울 기회의 평등

정치적으로 올바른 사랑?

대학 시절 지민은 늘 학교 공부와 동아리 활동 모두에서 조금도 흐트러짐이 없었다. 뇌성마비로 인해 정확하지 않은 발음으로 천천히 말하고, 불안정하게 걷고 움직였지만 그녀가 내뱉는 말 한마디, 동작 하나 헛된 것이 없었다. 명료한 자기 생각, 목표가 뚜렷한 움직임이 그녀를 가득 채우고 있었다. 정치학을 전공하는 지민은 정치 공동체가 공정하게 재화를 분배하는 시스템을 어떻게 구축할지에 관심이 있었다. 나아가 장애인, 빈민, 노인, 성소수자 등 이른바 마이너리티들이 사회적으로 없는 존재처럼 취급되지 않기 위한 당사자들의 투쟁에도 큰 관심이 있었다. 그녀가 대학 내 장애 인권 동아리에 가입한 것도 바로 이런 관심사를 직접 다뤄보고 싶어서였다.

동아리 안에는 재밌고 훌륭한 친구들이 많았다. 그중에서 누구보다 지민에게 깊은 인상을 준 사람은 얼마 전까지 학부생으로 동아리 활동을 하다가 최근 로스쿨에 진학한 현오였다. 현오가 보여주는 지식과 태도를 보면서 지민은 자신이 사회적으로 동등한 존재로 인정받는다면 그건 바로 현오 같은 사람들과 함께 공동체의 구성원으로 살아갈 때일 거라 확신했다. 현오는 동아리원들 누구도 의사소통에서 소외되지 않도록 신경을 많이 썼다. 청각장애가 있는 친구를 위해 노트북으로 문자통역(사람들의 말을 그대로 문자로 옮겨 적는 것)을 할 때, 가장 느긋하게 기다릴 줄 아는 사람도 현오였다. 그는 천천히 말했고, 자기 목소리가 문자로 모조리 옮겨진 것을 모니터 화면에서 확인한 다음에야 다시 말을 이어갔다. 지민처럼 말이 느린 사람이 있을 때는 동등한 발언 기회를 주기 위해 그의 말을 가장 주의 깊게 들었다. 누군가 지민의 말을 앞질러 가거나 자기도 모르게 가로채버릴 때, 현오는 그를 불쾌하게 하지 않으면서도 지금 지민이 말을 하려 하고 있음을 자연스럽게 알아차리도록 했다. 동아리 구성원들은 회의 시간에는 현오의 그런 태도에 그럭저럭 잘 협조했지만, 뒤풀이 자리에서까지 현오가 의사소통을 관리하는 바람에 각종 '찰진' 농담들이 타이밍을 맞추지 못하고 고꾸라지는 걸 아쉬워했다. 웃긴 이야기를 하고 바로 뒤이어 더 재밌는 농담으로 연타를 날리려는 순간 현오가 끼어들곤 했다.

"잠깐만. 타이핑 좀 하고 말해."

동아리 구성원들은 이것이 장애가 있는 사람들도 평등하게 참여하는 공동체로 나아가는 길이라는 생각에 반대하지는 않았다. 하지만 시간이 지날수록 술자리에 함께 가는 사람은 조금씩 줄어들었다.

현오는 의사소통 방식, 속도, 인간의 신체에 획일적인 기준을 강요하는 사회에 문제제기를 자주 하는 사람이었다. 그는 미스코리아 선발전이나 걸 그룹 공연에서 여성을 성적 대상화하는 것에 비판적이었다. 새내기들이 입학할 무렵이면 남자들끼리 흔히 하는, 누가 예쁘다느니 하는 따위의 가십에 절대 끼지 않았다. 그는 로스쿨에 가서도 장애 인권 동아리를 만들었고, 자신은 변호사가 되면 장애인들을 위한 공익로펌에서 일하고 싶다고 밝혔다.

지민은 현오와 공통된 가치관을 공유했으며, 그가 소수자의 경험에 대한 진지한 관심과 다양성에 대한 예민함으로 한순간도 그녀를 소외시키지 않고 상호작용의 순간들을 창조해내는 모습이 좋았다. 두 사람은 자주 만났고, 여러 이야기를 나누며 친밀한 관계를 유지했다. 현오는 느린 속도, 종종 통제되지 않는 근육, 불안정한 발음에도 하루하루를 최선을 다해서 밀도 있게 살아내는 지민의 존재를 보면서 참 아름답다고 생각했다.

어느 늦은 저녁 수업이 끝나고 기숙사로 돌아가는 길에 우연히 현오를 만난 날, 지민은 기숙사 앞 작은 편의점이 보이는 파란색 벤치에서 그에게 마음을 고백했다. 긴장하면 근육 강직이 더 심해지는 지민은 같이 마시던 인스턴트커피를 쓰러뜨렸다. 현오는 말없이 커피를 집어 테이블 위에 놓고는 조심스럽게 답했다. 마음에 둔 사람이 있다고. 다른 학교에 다니는 동갑내기이며, 로스쿨을 준비하는 모임에서 처음 만났다고 말했다. 아직 연인 사이는 아니지만, 그녀를 사랑하게 됐다고 했다. 현오는 그 사람이 '아름답다'고 쑥스럽게, 그리고 조심스럽게 말했다. 지민을 존중하는 말투였다. 지민은 비록 거절당했지만 자신이 충분히 존중받았다고 느꼈고, 현오에게 잘 알겠다고 답했다.

지민은 대학을 졸업하고 한 통신회사에 입사했다. 입사 후 3년이 지났을 무렵, 동아리 구성원들에게 현오가 곧 결혼한다는 소식을 들었다. 결혼 상대는 지민이 고백했을 무렵 현오가 말했던 그 여학생이었다. 이후 알게 된 사실이지만, 그녀는 지민과 가장 가까운 친구의 학교 선배인 선유였다. 친구의 소개로 지민도 선유를 만난 적이 있었다. 선유도 로스쿨을 졸업하고 변호사가 되어 있었다. 그녀는 친절했고, 예의 발랐으며, 대학 때부터 인권 관련 활동을 열심히 하는 사람으로 알려져 있었다.

지민의 눈에 선유는 무엇보다 아름다웠다. 그녀의 또렷한 목소리와 말투, 적당한 키와 몸무게, 깨끗한 피부, 가지런한 치아가 기억났다. 지민과 친구를 함께 만난 날 쟁반에 여러 잔의 커피를 올리고서도 가을 분위기가 나는 스카프를 매고, 알맞은 속도로 안정된 곡선을 그리며 테이블로 걸어오던 그녀가 떠올랐다. 그녀는 지민의 말을 귀담아 들었고, 지민의 말이 끝날 때까지 절대로 말을 자르거나 문장의 뒷부분을 자동 완성하듯 대신 끝맺지 않았다. 여유 있는 미소, 주변 사람들의 시선은 전혀 신경 쓰지 않은 채 오로지 상대방과의 대화에만 몰입하던 표정 모두가 지극히 아름다웠다. 지민은 선유를 바라보며 혼자 생각했다.

'아름다운 사람이 아름다운 태도와 정치적 신념을 가졌을 때 더욱 눈부시게 아름답구나.'

지민은 현오가 외모에 가치의 위계를 세워 차별하는 사회, 일정한 말의 속도와 몸의 움직임에만 '품격'을 부여하는 사회에 비판적 입장을 고수하느라, 지민의 사랑을 '억지로' 받아들이지 않은 것이 다행이라는 생각도 들었다. 인간의 아름다움에 우열이 있더라도 그것은 교육의 기회나 부동산처럼 분배할 수 있는 것은 아니니까, 라고 지민은 생각했다.

매력차별금지법

"나는 당신을 사랑해야 하기 때문에 당신을 사랑해요." 어떤 사람이 내게 사랑을 고백하면서 이렇게 말한다면 나는 크게 상처받을 것이다. 반면에 직업을 구하려 할 때 고용주가 "나는 법적으로 장애인을 고용해야 하기 때문에 너를 고용할 뿐이야"라고 말한다면, 역시나 자존심이 상하긴 하겠지만 스스로 나의 실력에 자부심과 확신이 있다면 당당할 수 있다. '나는 자격이 있고, 당신은 단지 부당한 차별을 하지 않았을 뿐이다'라며 차별하지 못하도록 설계된 우리 사회의 인권 규범과 법률 덕에 내 진짜 실력을 발휘할 기회를 얻었다고 생각하지 않을까. 하지만 고용 관계와 달리 사랑은 의무에서 시작할 수 없다.

매력의 기준이 정의롭든 그렇지 않든, 대부분의 사람들은 매력적인 사람에게 끌린다. 매력적인 사람과 조금이라도 더 같이 있고 싶어 하고, 그 사람에게 잘 보이려 애쓴다. 사랑은 물론이고 우정의 성립에도 개인이 가진 매력이 절대적인 영향을 미친다. 물론 사람마다 매력을 느끼는 이유나 기준은 동일하지 않다. 그럼에도 (특히) '신체의 아름다움'은 한 인간의 매력을 도출하는 중요한 요소이면서 비교적 그 기준이 명확하다. 어떤 외모가 아름다운지는 사람마다, 문화권마다, 그리고 역사적으로도 일정 부분 가변적이지만 다른 매력 요소에 비해서는 꽤 보편적인 경향이 있음이 연구 결과를 통해 확인되고 있다. 이를테면 얼굴이 대칭적일수록, 치아가 고를수록, 남성의 경우 키가 클수록(지나치게 크지는 않아야 한다), 여성의 경우 골반과 허리의 비율이 0.7에 가까울수록 대부분의 사람이 그를 매력적이라고 평가한다.[1] 한 연구에서는 아시아인, 히스패닉, 흑인과 백인의 사진을 놓고 매력도를 조사하였는데, 인종에 관련 없이 사람들이 매력적이라고 꼽은 얼굴의 순위 간 연관성은 +0.93에 달했다.[2] 문화권과 인종에 상관없이 매력적이라고 여겨지는 얼굴은

1 울리히 렌츠, 박승재 옮김, 『아름다움의 과학』, 프로네시스, 2008, 81~107쪽.

2 Cunningham MR, Roberts AR, Barbee AP, Druen PB, Wu C-H. "Their Ideas of Beauty are, on the Whole, the Same as Ours": Consistency and Variability in the Cross Cultural Perception of Female Physical Attractiveness, *Journal of Personality and Social Psychology*, 68, 1995, pp.264~275. 다만 이 연구는 여성의 얼굴 매력에 대해서만 실험을 진행했다.

대개 비슷한 비율과 모양새로 생겼다는 말이다. 이처럼 최근의 심리학 연구들은 인간 신체의 아름다움에 대한 평가 기준이 상당히 보편적임을 보여준다.

아름다운 외모의 영향력이 강력하고 광범위하다는 점도 여러 실증 연구에서 밝혀졌다. 부모조차 외모가 더 매력적인 아이에게 끌린다는 연구가 있고, 외모가 매력적이지 않은 사람은 결혼할 확률이 낮고 결혼을 하더라도 빈곤한 사람과 할 가능성이 높다. 같은 범죄를 저질러도 외모가 매력적인 사람에 비해 매력이 떨어지는 사람이 더 높은 형량을 받고, 동일한 피해를 입어도 더 적은 손해배상을 받는 경향이 있다.[3] 큰 키는 여성과 남성 모두에게서 임금 상승에 긍정적인 영향을 미친다는 국내 연구진들의 보고도 있다.[4] 물론 외모의 매력이란 제스처, 화장 기술, 패션 감각 등에 따라 달라질 수 있

3 스티브 제프스Steve Jeffes, 제럴드 R. 애덤스Gerald R. Adams, 캐런 디온Karen Dion 등의 연구가 있고, 나는 이를 데버러 L. 로드의 논문(Deborah. L. Rhode, "The Injustice of Appearance", *Stanford Law Review*, Vol.61, No.5, 2009, pp.1037~1038)에서 재인용했다. 한편 캐서린 하킴Catherine Hakim(2013)은 뚱뚱한 사람들은 평균 체중의 노동자보다 14퍼센트 적은 소득을 올린다는 연구 결과를 비롯하여 신체적 아름다움을 일종의 '매력 자본'으로 개념화한 후 그 사례를 풍부하게 소개한다(캐서린 하킴, 이현주 옮김, 『매력 자본』, 민음사, 2013).

4 김용민·김용학·박기성, 「외모와 신장이 임금에 미치는 영향」, 『응용경제』 제14권 제1호, 2012. 연구진은 외모가 곧 생산성을 높이기 때문인지(임금 효과), 사람들의 선호에 따라 차별을 받기 때문인지(차별 효과)를 구별하여 외모와 임금의 관계를 분석했는데, 키의 경우는 남녀 모두 차별 효과만 나타났다. 즉 키가 큰 여성과 남성은 더 우대를 받고, 작은 여성과 남성은 좀 더 불리한 대우를 받으며 이것이 임금에 영향을 미친다는 설명이다.

으므로 매력적인 외모가 단지 인간의 몸이 어떻게 생겼느냐를 의미하지는 않을 것이다. 그럼에도 타고난 외모의 매력은 무시할 수 없을 만큼 큰 영향을 미치고, 이는 결국 사회의 각 영역에서 '불평등'을 유발한다.

매력 불평등이 문제라는 생각으로 이를 통제하려 할 때, 미미한 수준이지만 외모(용모)에 따른 차별을 금지하는 법률들이 그 수단으로 활용되기도 한다. 명시적인 외모 차별은 보통 고용주가 직원을 채용할 때 '특정한 외모'를 채용 조건으로 내세우면서 문제가 된다. 안경을 쓰지 말 것, 신장이 몇 센티미터 이상일 것, 염색을 하지 말 것 등이 그 예다. 2007년 국내 모 항공사는 승무원의 신장을 162센티미터 이상으로 제한했는데, 국가인권위원회는 이 채용 조건이 「남녀고용평등법」 제7조[5] 등에 따른 용모 차별에 해당한다고 결정했다. 항공사 측은 고객들의 짐을 기내 상층부의 적재함에 실어야 하기 때문에 키가 162센티미터는 되어야 한다고 항변했지만, 실제로 양팔을 위로 올렸을 때 신장이 162센티미터 미만인 사람도 적재함에 짐을 실을 수 있었다. 표면상 짐을 실을 수 있는지 여부가 논란이 되었지만, 젊고 키 큰 여성 승무원의 신체적 매력을 국내 항공

5 「국가인권위원회법」 제2조 제3호(당시에는 구법 제4호) 및 「남녀고용평등법」 제7조 제2항 위반이 인정되었다(국가인권위원회 07진차436 외(병합) 결정). 「남녀고용평등법」의 위 조항은 "사업주는 여성 근로자를 모집·채용할 때 그 직무의 수행에 필요하지 아니한 용모·키·체중 등의 신체적 조건, 미혼 조건, 그 밖에 고용노동부령으로 정하는 조건을 제시하거나 요구하여서는 아니 된다"고 규정하고 있다.

사들이 적극적으로 활용하기를 원한다는 점이 이 사건의 발단임은 공공연한 사실이다.[6]

그러나 이렇게 용모 차별 규정을 들어 국가가 신체적 매력 불평등의 심화에 개입할 수 있는 경우는 극히 일부다. 일정 수준 이상의 키, 머리카락 유무, 얼굴의 점과 같이 분명하게 확인할 수 있는 요소를 조건으로 내걸 때 이를 금지하는 일은 가능하지만, 더 아름다운 얼굴이나 몸의 비율, 우아한 제스처를 보이는 사람에게 의식적, 무의식적으로 호감을 느끼고 그 결과 면접에서 더 높은 점수를 얻거나 더 나은 성과를 내는 것에는 개입할 방법이 없다. 특히 고용이나 교육의 영역이 아니라 사랑과 우정같이 사적인 애정의 영역이라면?

우리의 노력으로 평등을 위한 법과 윤리, '정치적으로 올바른politically correct' 일상의 규범을 구축해나가더라도, 매력 자원이 부족한 사람들이 소외되는 것을 막을 방법은 거의 없다. 말하자면 완전한 '매력차별금지법(도덕)'은 존재할 수 없는 것이다. 예컨대 노인이나 장애인은 사회보장체계가 잘 정비되어 있고, 법과 제도가 부

6 한편 2016년에는 호텔에서 대머리라는 이유로 채용을 거부한 사례(국가인권위원회 16진정0389800 결정), 공군 학사장교를 선발하는 과정에서 얼굴과 목 부위에 큰 점(표피모반)이 있다는 이유로 한 지원자가 퇴소 처분을 받은 사례(국가인권위원회 16진정0778000 결정)도 있다. 인권위는 두 건 모두 외모에 대한 차별임을 인정했다. 이 사건들에서 보듯 서비스 업종의 고용주들은 '고객의 선호'를 충족하는 외모를 원하기 때문에 그에 부합하지 않는 외모를 가진 사람은 채용 기회에서 배제되는 경우가 있다. 공군 학사장교처럼 특정 직역의 위엄과 품위를 강조할 때도 외모는 차별의 이유가 된다.

당한 차별을 금지하며, 사회 구성원들이 전반적으로 도덕적인 사회에서라면 인격적 대우를 받으며 살아갈 수 있다. 이런 사회를 살아가는 사람들은 존재 자체만으로도 충분히 존엄하다고 여겨지기 때문에 모욕을 당하거나 최저 생계를 유지하지 못해 곤란을 겪는 일이 적다.

그렇지만 이들이 '매력적으로' 여겨지지 않는다면, 상대방의 호의와 자신이 가진 권리에 의해 일정한 삶은 보장받을지언정 내밀하고 사적인 친목 모임, 성적인 결합, 사회의 비공식적인 네트워크에 깊이 진입하기는 여전히 불리하다. 사적인 감정과 신뢰로 뭉친 깊은 관계로 나아가려면 우리는 함께 시간을 보내고 교류해야 한다. 그러나 한 지역에 수십 년을 함께 살면서 의도하든 그렇지 않든 얼굴을 마주하며 자연스럽게 상호작용했던 도시화 이전의 삶과 달리, 도시인들은 서로가 '매력적'이지 않다면(혹은 자신에게 분명한 이익이 되지 않는다면) 굳이 바쁘고 복잡한 일과에 틈을 내어 함께 시간을 보내지 않는다. 퇴직한 노교수를 존중하고 그에게 최선의 배려를 하는 제자들이라도 교수를 집에 모셔다드리고 나서야 비로소 자신들끼리 편하게 술을 마시며 즐거운 시간을 보낼 것이다. 누군가의 친구가 되라는 명령은 누구도 할 수 없다. 사랑은 말할 것도 없다. 저 사람을 사랑하라는 도덕적 의무를 지우는 건 불가능한 일이다.

나는 「장애인차별금지법」상의 권리나 시민들의 교양, 인권 의식, 도덕적 배려 따위에 기대지 않고도, 그 어떤 규범에 의존하지 않고도 사람들 사이에서 존중받고, 호감의 대상이 되고, 소중하고 중요한 사람으로 받아들여지고 싶었다. 어린 시절 어머니가 친구들에게 아이스크림을 사주면서 나를 따돌리지 말고 같이 잘 놀아주라고 했다면, 그래서 아이들이 나와 놀아준 거라면 이는 자존심 상하는 일이 아닌가. 그럴 바에는 차라리 외롭더라도 홀로 놀이터에 남아 있는 편이 낫다. 만약 우리가 '잘못된 삶'이라는 낙인에서 벗어나는 힘의 주된 근거가 법률, 도덕, 교양, 인권 감수성에만 있다면, 이는 마치 우리의 삶에 개입하여 친구들을 회유하고 달래주던 어머니에게 기대어 얻은 '거짓된' 우정과 같지 않은가.

현오, 선유, 지민 같은 이들을 우리는 '아름다운 사람'이라고 말할 수 있다. 그러나 현오는 지민을 사랑하기보다는 선유를 사랑하기로 결정한다. 낭만적 사랑을 전제한다면 세 사람의 아름다움은 각각 결이 다를 것이다. 지민의 아름다움은 현오에게는 덜 매력적인 것이었을까? 지민에게 필요한 것은 정치적 신념이나 삶을 바라보는 태도, 인간의 보편적 권리와 존엄에 대한 가치관, '정치적으로 올바른' 세계 따위가 아니라, 현오의 열망을 끌어낼 치명적인 신체적 '매력'이 아닐까? 지민은(나는) 종종 몸뚱어리 하나만으로도 충분히 아름답고 매력적인 존재이고 싶었다. 어쩌면 그것만이 진짜 아름다운 인간이 될 수 있는 가장 중요한 조건은 아닐까 생각했다. 신체적으로 아름다운 인간은 낭만적 사랑으로 더 쉽게 돌진하고, 나아가 그런 인간이 정치적으로 올바르고 정의롭고 윤리적일 때 그 아름다움은 더욱더 빛났다.

절단된 당신의 몸에 끌려요

양쪽 다리가 절단되어 휠체어를 타고 다니는 여성 앨리슨의 경험을 통해 장애를 가진 신체와 그에 대한 욕망의 흥미로운 사례를 살펴보도록 하자. 그녀는 다리 절단사고를 겪고 1년이 조금 지난 시점이던 1996년의 어느 날, 한 남성에게 이메일을 받는다.

> 앨리슨에게
>
> 많은 사람들은 다리가 없는 여성을 피하겠지요. 그러니 어떤 여성이 자신을 있는 그대로 드러내는 건 대단한 사건입니다. 만약 (개인적인 이야기로 받아들이진 말아주세요) 거리에서 당신을 예기치 않게 마주친다면, 나는 경이로운 쇼크 상태에 빠질 겁니다. 아드레날린이 넘치기 시작하고, 심장은 빠르게 뛰며, 손바닥은 땀으로 흥건하게 젖을 겁니다.
>
> …… 나는 당신이나 장애를 가진 당신의 자매들이 당신에 대해, 그리고 당신의 그 '곤경'에 진심으로 관심을 갖는 나 같은 사람을 그저 사냥을 위해 어슬렁거리는 늑대 무리처럼 생각하지는 말아주길 바랍니다. 나는 당신이 마땅히 받아야 할 사랑과 돌봄을 제공할 수 있는 사람입니다. …… 저희에게 기회를 준다면, 당신은 감추어진 엄청난 보상을 얻게 될 겁니다.
>
> 친구로서, 존경을 담아
>
> 스티브[7]

스티브는 '디보티devotee'로 분류되는 사람이다. 디보티란 장애를 가진 사람에게 성적으로sexually 끌리는 사람들을 지칭하며, 이들이 장애에 대해 보이는 태도와 욕망을 '디보티즘devoteeism'이라 부른다. 스티브는 다리 부분이 절단된 장애 여성이라는 사실 외에 앨리슨이 어떻게 생겼는지, 전반적으로 어떠한 사람인지를 전혀 모르지만 그녀에게 매력을 느낀다. 디보티즘을 가진 사람들의 '취향'은 저마다 다르지만, 신체 일부가 절단된 몸에 이끌리는 사람들이 특히 많다. 마비가 있거나 근육이 적은 신체에 매력을 느끼는 사람도 있다. 어떤 사람들은 보청기나 휠체어같이 장애인들의 보장구에 끌린다. 주로 이성애자 남성 디보티가 많지만 동성애자도 있고 성별이 반대인 경우도 있다. 학자들은 디보티즘을 장애에 대한 일종의 페티시즘fetishism(신체의 특정 부위나 물건 등에 욕망을 느끼는 성적 취향)으로 분류하며, 이를 장애가 있는 사람을 욕망하는 디보티, 장애가 있는 척하는 사칭가pretender, 아예 장애인이 되고 싶은 워너비wannabe라는 세 범주로 나눈다. 귀가 안 들리는 척 보청기를 끼고 살아가고, 실제로 장애인이 되기 위해 신체 일부를 절단하거나 청력 손실을 시도하는 극단적인 경우도 있다.[8] 믿기지 않는 독자들은 구글에서 'Deaf wannabe'를 검색해보라.

7 Alison Kafer, "Desire and Disgust: My Ambivalent Adventures in Devoteeism", *Sex and Disability*, Duke University Press, 2012, pp.331~332.

8 Kristen Harmon, "Hearing aid Lovers, Pretenders, and Deaf Wannabes: the Fetishizing of Hearing", 위의 책, pp.355~356.

디보티즘에 대해 알게 된 후 나는 이들이 궁금하기도 하고, 다른 한편으로는 혐오스럽기도 해서 약간의 닭살이 돋았다. 그러다 휠체어를 탄 남성에게 성적 끌림을 느낀다는 디보티들의 웹사이트를 찾았다. 복잡한 심정도 잊은 채 "이곳이 바로 나의 무대인가!"를 외치며 들어가 마우스를 클릭했다. 키 크고 잘생긴 얼굴을 한 남성 장애인들이 휠체어에 앉아 있는 사진들만 잔뜩 보고 나왔다(더러운 세상!).[9] 앨리슨 역시 스티브의 이메일을 받고 디보티즘에 대한 거부감과 호기심을 동시에 느꼈다. 그녀가 가족과 친구들에게 이 이야기를 들려주었을 때, 반응은 한결같았다.

"뭐야, 이상해. 걔네들은 도대체 뭐가 문제람?"

앨리슨은 가족과 친구들의 일관된 반응을 마주하자 더 복잡한 감정을 느꼈다. 그들은 디보티즘의 무엇을 문제라고 생각한 걸까? 이는 앨리슨의 몸이 그만큼이나 혐오스러워 누군가에게 매력의 대상이 되는 일이 이상하다는 방증이 아닌가? 앨리슨은 스스로에게 묻는다.

> 많은 이들이 이유도 듣지 않은 채 그저 (장애에) 매력을 느낀다는 말만 듣고도 즉시 디보티즘을 비난했다. …… 이를 어떻게 받아들여야 할까? 내 친구와 가족들은 무의식적으로 내 몸을 괴기스럽다 여기고, 그래서

9 www.paradevo.org는 휠체어를 탄 남성에게 이끌리는 여성 또는 게이 디보티들을 위한 사이트다. 이들의 사진, 이들과의 사랑을 주제로 한 소설, 영화, 책들이 소개되고 그에 대한 서평과 포르노 소설들이 게재된다.

누군가 그에 매력을 느낀다는 것에 곧바로 의심을 품게 되는 걸까? …… 만약 내가 나를 욕망하는 누군가를 혐오스럽고 의심스럽다며 거부한다면, 나는 내 자아상self-image에 대해 뭐라고 말해야 할까? 반대로 내가 성적인 인정을 너무 갈구한 나머지 스티브가 이메일에서 언급한 그러한 행위를 받아들인다면, 그때는 자아상에 대해 뭐라고 말해야 할까?[10]

학자들은 디보티즘을 성적 도착이나 병리적 수준의 페티시즘으로 이해한다. 우리는 여성의 가슴이나 남성의 떡 벌어진 어깨에서 성적 매력을 느끼는 사람들의 취향을 두고 정신질환이라 생각하지 않는다. 검은색 스타킹을 보고 흥분하거나 팔뚝에 드러난 힘줄에 매력을 느끼는 사람들도 있다. 어떤 사람들은 이런 취향을 이해하기 어렵거나 때로 불쾌하게 여기겠지만, 그렇다고 해서 그들을 정신질환자로 생각하지는 않는다. 그렇다면 왜 장애가 있는 신체에 성적 매력을 느끼는 것은 질환으로 분류되어야 할까?[11] 앨리슨도 디

10 Alison Kafer, 앞의 책, pp.332~333.

11 진화적 관점에서 장애가 있는 신체는 생존과 번식에 유리한 특성이 아니기 때문에, 그에 대해 성적 매력을 느끼는 것은 병리적인 태도라는 설명이 가능할지도 모른다. 하지만 동성에 대한 성적 지향('취향'과는 다르지만) 역시 번식에 유리한 특성이 아니지만 1970년대에 이미 정신질환의 목록에서 제거되었다. 우리는 생존이나 재생산과 무관한 수많은 성적 지향이나 취향을 가지고 있는 듯 보이며, 그중 타인이나 다른 생명체를 부당하게 착취하거나 해를 가하지 않는 경우 이를 정신질환이 아닌 일종의 성적 취향/지향으로 보는 광범위한 사회적 합의에 도달했다. 물론 기이해 보이는 성적 취향과 지향도 깊이 분석한다면 결국 생존과 번식에 유리한 특성들에서 파생된 것일지도 모른다.

보티즘에 거부감을 느꼈지만 동시에 디보티즘을 쉽게 혐오하는 사람들의 태도에도 문제가 있다고 생각하며 이들에 대한 연구를 시작했다. 디보티에 대해 알아가면서 그녀는 실제로 많은 절단 장애 여성들이 디보티즘 사이트에 접속한 이후 자기 신체에 대한 부정적 감정을 극복하고, 스스로의 몸을 받아들이면서 집 밖으로 나오는 계기를 마련했음을 알게 되었다.

디보티즘을 둘러싼 복잡한 감정들, 그에 대한 혼란스러운 이해방식들이 공존하지만 어색함과 혐오감을 걷어내고 바라본다면 디보티즘에는 어떤 '에로틱한 열정'이 있다. 디보티들은 장애가 있는 몸을 욕망하면서 이렇게 말한다.

"나는 당신을 위해 법적 의무를 지거나 착하게 살겠다는 마음이 전혀 없어요. 나는 정치적으로 올바른 게 뭔지 그런 건 알지도 못합니다. 그렇지만 당신의 몸에 자꾸 끌려요."

'잘못된 몸'과 아름다움

많은 사람들이 장애인으로 태어나 살아가는 일을 인간으로서 실격인 상태, '잘못된 삶'의 대표 격으로 생각한다. 그러면서도 종종 장애인에게 어떤 '미적인 것(아름다움)'을 발견하고는 한다. 이때의 미적인 것은 욕망 혹은 열망을 촉발시키는 그런 아름다움(나는 이를 '에로스적인 것'이라 부르고 싶다)이 아니다. 그것은 팔다리 없이도

야구와 축구를 하고, 직업을 갖고, 세계를 돌아다니며 강연을 하는 호주의 장애인 닉 부이치치나 팔다리가 없는 장애인이자 『오체 불만족』이라는 초대형 베스트셀러의 저자이기도 한 일본의 오토다케 히로타다乙武洋匡의 신체를 볼 때의 감상, 20대의 나이에 전신 화상을 입고도 용기와 도전의 삶을 살아가는 장애 여성 이지선 씨에게서 느끼는 숭고함 같은 것이다. 나는 닉 부이치치와 이지선 씨가 실제로 위대한 도전을 이뤄낸 사람들이라고 믿는다. 내가 하고 싶은 이야기는 이들이 위대하지 않다는 것이 아니라, 장애인의 삶을 이런 의미에서만 '미적으로' 이해하는 접근은 장애인의 신체가 가진 다른 실존적 의미와 사회적 맥락을 차단해버릴 수 있다는 점이다.

장애인의 신체에 부여된 아름다움, 즉 일종의 '숭고미'에 대한 관심은 '타자'의 숭고함에 대한 관조와 사색의 과정이다. 관조가 가능하려면, 그 대상이 내 삶 안으로 들어오는 것을 절대로 허락해서는 안 된다. 닉 부이치치의 이야기에 감동하고, 아이들에게 그의 이야기를 마치 위인전을 읽히듯 전하는 사람들도 장애 아동을 위한 특수학교 설립에는 반대한다. 교회에서 단체로 봉사활동을 가고, 어려운 이웃을 위해 후원금을 내는 사람들도 자기 윗집에 장애인이 이사 오는 것은 반대한다. 이들이 장애인의 신체에서 어떤 아름다움을 느낀다면, 그런 종류의 미적 경험은 그 대상이 전적으로 '타자'일 때에만 가치를 지니는 것이다. 나의 삶과 무관한 장애인의 신체, 주름지고 지혜가 가득한 노인의 얼굴, 아침 일찍 출근해 거리를 청소하는 노동자의 땀방울 같은 것. 타자를 미적으로 숭배하는 태도는 자기기만을 불러온다. 아름답다고 생각하지만 그것이 내 삶으로 들어올 때면, 그것을 거부하고자 하는 충동이 우리를 괴롭힌다.[12]

그렇더라도 관조가 아니라 소유의 욕망을 불러일으키는 종류의 아름다움은 아무래도 어딘가 모르게 천박해 보인다. 그것은 우리의 신체를 성적으로 대상화하고, 우리 몸을 욕망의 수단으로 만들기 때문에 인간 존엄성의 제1원칙("수단으로서만이 아니라 목적으로서 대하라")에도 반하는 듯 보인다. 성적인 매력이 풍부하다고 여겨지는 사람들은 자신에게 접근하는 이들이 자신을 존중하지 않는다고 생각할 때가 많을 것이다. 젊은 여성에게 접근하는 (나이를 가리지 않는) 남성 가운데 많은 이들이 그녀들을 아름답다고 여기지만 존중하지는 않는다. 부자들의 재산을 보고 접근하듯 그들은 매력적인 사람에게 접근하지만, 오로지 그 성적 매력 때문에만 접근한다. 한 사람의 세계가 궁금해서가 아니라 그의 신체를 소유할 생각만 한다.

12 이런 태도를 에드워드 사이드는 『오리엔탈리즘』에서 서양과 비서양의 관계를 통해 발견한다. 가라타니 고진은 이 책을 언급하며 말한다. "[에드워드] 사이드가 이 책에서 강조한 것 중 하나는 오리엔탈리즘이 비서양 사회의 인간을 그 인간의 지적, 도덕적 실존을 무시하고 사회과학적으로 분석될 대상으로 보는 데에 있다는 것이다. 그것은 비서양인을 확실히 지적, 도덕적으로 열등한 자로 간주하고 있다. 그러나 그에 못지않게 중요한 것이 지적, 도덕적으로 열등한 바로 그 타자를 미적으로 숭배하는 태도에도 오리엔탈리즘이 존재한다는 점이다. 그리고 그것이 오리엔탈리스트 또는 오리엔탈리즘적 태도를 가진 자에게서 제거하기 힘든 자기기만을 가져온다. 그들은 다른 사람들은 몰라도 자신은 비서양인을 대등 이상의 존재로 다루고 있다고 믿는다."(가라타니 고진, 조영일 옮김, 『네이션과 미학』, 도서출판b, 2009, 155쪽).

하지만 이런 소유하고 싶은 성적 욕망보다 위에서 언급한 '미적 숭배'가 딱히 더 나은 점이 있는가? 장애인의 신체에서 느끼는 아름다움을 뭐라고 말하든, 그것을 느끼는 사람들은 결국 그 신체를 통해 세상에 대한 희망을 발견하고, (자신은 그렇게 태어나지 않았음을 다행이라고 여기며) 삶에 위안을 얻는다. 타인의 신체를 소유하고 싶은 욕망이든, 거기서 느끼는 감동이나 숭고함이든 중요한 것은 신체에서 출발한 그 관심이 어디로 향하는가가 아닐까? 우리는 한 인간의 신체를 그저 성적 대상으로만 바라보거나 거기서 어떤 숭고한 감동을 받는 데서 그칠 수도 있지만, 그 신체를 통해 한 사람의 복잡다단한 역사를 읽어내고 그 사람의 고유한 개별성을 사랑하는 것으로 나아갈 수도 있다. 시작이 어떻든 말이다.

나는 우리가 인간의 몸에서 아주 다양한 맥락과 의미, 아름다움을 발견하는 일이 가능하다고 믿는 편이다. 다만 이를 위해서는 어떤 계기가 필요하고, 내가 서 있는 시점視點도 중요하다. 나는 2018년 4월 19일 장애인차별철폐의 날(장애인 단체들은 4월 20일 장애인의 날을 이렇게 부른다)을 하루 앞두고 서울 광화문에서 열린 집회에서 장애인들 70여 명과 함께 바닥을 기어가는 집단행동에 참여한 적이 있다. 장애인들이 단체로 바닥을 기어가는 모습을 생각해보면 지나치게 숭고하거나 비극적이다. 우리 사회의 무게를 있는 그대로 드러내는 '눈물 없이는 볼 수 없는' 장면이 떠오르지만, 현실은 훨씬 복잡하다. 내 앞을 기어가던 장애인의 몸을 나 역시 (기어서) 따라가며 상세히 관찰했다.

그는 뇌성마비 장애인이었고, 아마도 허벅지와 골반을 자유롭게 움직이기 어려운 듯 보였다. 그는 무릎을 꿇은 상태로 양쪽 다리의 종아리 부분을 바깥쪽으로 Y자 형태로 뻗은 후, 사실상 종아리 근육과 양쪽 발목, 발가락의 힘만으로 하체를 밀어올리고 있었다. 아스팔트 바닥에 끌려 신발 앞부분이 금세 너덜너덜해졌다. 벗겨지려는 신발과 양말 위로 보이는 그의 발목 뒷부분과 종아리가 내 눈에 들어왔다. 그것은 숭고함이나 비극의 감정 이전에 그의 근육 자체였다. 그의 아킬레스건이 탱탱하게 부풀어 올랐다가 터질 듯이 힘줄을 드러내며 몸을 앞으로 한 번씩, 한 번씩 밀어냈다. 우리 왼쪽으로는 경찰관들이 열을 맞춰 서 있었고, 오른쪽에서는 대학생으로 보이는 비장애인들이 피켓을 들고 응원을 하고 있었는데, 나는 그들의 시야각에서는 결코 그 힘줄을 상세히 볼 수 없다는 것이 아쉬웠다. 그들 중 몇몇은 눈물을 글썽거리며 장애인들이 그토록 처절하게 거리 투쟁을 해야 하는 사회에 분노했겠지만, 나는 그 신체의 생생한 현존 앞에서 분노보다는 힘과 아름다움을 경험했다.

다른 한편 바닥에 납작 붙은 채 천천히 온몸을 끌며 움직이다 보니 바지가 내려가 엉덩이가 조금 드러난 몸도 있었다(나는 가서 바지를 올려주고 싶었지만 간신히 참았다). 솔직히 고백하면, 나는 그 순간이 재미있었다. 그날의 시위는 전체적으로 엄숙했고, 당연히 그 정치적 목적(부양의무제도, 장애인수용시설 폐지 등을 주장하면서 문재인 대통령 면담을 시도했다)을 생각할 때 슬픔과 분노의 정서가 주를 이루었다. 그러나 우리의 몸은 그날이 가지는 의미와 그 의미에서 비롯한 정서에 앞서 복합적인 '현실'로 눈앞에 나타났다. 엉덩이를 살짝 드러낸 그 뇌성마비 장애인은 중학교 시절 나와 함께 재활학교를 다니던 친구였다. 나는 그의 성격과 그의 몸이 움직이는 방식을 알았다. 그건 우리 둘 다 웃을 법한 장면이었다.

실재reality는 신체에 부여된 각종 관념들보다 신체 자체에 더 가깝다. 통상 '근육병'이라고 불리는 근이영양증muscular dystrophy(근육 세포가 점차 파괴되어 운동신경이 줄어들고 심한 경우 사망에 이르는 진행성 질환)을 가진 남성 '꼽슬(필명)'을 연인으로 둔 20대 대학생 '빙구(필명)'는 둘의 관계를 반대하는 엄마에게 "네게 현실을 외면한 듣기 좋은 말들을 해줄 수 없어 슬프다"는 메시지를 받았다. 그녀는 이 문자의 내용을 곱씹은 후 무엇이 '현실(실재)'인지 묻는다.

> 나의 현실은 무엇이며 엄마가 생각하는 현실과는 얼마나 다를까요? 나는 엄마가 걱정하는 '현실'을 아마도 '근육병'이라는 말로 바꿀 수 있을 것이라 생각합니다. 하지만 근육병에 대해서라면 제게는 할 수 있는 말이 많지 않습니다. …… 시간이 갈수록 근육이 약화되는 질병이라는 것뿐 보이지도 않고, 잡히지도 않고, 원인도 치료 방법도 알려져 있지 않습니다. 사람마다 발병 시기부터 진행의 양상과 속도 등등 모든 것이 제각각이기 때문에 병원이나 의사 선생님도 무엇 하나 정확히 말해주지 못합니다. …… 그러니 나는 앞으로도 근육병이 꼽슬의 몸을 어떻게 바꾸어놓을지에 대해 많은 것들을 알지 못할 것입니다. 그러므로 나의 현실을 근육병이라고 말할 때, 나는 만성적이고 총체적인 우울감과 싸워야

만 합니다. 보이지도 않고 만져지지도 않는 것에 대해서 말하려고 하는 일은…… 언제나 실패와 좌절을 불러오기 때뮤입니다

사람들은 자주 '장애는 현실'이라고 말한다. 엄밀히 말하면, 장애가 현실이 아니라 장애가 있는 사람의 몸이 현실이다. 장애를 둘러싼 현실이라는 '관념'은 너무나 많은 입장, 태도, 관행, 오래된 습속, 누적된 혐오, 부족한 상호작용의 경험, 변화 가능한 사회 시스템에 대한 몰이해, 의료적으로 재단되고 분류된 병명들로 가득 차 있다. 꼽슬은 하나의 신체로서 물리적 공간을 점유하며 존재한다. 그의 신체는 행성의 중력이 공간을 휘어놓듯 중력도 공기도 없는 진공의 관념으로 제멋대로 상상한 현실을 휘젓고 구부러트리고 펼쳐놓는다.

그러나 '근육병'이라는 말과 '꼽슬'을 동일한 것으로 여길 수는 없을 것입니다. 근육병과 꼽슬은 아주 다른 존재이기 때문입니다. 그를 만지면 얇고 물렁한 팔이 만져지고, 손을 잡으면 까칠하고 따뜻합니다. 그는 일주일에 두 번 포스코 수영장에 가서 나무늘보처럼 느릿느릿 헤엄칩니다. …… 옆구리를 간질이면 몸부림을 치며 웃습니다. …… 말하자면 나는 이렇게 항변하고도 싶습니다. 나의 현실은 근육병이 아니라 꼽슬이라고. 나는 꼽슬에 대해서라면 할 말이 아주 많고, 아예 그를 데려와 보여줄 수도 있다고 말하고 싶습니다.[13]

신체를 혐오하거나 피하고, 그에 무심하거나 편견을 갖고, 그것

을 욕망하는 모든 일은 단순하고 1차원적인 반응에 그치는 것이 아니다. 신체에 대한 혐오야말로 그 존재에 대한 진정한 부정이고, 그에 대한 무심함이야말로 그 존재에 대한 완전한 무시가 아닐까? 장애인이나 병에 걸린 사람들이 우리 정치 공동체의 구성원이라며 성금을 보내고, 구세군에 거금을 쾌척하면서도 막상 그 신체와 5분도 같이 앉아 밥을 먹지 못하고, 그 신체가 버스에 올라타는 잠깐의 시간을 기다려주지 못하고, 그 신체들이 많이 다니는 학교를 짓는 일에 반대한다면 그 자체로 혐오이며 다른 해명이 필요하지 않다. 근육병과 골형성부전증에 따라 붙는 거창하고 낭만적인 운명 '서사시'에 매혹되어 종교적 감수성을 느낀다고 한들 이는 그 존재에 대한 사랑과는 관련이 없다. 몸을 욕망해야 한다. 종교나 도덕, 정치가 뭐라고 하든 너의 '신체'와 함께하고 싶다는 선언이야말로 타인을 향한 욕망이고, 곧 사랑이다.

디보티즘은 오로지 신체를 향한 욕망이라는 점에서 그 어떤 고상한 정치적 수사나 종교적 말잔치보다 더 매혹적으로 장애를 가진 몸을 각성시킨다. 그러나 단지 페티시즘에 그친다면 그 욕망은 꽤나 자극적일지언정 우리를 개별 존재에 대한 사랑으로 이끌지는 않는다. 김원영의 다리에 매력을 느끼는 사람은 나와 비슷한 다리를 가진 사람을 만나면 그저 욕망의 대상을 교체하면 그만이다. 우리

13 빙구 「고쳐 쓴 일기」 『제자리, 제 자리』, 턴투에이블 엮음, Thisable v(5), 2017년 가을호, 40~42쪽.

의 '몸'을 상대방이 열망하기를 바라는 마음에는 몸을 가진 존재 그대로, 개별자로서 인정받고 싶다는 욕망이 내재해 있다. 타인이 몸에 대한 욕망에서 출발하는 일은 자연스럽고 문제될 것이 없다. 중요한 것은 거기서 출발해 그 욕망이 어디로 나아가는가이다. 몸에서 시작해 그 몸을 가진 개별자에 대한 사랑으로 에로스가 확장될 때 그것은 우리가 닿고자 하는 '사랑'의 이상에 가까워질 것이다.

이는 에로스에 대한 고전적인 사유와 닿아 있다. 플라톤은 소크라테스의 입을 빌려, 사랑이라는 '광기'가 아름다운 (소년의) 신체로부터 시작한다는 점을 지적한다. 사랑(에로스)에 빠진 자는 "그 어떤 것도 아름다운 자보다 더 중시하지 않으며, 어머니와 형제와 벗들 모두를 잊고, 재산을 소홀히 해서 탕진해도 아무것도 아닌 것으로 여기고, 그전에 자랑스러워했던 규범들과 몸가짐 전부를 다 하찮게" 여기게 된다.[14] 그러나 이렇게 시작된 사랑이라는 '광기'는 성격과 특질이 아주 다른 두 마리의 말이 끄는 마차와 같아서, 마부가 균형을 잃으면 오로지 사랑하는 상대의 신체에만 집착하며 끝이 나고 만다. 반면 균형을 잡는 데 성공하면 사랑에 빠진 사람은 애인의 몸을 성욕의 수단으로만 삼는 것이 아니라 "잘 짜인 삶의 방식과 지혜[를 사랑하는] 쪽으로" 이끌고, 사랑하는 사람과 사랑받는 사람은 이제 하나로 합쳐져 가장 복 받은 상태에 이르게 된다.[15]

14 플라톤, 김주일 옮김, 『파이드로스』, 이제이북스, 2012, 91쪽(252a).

15 위의 책, 96~99쪽(256a-256e).

플라톤이 말하는 '아름다운' 신체란 우리가 생각하는 장애가 있는 몸과 완전히 반대에 놓여 있다. 아름다운 비례와 균형을 가진 소년의 신체에 대한 욕망으로부터 지혜를 상기하는 쪽으로 나아가는 에로스의 여정에 비례성 없고, 절단되고, 화상을 입고, 근육이 소실되고, 허약한 뼈로 이루어진 신체에 대한 욕망을 대비시키는 일이 말이나 될까? 신체에 대한 욕망이 더 크고 깊은 의미의 '사랑'으로 나아간다는 점에서 나는 플라톤이 말한 에로스의 본질을 떠올렸지만, 생각해보면 이는 참으로 역설적이다.[16]

디보티들 사이에서도 자신들이 느끼는 감정이 특수한 페티시즘에 불과한지, 좀 더 총체적인 수준에서 '장애'에 대한 이끌림인지 입장이 다양한 것으로 보인다. 나는 영어권 나라의 디보티가 운영하는 한 블로그에서 이에 관한 논쟁을 보았다. 한 디보티는 자신이 장애를 가진 사람을 좋아하는 이유가 단지 페티시즘만은 아니라면서 "누군가를 사랑할 때 그가 장애를 가졌다면 더 쉽게 사랑하게 되는 것일 뿐"이라고 주장했다.[17] 이는 그가 어떤 사람의 '다리'나 '절단된 팔'을 좋아하는 것이 아니라, 어떤 사람이 그러한 특성을 함께

16 플라톤은 마차의 비유를 통해, 두 마리의 말(훌륭함과 나쁨을 각각 상징하는) 사이의 균형이 신적인 광기와 인간의 절제 사이에서 맞게 되는 최고의 단계, 즉 에로스의 가장 성숙한 완성 단계를 이루는 조건이라고 본다. 그런데 이 두 마리 말 중에서 한 축을 이루는 '나쁜 말'에 대한 묘사는 그 자체로 '장애를 가진 신체'를 떠올리게 한다. 이를테면 이런 식이다. "반면 다른 한쪽은 구부정하고, 사지가 되는 대로 육중하게 붙어 있고, 목은 굵고 짧으며, 코는 납작코고, 살갗이 검고, 눈은 잿빛이고, 충혈되어 있으며…… 귀가 먹었으며"(플라톤, 앞의 책, 94쪽(253e)).

가지고 있을 때 '그'라는 인간에게 좀 더 사랑을 느낀다는 말이다. 이는 비록 시작은 페티시적인 욕망이지만 그것을 계기로 한 인간, 개별자에 대한 열망으로 나아갈 가능성을 보여준다.

이렇듯 디보티들의 욕망이 그저 '변태적으로' 특정 신체 부위만을 향한 것이라고 단정할 수는 없다. 하지만 안타깝게도 디보티즘은 개별자에 대한 사랑으로 나아가 '두 사람이 하나가 되는' 높은 수준의 체험을 지향하지는 못하는 듯하다. 페티시즘에 그친다면 독특한 '성적 취향' 정도로라도 취급할 수 있지만, 디보티즘은 그보다 치명적인 문제를 안고 있다. 앨리슨은 디보티들을 위한 웹사이트 '오버그라운드OverGround'를 연구한 끝에 '디보티 예외주의devotee exceptionalism'[18]를 발견한다. 이는 디보티들이 오로지 자신들만이 절단 장애를 가진 사람에게 혐오가 아닌 욕망을 느낀다는 점을 강조하는 태도를 가리킨다.

> 일단 신체 절단을 유일한 매력 표지로 여기게 되면, 디보티만이 그 매력을 느낄 수 있는 존재가 된다. 디보티 담론은 끊임없이 절단 장애인에게 "다른 누구도 너의 모든 것을, 즉 여자로서 너의 전부를 사랑하지 않을 것"임을 상기시킨다. 디보티에게 그 '여자로서의 전부'란 주로 사지의

17 이 이야기는 디보티즘을 다룬 한 블로거의 글과 자신을 디보티라고 밝힌 사람의 댓글에서 인용했다(https://kdub155.wordpress.com/2014/09/17/understanding-devoteeism-the-sexual-attraction-to-disability/).

18 Alison Kafer, 앞의 책, p.335.

절단이기 때문이다. 디보티즘의 이 논리하에서 '절단 장애인'이란 여성의 주요한 정체성이며, 표면상 디보티가 아닌 모든 사람에게는 혐오를 유발하는 정체성이다. 실제로 디보티즘이 구성한 의미 안에서 디보티가 아닌 사람들은 절단된 신체 부위에 대해 혐오 이외에는 아무것도 느끼지 못한다.[19]

디보티 예외주의자들의 문제는 장애 여성이 직면한 현실의 어려움을 성적인 욕망의 문제로만 환원하고, 차별이나 빈곤, 각종 건물과 교통수단에 대한 접근성 문제 등을 상상하지 못한다는 것이다. 페미니스트나 퀴어 이론가들, 장애 이론가들은 장애인들의 성과 섹슈얼리티에 관하여 연구할 때 '장벽이 되는 요소들'을 비장애인중심주의ableism[20]나 정치적 억압, 성적 주변화 등 넓은 맥락에서 분석한다. 반면 디보티 예외주의자들은 장애 여성이 '디보티즘'에 대해 더 많은 정보와 폭넓은 이해를 가지면 모든 문제가 해결된다는 식으로 이런 문제들에 접근한다.[21] 그저 자신들에게 사랑을 받으면 장

19 Alison Kafer, 앞의 책, p.336.

20 에이블리즘ableism은 장애학에 관한 문헌에서 장애차별주의 또는 비장애인중심주의로 번역된다. 이 용어는 우리가 살아가는 사회의 구조, 문화적 관행, 도시의 각종 인프라, 사람들의 상호작용 형식 등이 장애가 있는 다양한 몸을 제대로 고려하지 않고, 오로지 표준적인 (젊고, 걸을 수 있으며, 듣고, 말하고, 눈으로 볼 수 있고, 일정 수준 이상의 지적 능력을 가진) 사람들을 중심으로 구축되는 정치적 힘이자 태도의 총체를 의미한다.

21 Alison Kafer, 앞의 책, pp.337~338.

애에 대한 부정적인 생각에서 벗어나 자기 존재에 자부심을 가질 수 있다는 것이다. 세상은 장애인들을 혐오하지만 자신들만은 '예외적인' 존재라고 주장한다.

앨리슨은 주로 남성 디보티와 절단 장애가 있는 여성을 중심으로 이 분석을 수행했지만 내가 보기에 성별이 바뀌어도 크게 다르지는 않을 것 같다. 디보티들의 문제는 장애가 있는 특정 신체를 '욕망하는' 것에서 관계를 시작하기 때문이 아니다(이것만으로도 닭살이 돋는 독자들이 있겠으나 나는 이에 동의하지 않는다. 떡 벌어진 어깨나 길고 하얀 목선을 좋아하는 성적 욕망은 도착이 아닌데, 절단된 다리에 대한 욕망은 도착인가?). 이들의 문제는 신체에 대한 욕망에서 그 사람의 개별적 존재에 대한 사랑으로 나아가지 않고, 결국 '예외적으로 장애인을 사랑해주는' 자기 자신에 대한 사랑에서 그친다는 것이다. 이들은 타자를 사랑하는 것이 아니라 '결핍 있는 타자를 사랑하는 자신'에게 도취된다. 과연 디보티들만 그럴까? 우리는 종종 우리 자신에게서도 이런 그림자를 가진 사랑을 확인한다.

나는 아름다움에 우열이란 없고, 미의 기준은 소비자자본주의의 농간으로 획일화되었다는 말을 완전히 신뢰하지는 않는다(물론 그런 측면을 간과해서는 안 된다). 젊고, 적당한 키와 몸무게를 가졌고, 손상이 없는 몸은 대체로 그렇지 않은 몸에 비해 아름다울 가능성이 높다. 다만, 우리의 뇌는 사진기가 아니라 초상화를 그리는 화가의 눈이라는 점을 잊어서는 안 된다.

초상화 그리기

배우 조인성이나 엠마 왓슨이 휠체어에 앉아만 있다면, 화면이나 사진 속에서 그들은 여전히 아름다울 것이다. 하지만 현실에서 오랜 시간 장애를 가지고 살아온 사람들은 근육의 편중된 사용으로 인한 신체의 불균형한 발달, 척추의 뒤틀림, 팔다리의 대칭성 붕괴 등을 겪을 수밖에 없다. 앞서 설명한 것처럼 뇌성마비 장애인의 근육 강직은 몸의 속도와 자연스러운 움직임을 방해한다. 한마디로 '우아하기가' 어렵다.

하지만 사진이 아니라 초상화라면 어떨까? 초상화는 사진과는 다른 양의 시간을 구현한다. 사진은 하나의 순간을 드러내고, 바로 그 순간 개인의 모습이 어떠한지 보여준다. 반면 초상화는 긴 시간에 걸쳐 한 사람의 모습을 담는다.[22] 사진은 선형적으로 흐르는 음악에서 한 부분의 음을 떼어내 들려주는 것과 같다면 초상화는 그 사람이 그동안 보여준 여러 특징과 모습을 겹겹이 농축시켜 한번에 화음처럼 '들려'준다. 철학자 로버트 노직은 이렇게 쓴다.

그림을 그리면, 대상은 각기 다른 빛 속에서 일련의 특징, 감정, 생각을

22 로버트 노직, 김한영 옮김, 『무엇이 가치 있는 삶인가: 소크라테스의 마지막 질문』, 김영사, 2014, 6~7쪽. 물론 뛰어난 사진 예술가는 한 장의 스냅사진을 초상화처럼 담아낸다. 얼마나 긴 시간을 한 장의 사진에 농축시킬 수 있느냐가 사진 예술의 핵심이 될 것이다. 그렇더라도 역시 평균적으로는 그림이 훨씬 더 긴 시간을 농축한다.

드러낸다. 개인의 다양한 일면을 결합하고 여기에 한 모습을 선택하며, 저기에 근육의 긴장을 나타내고, 한 줄기 빛과 짙은 선 등을 표현하면서 화가는 지금까지 한 번도 동시에 드러난 적이 없는 표면의 여러 부분을 섞어 짜 실물보다 더 풍부하고 더 깊은 초상화를 만들어낸다. 화가는 모든 모습 중 한순간에 드러난 작은 모습 하나를 선택해 최종 그림에 통합할 수 있다. …… 화가는 대상과 많은 시간을 보내면서 사람의 말, 다른 사람에 대한 행동 방식 등 가시적 표면이 보여주지 않는 것들을 알게 되고, 그럼으로써 세부적인 것들을 더하거나 강조하여 내면에 있는 것을 표면으로 끌어낼 수 있다.[23]

우리가 한 사람을 '본다'고 할 때 그 행위는 사진을 찍는 행위보다 초상화 그리기에 가깝다. 특히 당장 내 앞에 있는 그 사람을 볼 때가 아니라 기억을 떠올릴 때 더욱 그렇다. 가족이든 연인이든, 아무리 친숙한 얼굴이라도 구체적인 '사실'들이 머릿속에 스냅사진처럼 상기되지는 않는다. 그럼에도 우리는 그 얼굴을 생생하게 떠올리는데, 어딘가 불분명한 선들로 이뤄진 한 사람의 형상이, 오랜

23 로버트 노직, 앞의 책, 7쪽. 인생이 무엇인지에 관한 물음에 답하는 이 책에서 노직은 삶에 대한 철학도 이론보다는 초상화를 그려내듯 다양한 질문을 검토하면서 펼쳐 보여주는 것이라고 말한다. 나는 앞부분에서 '변론'이라는 이름으로 일종의 이론적 논변을 시도했다. 하지만 사랑에 대해서는 그렇게 접근하기가 무척 어렵다고 생각한다. 그렇다면 나의 선택도 '초상화를 그려내는' 일밖에 없을 텐데, 나는 능력 있는 화가는 아닌 것 같다. 그래도 이 장에서 조금은 시도해보고 싶다.

시간 그 사람과 만나며 끌어 모은 세부 사항들로 합성된 이미지처럼 나타난다.[24] 그 이미지는 선이 두드러지지 않는 램브란트의 그림처럼 회화적으로 구현된다.

영화는 수많은 스냅사진이 우리 뇌가 인지하지 못할 정도로 빠르게 이어지는 매체이지만, 여전히 우리가 한 사람을 실제로 일정 시간 이상 '바라본' 만큼의 시간성을 농축해내지는 못한다(물론 감독의 역량에 따라 큰 차이를 보일 것이다). 만약 어떤 영화의 주인공이 '일반적으로 추한' 외모인 사람으로 설정된다면, 대개는 아름다운 외모의 배우가 우스꽝스럽게 큰 안경을 쓰고 펑퍼짐한 옷을 입고 '여전히 예쁘지만 추하다고 대략 합의할 수 있는' 분장으로 등장한다. 관객들의 눈에 배우가 진짜 추해 보인다면 감동이 떨어지기 때문이다. 영화라는 매체의 특성상 '스냅사진만으로도' 매력적인 배우가 아니라면 캐릭터의 매력을 드러내기란 쉽지 않은 일이다. 박민규의 소설 『죽은 왕녀를 위한 파반느』는 (아주 뛰어난 감독이 아니라면) 영화화될 수 없을 것이다. 화자가 모든 사람에게 '추하다'고 평가받는 여성을 사랑하는 이야기이기 때문이다. 그 여성의 외모가 진짜로 아름답지 않아야 성공적인 영화화라 할 텐데, 진짜로 아름답지 않은 배우가 나오는 영화는 관객의 눈을 사로잡기 어렵다.

이런 면에서 볼 때 '초상화'로서 한 사람의 아름다움을 드러내는 데는 긴 시간에 걸쳐 세부적인 이야기를 폭넓게 담아내는 드라마

24 앞의 책, 8쪽.

시리즈가 더 효과적인지도 모르겠다. 미국 드라마 〈왕좌의 게임〉에서 '티리온' 역으로 등장하는 배우 피터 딘클리지는 연골무형성증을 가진 장애인이다. 그의 얼굴은 물론 (배우인 만큼) 첫 등장부터 잘 생겼지만, 시즌 7까지 나온 2018년 현재 점점 더 구체적이고 생생한 아름다움을 보여주고 있다. 첫 번째 시즌의 첫 에피소드에 등장하는 티리온에게는 별다른 이야기가 없기 때문에 오직 그의 짧고 비대칭적인 신체만이 눈에 들어온다(그의 신체는 적어도 드라마 초반부에는 그저 '장애인의 신체'로만 지각될 뿐이다). 하지만 7년이라는 시간 동안 시청자들은 티리온의 삶 전체를 따라가며 스냅사진 같은 한순간이 아니라 그의 연기가 만들어낸 오랜 시간을 캐릭터의 외모에 통합한다. 그는 이제 극 전체에서 누구보다 매력적인 캐릭터로 각인되고 있다. 물론 그런 연기 자체가 피터 딘클리지라는 배우가 자기 삶에서 구축한 서사가 구현된 결과일 것이다. 티리온의 매력은 피터 딘클리지라는 배우의 매력과 결코 분리되지 않는다.

우리가 누군가를 바라볼 때는 그 사람과 함께한 모든 순간에서 그가 보여준 미세한 떨림과 다양한 표정, 긴장했을 때 움츠러들던 어깨, 해질 녘 그림자가 진 옆 얼굴, 지쳤을 때의 목소리, 들떴을 때면 쭉 펴지던 목선, 자기가 좋아하는 물건을 힘껏 들어 올릴 때의 팔뚝 등이 하나로 밀도 있게 통합되어 그 사람의 이미지를 만들어낸다. 그 이미지는 지금 바로 이 시점에 내 눈에 들어오는 그 사람의 이미지에 덧씌워진다. 우리가 흔히 말하는 '콩깍지'는 어쩌면 알 수 없는 비합리적 힘에 도취된 상태가 아니라, 오랜 시간 섬세하게 분별한 그 사람의 미적 요소들이 완전하게 통합된, 그 사람의 초상화가 주는 아름다움을 말하는지도 모른다. 자신이 훌륭한 화가일수록 스냅사진의 매력을 넘어서는 아름다움을 포착할 것이다. 물론 초상화의 주인공이 어떤 사람인지가 가장 중요할 것이다.

그렇다면 이쯤에서 독자들은 내가 의식적으로 구별했던 인간 신체의 두 가지 아름다움, 즉 얼굴의 주름이나 절단된 팔다리처럼 인생역정을 드러내는 숭고미와 성적으로 이끌리고 소유하고 싶게 하는 아름다움이 사실은 이 '초상화 그리기' 안에서 하나로 수렴한다는 생각에 이르렀을 것이다. 한 사람이 인생에서 써나가는 자기 서사는 우리가 그 사람을 바라보는 '신체'에 통합되고, 농축되고, 종합되어 구현된다. 근육병이 있어 삐쩍 마른 남자의 '몸'을 좋아하는 여자(또는 남자)가 있다면 아마도 종교적인 감상이나 도착적인 취향 때문이 아니라, 긴 시간 속에서 구현된 그 남자의 몸이 진짜 매력적이기 때문일 것이다. 뇌성마비 장애 여성의 힘이 잔뜩 들어간 목선에서 아름다움을 느끼는 남자(또는 여자)가 있다면, 정치적 올바름을 구현하려 애쓰거나 어떤 숭고한 감정을 느끼기 때문이 아니라, 오랜 시간 지켜본 상대의 행동 하나하나가 누적되어 구현된 그 움직임이 너무나 아름답기 때문일 것이다.

현실(실재)은 아마도 이렇지 않을까? 당신이나 내가 패션 잡지의 표지 모델이 되기는 어렵다는 것, 소비자자본주의를 혁파하고 미의 기준을 다양화하겠다고 아무리 외쳐도 특집호 정도에 출연할 수 있을지는 몰라도 전속 모델까지 따내기는 불가능하다는 것, 그러나 특정한 누군가에게(그가 디보티가 아니더라도) 몸 그 자체로 에로스적 충동을 불러일으키는("나는 정치적으로 올바른 게 뭔지 그런 거 알지도 못합니다. 그렇지만 당신의 몸에 자꾸 끌려요") 아름다움은 당신과 내 몸에서도 구현된다는 것.

아름다울 기회를 분배하기

마지막으로 '아름다움'과 관련하여 한 가지 경험을 이야기하고 싶다. 과거 몇 년간 나는 연극을 기획하고, 배우로도 참여했다. 주된 동기야 그저 재미였지만, 재미의 이유를 곰곰이 짚어보면 내 신체를 스토리와 감정을 포함해 일정 시간 이상 불특정 다수의 관객에게 표현한다는 점이 좋았다.

연극과 같은 공연예술은 인간의 신체가 표현의 중심에 놓인다. 극의 서사, 무대 미술과 음악, 조명, 이를 종합하는 연출의 역량도 매우 중요하지만 그 모든 예술적 시도는 배우의 신체를 통해 구현되어 관객에게 전달된다. 그런 점에서 나는 연극이 다양한 정도와 유형의 장애를 가진 내 친구들에게 '아름다울 수 있는 기회'를 제공하지 않을까 생각했다. 그래서 대학에서 만난 연극하는 친구들과 몇 편의 연극 작품과 워크숍을 진행하면서, 자기 신체를 표현할 기회가 거의 없었을 나의 지인들을 모았다.

2014년 4월 말 서울변방연극제에 초대된 우리가 서울역 바로 옆의 공연장에 올린 연극은 〈프릭쇼〉였다(총연출 이현구). 장애가 있는 여러 배우와 연출이 파트너가 되어 구성한 짧은 이야기들이 연속으로 이어지는 형식의 공연이었다. 출연자 중 한 사람은 내 대학 동창인 남윤광이었다.[25] 윤광의 질병은 진행성으로 대학에 입학할 당시만 해도 팔을 움직여 스스로 밥을 먹고 책장을 넘기고 글을 쓸 수 있었다. 하지만 10년가량이 지나자 몸의 전부를 거의 움직이지 못했다. 그간 경제 활동을 하는 아버지 대신 돌봄노동을 전담하던 어머니가 돌아가셨고, 척추측만을 치료하는 수술을 받았지만 전반적인 건강 상태는 더 악화되는 등 좋지 않은 일들이 겹쳤다. 그 시기 윤광은 집에서 독립해 그의 신체 활동을 지원해주는 활동지원인과 함께 살았다. 그의 몸에 최적화된 활동지원인을 구하기란 여간 어렵지 않았다. 그는 스스로 후원금을 모집하고, 홍대 근처 자신의 방에서 외출도 거의 못한 채 인터넷으로 가능한 일들을 해내고, 그렇게 번 돈과 국가의 활동지원인 급여를 합해 새로운 활동지원인을 구했다. 그 사람이 떠나고 또 새로운 사람이 오면, 다시 자신의 몸에

25 척수성근위축증을 가지고 서울대 경제학부를 졸업한 윤광의 이야기는 언론에 여러 차례 보도되었다. 윤광은 대학 시절 장애 인권 동아리 활동을 같이한 사람들과 '윤광이의 한 시간'이라는 모임도 운영했다. 나는 이 책에서 그의 실명을 밝히는데, 그가 지금은 세상에 없으므로 그의 허락은 받을 수 없었다. 나는 언론과 후원 모임의 홍보지를 통해 알려진 내용을 중심으로 윤광이 이야기를 썼다. 나의 주관적인 경험, 이후에 내가 윤광의 가장 절친한 친구에게서 들은 이야기 역시 그의 허락을 받은 것은 아니지만, 그 내용들은 윤광의 '실재'를 묘사하고 있으며, 이것이 그의 '초상화'를 그리는 데 도움이 된다고 믿는다. 그래서 윤광의 실명을 그대로 드러낸 채 서술하기로 결정했다.

대해 교육하고 활동지원을 받는 삶을 살았다.

객관적으로 아주 어려운 상황이었지만 윤광은 그런 상황을 냉소적으로 비웃으면서 끝까지 버티는 힘이 있었다. 근력은 하나도 없었지만, 그의 다리는 길었고 얼굴은 미남이었다. 그럼에도 항상 적절한 도움이 필요했고, 그 도움을 위해 자신의 에너지를 전부 써버려 사람들 앞에서 여유 있는 표정과 우아한 자세, 독특한 유머 코드를 보여줄 기회를 점점 잃어갔다. 그는 연습에 나오기도 무척 힘들었다. 그가 공연하는 부분의 연출을 맡은 친구가 홍대 근처 윤광의 집으로 찾아가기도 했고, 윤광이 활동지원인과 함께 서울대 근처의 연습실로 오기도 했다. 그의 역할은 무대를 열고 닫는 일이었는데, '즉석 소개팅'을 한다며 거만하게 관객들을 휘어잡는 캐릭터였다.

그는 병약했고 경제적으로 어려웠고 정신적으로 한계에 다다라 있었지만, 공연 당일에는 그 긴 다리에 매끈한 구두를 신고 멋진 슈트를 입은 채 날렵한 치타 같은 모습으로 무대에 올랐다. 평소에는 근육이 사라진 온 몸이 아프고 배겨서 활동지원인에게 1분에 한 번씩 손가락 마디마디부터 팔다리, 엉덩이까지 온 몸의 위치를 하나하나 바꿔달라고 지시하곤 했지만, 무대 위의 그는 10여 분간을 아주 행복하고 거만한 '왕'처럼 관객을 지배했다. 조명이 그의 얼굴과 구두에 반사되어 반짝거렸다(나는 〈프릭쇼〉의 전체 제작을 맡았기에 모든 공연을 관객석에서 자세히 볼 수 있었다). 그는 공연이 끝나고 진행한 인터뷰에서 이렇게 말했다.

항상 도움을 받아야 한다. 그런데 누구 앞에서 조명을 받으면서 내가 주도적으로 말하니…… 물론 거기 올라갈 때까지 어차피 또 활동지원인의 도움을 계속 받으면서였지만, 하여튼 조명 아래서 사람들에게 말하니 좋았다. 〈프릭쇼〉 대사 자체가 그런 내용이다. "내가 왕입니다. 여러분은 내 말을 들어야 합니다." 이런 대사를 할 때 기분이 좋았다.[26]

그가 '거만한' 연기를 잘했다는 것이 요점은 아니다. 비록 하나의 캐릭터를 연기한 것이긴 하지만, 여러 사람이 함께 노력한 무대에서 온전히 그만의 시간이 주어졌을 때 남윤광은 질병과 사회경제적 제약에 포획되어 잘 드러내지 못했던 자신을 제법 긴 시간 동안 표현했다. 실제 그 공연의 대사는 윤광과 연출자가 함께 윤광이 하고 싶었던 이야기를 중심으로 작성한 것이었다. 이 작업은 사람들에게 후원이 필요한 중증 장애인 남윤광이라는 스냅사진이 아니라, 그의 시간을 담은 '초상화'를 그릴 단초를 제공하지 않았을까?

고백하면 나는 윤광의 신체를 부담스러워하던 사람 중 하나였다. 그에게서 간혹 어떤 '아름다움(숭고함)'을 보았지만 그의 신체가 내 삶을 잠식해 들어오는 일이 두려웠다. 나는 그를 만날 때면 너무나 무기력한 모습에 답답함을 느꼈고, 삶의 추진력을 얻기 위해 정신과 상담을 받거나 약을 먹어보라는 제안을 하기도 했다. 나는 그를

26 장애문화예술연구소 짓, 「장애청년예술정책: 욕망과 표현을 위한 실천과 정책론」, 『서울시 청년허브 연구공모사업 보고서』, 2014, 29~30쪽.

이해하지 못했다. 하지만 〈프릭쇼〉를 만드는 과정에서 그를 좀 더 이해할 수 있었고, 그가 절친했던 활동지원인에게 바리스타가 될 수 있도록 커피 드리퍼를 선물했다는 사실도 알게 되었다. 그는 고무줄로 몸을 묶은 채 〈프릭쇼〉의 무대에 올랐고, 공연 후 알게 된 한 여성과 일정 기간 연락을 주고받기도 했다.[27] 그는 입체적인 사람이었다.

나는 그를 안 지 오래되었지만, 그가 통증이나 자세 교정에서 자유로운 상태로 완전한 주도권을 가진 채 여러 사람이 그의 몸을 바라보는 앞에서 자신의 생각과 욕망을 내뱉던 그때만큼 세밀하게 드러난 윤광의 얼굴을 본 적이 없다. 그가 '척수성근위축증'이나 '후원금이 필요한 사람'으로만 재현되어 왔다는 것이(물론 그 역시 그의

27 나는 윤광이 죽고 1년이 넘었을 무렵, 그가 가장 의지했던 활동지원인이자 친구인 정내귀 씨를 만나 간단한 인터뷰를 했다. 언젠가 윤광의 삶을 기록하는 글을 쓰고 싶었기 때문이다. 2016년 8월 21일 오후 3시경 서울 을지로3가의 한 호텔 건물 1층 카페에서 만난 내귀 씨는 자신이 음악을 하면서 하루 벌어 하루 먹고 살던 삶에서 어떻게 커피 산업에 뛰어들게 되었는지, 윤광이 연극을 만들고 공연할 때 얼마나 주체적이고 반짝였는지를 나에게 말해주었다. 물론 그 밖에 아주 어렵고 힘들었던 경험도 공유해주었다. 내 눈에 정내귀 씨는 '존엄을 위한 상호작용'의 완벽한 예시라 할 만했다. 모든 활동지원인이 지치고 힘들어 윤광의 몸에 짜증을 냈지만 내귀 씨는 윤광과 최고의 호흡을 자랑했고, 오랜 시간 윤광을 지켜보면서 서로의 신체를 조응시키는 데 성공했다. 내귀 씨는 나에게 말했다. "저에게는 무척 큰 의미가 있는 사람이었지만, 다른 사람들에게는 어떤 의미일지 솔직히 모르겠어요. 이 친구를 그렇게 들여다보지 않고 누가 감히 그 사람의 진가를 평가할 수 있을까요?" 그는 윤광의 초상화를 그릴 능력이 있는 (아마도 유일한) 화가였던 셈이다(나는 내귀 씨에게 언젠가 이 이야기를 글로 쓸 수도 있음을 미리 허락받았다. 그는 내가 준비한 소정의 인터뷰비도 받지 않았다).

실존을 반영하는 것이었지만) 아쉽고 미안했다.

그날의 공연과 관련하여 나의 중학교 동창 박환수도 소개하고 싶다. 뇌성마비 장애가 있는 환수는 무엇보다 언어장애가 가장 심해서 말이 아니라 문자로 대화한다. 하지만 손 역시 자유롭지 않아 타이핑을 빨리 할 수 없다. 자음과 모음을 천천히 하나씩 쳐서 의사를 전달한다. 환수를 처음 만난 중학교 1학년 때 나는 그가 몸집이 작고 아이처럼 귀여운 외모인 데다가 말을 거의 못해서 정말로 아기처럼 생각했다. 하지만 첫 번째 수학시험이 끝난 뒤 그의 점수를 보고는 깜짝 놀랐다. 그리고 조금씩 그를 알아가면서 그가 빛나는 지성과 자기표현의 욕망으로 가득한 사람임을 알게 되었다.

환수는 배우가 아니라 연출을 맡았다. 공연 연출을 하기에는 경험도 부족하고, 배우와의 의사소통도 힘들었지만 우여곡절 끝에 배우 이원재와 박환수 연출이 함께 만든 공연 〈Over the Sea〉가 무대에 올랐다. 인어공주 이야기를 코믹하게 비튼 이 공연에서 주인공 에어리얼은 '육지 상남자'를 찾아 바다에서 나와 헤매다 모두 실패하고, 마지막에는 자신이 입은 옷을 찢어버린다. 관객과의 대화 시간에 한 관객이 이 장면의 의미를 물었다. 그때 사회를 보고 있던 나는 박환수가 분명한 연출 의도를 가지고 있으리라 믿었다. 그래서 환수가 대답을 타이핑할 수 있도록 충분한 시간을 주겠다고 말하고는 다른 질문을 받으며 행사를 계속 진행했다. 잠시 후 환수는 자신의 말이 끝났다는 사인을 보냈고, 나는 그에게 발언 기회를 주었다. 여전히 몸집이 작고, 그저 귀엽게만 보이던 이 서른 살의 남자는 휴대폰의 텍스트 메시지를 통해 관객 앞에서 자기 '몸'을 드러낸 채로 말했다.

"[가지기를] 원하는 것보다 스스로 되어버리고자 하는 것이 더 주체적인 욕망이기 때문입니다"[28]

관객들은 객석 구석에 앉아 있던 환수가 연출자인지도 몰랐을 것이다. 아마 그의 존재는 흐릿한 배경에 가려져 있었을 것이다. 박환수가 온 몸으로 말할 기회를 얻었을 때, 사람들은 그의 생생한 존재와 만났고 곳곳에서 작은 탄성이 나왔다.

연극은 내가 경험한 세계에서 제시할 수 있는 작은 예에 불과하다.[29] 장애인들은 많은 경우 사진 속에 (정치인들과 함께) 등장하지만 '초상화'를 만날 기회는 거의 없다. 장애를 가진 신체는 물리적으로 집 밖으로 나오기 힘들고, 직장이나 학교에서 오래 누군가와 교류하기도 어렵다. 편견이나 차별 의식 등 오래되고 누적된 강력한 고정관념의 지배도 받는다. 그러나 여러 사람이 힘을 모은다면 이런 조건을 바꿔낼 수 있다. 일상을 기획하는 일도 가능하지 않을까? 법과 제도는 어떤가? '매력차별금지법'은 불가능하지만 '아름다울 기회 평등법'은 가능하다. 장애 아동과 비장애 아동이 한 학교에서 오랜 시간 함께하기, 어떤 중증의 장애인이라도 거리에 나오기 편

28 장애문화예술연구소 짓, 앞의 책, 21~22쪽.

29 연극이라는 '기획된 퍼포먼스'를 통해 소외된 사람들을 무대 위에 세울 수 있다는 생각을 나는 전작에서도 서술한 바 있다(김원영, 앞의 책, 6장).

한 환경 만들기, 이들이 자기 서사를 충분히 말할 수 있게 하고 그 말을 듣는 시간을 배정하기, TV 프로그램에서 구체적이고 섬세한 감정과 표정을 드러내는 장애인 캐릭터를 만날 기회를 제공하기(그 캐릭터는 조인성보다는 정말로 장애가 있는 사람이 연기해야 할 것이다), 공식적인 회합뿐 아니라 사적인 자리에서도 가급적 모든 사람이 소외되지 않고 자기를 표현할 수 있는 상호작용의 기술을 공유하고 의사소통 규범을 준수하기, 장애아의 부모, 형제자매, 연인, 친구, 이웃이 쓴 글을 진지하게 읽고 정치적 목소리에 힘을 싣기.

이 모든 실천은 자기를 표현하는 데 제약이 많은 사람들이 인간이라는 '화가'들 앞에 자기 초상화를 맡길 시간과 공간을 마련하는 일이다. 이렇게 그려진 초상화는 한 사람의 인생 이야기와 신념, 성향, 몸의 질량과 부피, 비율과 신체의 곡선, 색깔과 향기, 목소리를 모두 종합할 것이다. 아름다울 기회의 평등이 있다면 적어도 당신과 나의 신체도 얼마간은 아름다울 수 있다. 연예인 빰칠 정도는 아닐 테지만.

갖지 못하는 것들

지민은 자신의 팔다리를 조용히 내려다보았다. 절제, 신념과 태도의 일치, 성실성, 훈련된 지성, 균형 잡힌 생활, 타인에 대한 배려, 자기 장애에 대한 온전한 수용, 그 모든 것에도 불구하고 그녀가 도달할 수 있는 '아름다움'에는 한계가 있는 것일까. 지민은 현오에게 거절당했던 그날의 기숙사 앞을 회상할 때면, 그저 지민이 '현오의 이상형'이 아니었던 탓이라고 생각했다. 합리적으로 생각한다면, 이것이 아마 사실일 것이다. 그렇지만 지민은 자신이 현오 앞에서 커피를 쓰러뜨린 순간이 반복해서 떠올랐다. 플라스틱 용기에 들어 있던 커피는 얼마 쏟아지지도 않았고, 현오는 분명히 무표정하게 그것을 바로 세웠다. 지민은 그 이전에 더한 실수도 많이 했다. 포크를 떨어뜨리고, 음식물을 날려버리고, 현오 앞에서 문턱에 걸려 넘어진 일도 있었다. 부끄러웠지만 그 정도의 실수는 지민의 신체가 가진 특성에서 나올 수도 있는, 그다지 특이한 일도 아니었다. 모두 그런 일들에 익숙해 있었다.

하지만 그날은 좀 다르지 않았을까. 어쩌면 현오는 지민의 고백에 마음이 움직였을 수도 있지 않을까. 그는 지민을 오랜 시간 보아온 만큼 지민의 '우아하지 않은' 움직임을 지민의 삶 전체에 통합해서 볼 수 있지 않았을까. 그 어색한 움직임을 그녀가 가진 삶의 반짝이는 요소들에 회화적으로 덧칠하고, 스냅사진으로 찍었을 때는 기이해 보이는 동작일지라도 긴 시간의 축에서 조망하며 그 속의 부드러운 곡선을 지각해내는 사람이 아니었을까. 그런데 하필 그 고백의 순간에 지민이 커피를 쓰러뜨리는 바람에 현오는 어떤 강력한 '현실'을 마주한 것은 아닐까. 물론 어떤 증거도 없고 합리적인 추론으로 보이지도 않지만, 그런 생각이 지민의 머릿속을 떠나지 않았다.

지민은 선유가 무척 아름다운 사람이라 느꼈고 선유의 매력을 충분히 인정할 수 있었지만, 선유가 너무 쉽게 '더 아름다운' 존재로 여겨진다는 점에 얼마간 좌절했다. 자신은 아름다운 '초상화'를 그리기 위해 삶 전체를 우아하게 구축해야 했다. 비틀거리는 자세, 느린 말투, 종종 실수를 일으키는 제멋대로인 근육을 긴 시간 속에서 자신의 단단한 중심축에 통합시켜야 했다. 하지만 "잘 사는 사람들은 좋은 사람이 되기 쉬운"[30] 것처럼, 비례적이고 아름다운 선으로 이뤄진 신체를 가진 인간은 조금만 노력하면 너무도 쉽게 아름다운 초상화로 표현되었다. 물론 이런 생각은 종종 떠오를 뿐이었고, 지민은 다시 입체적이고 다층적이며 밀도 높은 아름다운 사람으로 돌아왔다. 현오가 지극히 형편없는 화가였거나, 생각이 너무 많은 멍청이에 불과했을지도 모를 일이다.

모든 것이 변론 가능하지는 않다. 남윤광은 잠시 빛났지만 곧 건강이 악화되어 무대에 오른 지 채 9개월이 지나지 않아 세상을 떠났다. 어떤 사람들은 '아름다운' 인간이 되려면 커다란 고통과 절제, 장기간의 기획을 감수해야 한다. 고무줄로 몸을 묶은 채 무대에 올라야 하고, 누군가에게 거절을 당해도 분노와 의심을 품기보다는 어떤 '우아한 내적 평온'을 유지하기 위해 애써야 한다. 건강하고

30 2018년 봄 tvN에서 방영한 드라마 〈나의 아저씨〉(제5화)에서 주인공 이지안이 말한 대사다.

아름다운 사람은 타인의 '초상화 그리기' 따위에 굳이 신경 쓰지 않아도 된다. 그들은 어디서든 빛날 것이다. 그렇지만 우리가 그토록 어렵게 '아름다움'에 도달해야 할 이유가 있을까? 3장에서 만났던 푸른잔디회는 '사랑과 정의'를 부정했지만, 아름다움까지 부정했을까?

모르겠다. 다만, 지금까지 우리가 이야기해왔던 모든 요소들, 즉 존중, 수용, 자기 서사, 권리에 대한 투쟁, 아름다움이 차곡차곡 누적되고 농축되고 혼합되어 피부와 뼈, 색, 냄새를 가진 우리의 신체가 되는 것이 아닐까. 그러므로 당신과 나는 우리의 신체를 포기할 수 없다. 우리의 신체가 비록 추하고, 결국에는 죽음에 이르더라도 말이다.

9장

괴물이 될 필요는 없다

온전한 사랑

2014년 가을쯤 서울의 한 특수학교에서 장애아 부모님들을 상대로 강의를 하면서 나는 '잘못된 삶' 소송을 소개했다.

"여러분께서 자녀를 정말 사랑한다는 사실을 의심하지는 않습니다. 하지만 여러분의 자녀가 세상에 태어난 것이 결국은 손해였다고 생각하실 때가 있습니까?"

나는 조심스럽게 부모들에게 물었다. 몇몇 부모들이 주저하면서도 "그렇다"고 답했다. 한 어머니는 "솔직히 지금은 우리 애가 없으면 못 살 것 같아요"라면서도 "그래도 만약 우리 아이를 낳기 전으로 돌아가 장애가 이렇게 심하다는 걸 알게 된다면, 낳겠다고는 말 못하겠어요"라고 고백하듯 말했다. 나는 내 어머니에게도 비슷한 질문을 던져보았다.

"엄마는 나를 낳기 전으로 돌아가서, 내가 지금 같은 장애가 있는 걸 알았으면 그래도 낳았을까?"

어머니는 의외로 심각하지 않은 말투로 답했다.

"그 당시에는 네가 어떻게 자랄지도 모르는 상태였고……. 장애가 있는 걸 알았다면 낳는 걸 망설였겠지."

이유를 묻자 어머니가 말했다.

"맨날 다치고, 수술하고, 그 과정이 너무 힘들잖아."[1]

이 부모들은 장애를 가진 자신의 아이를 충분히 사랑하지 않아서, (과거로 돌아가면) 아이의 출산을 망설였을지도 모른다고 답한 걸까? 우선 장애아를 기르는 일이 때로는 사랑이라는 감정을 초월할 만큼 힘겨울 수 있음을 인정해야 한다. 사랑이 모든 것을 이겨내리

1 이 질문과 답에는 미묘한 구석이 있다. 장애아의 부모들은 지금의 경험을 그대로 안은 채 과거로 '돌아간다면' 아이 낳기를 망설일 것이라는 말일까(그렇게 되면 현재까지 관계를 맺어온 바로 '그 아이'가 더 이상 세상에 존재하지 않게 된다)? 아니면, 단지 아이의 장애가 무엇인지만 정확히 알았더라면, 그 이외에는 (아이가 어떻게 커갈지, 커나가는 과정에서 어떤 어려움이 있는지 등) 아무것도 모르고 어떤 경험도 없는 과거의 자신이 아이를 낳지 않기로 결정했을 것이라는 말일까? 나는 이 질문에 대한 답을 전자에 가까운 것으로 이해했다. 실제 나의 질문 의도도 그와 같았다. 삶이 손해인지 아닌지는 지금 시점에서 돌이켜볼 수밖에 없기 때문이다. 부모들은 바로 '지금의 이 아이'와 살아온 삶이 '취소'되더라도, 다시 그 시점으로 돌아갈 수 있다면 임신을 망설일 거라고 생각하는 것이다. 그저 아무것도 모르는 자신이 과거에 장애에 대해 정확히 알았다면 출산을 망설였으리라는 답이라면, 사실 그것은 너무 당연한 결과다. 30년 전 한국 사회에서 20, 30대의 젊은 부부가 장애에 대해 아무런 사전 지식 없이 장애아를 임신한다면, 누구라도 출산을 '망설일' 것이다. 그러나 내 어머니의 대답은 다소 모호했다. 내 질문 자체가 저 '미묘한' 두 가지를 굳이 구별하지 않았다. 나는 의도적으로 그렇게 질문했는지도 모른다(또한 나는 '의도적으로' 이 중요한 이야기를 본문이 아닌 주석에 쓴다).

라는 생각은 어쩌면 환상이며, 이런 환상은 스스로가 아픈 자녀를 제대로 돌보지 못하고 있다고 여기는 부모들에게 부당한 죄책감만 유발한다. 사랑이 모든 것을 초월하지는 않는다. 그럼에도 나는 출산을 망설였을지도 모른다고 답한 부모들조차 여전히 '아이를 사랑하기 때문에' 그렇게 답했다고 생각한다.

2018년 현재는 물론이고, 적어도 수십 년 전 한국 사회에서 태어난 장애아가 최소한이나마 자기 삶을 '평범하게' 전개하기 위해 무엇이 필요했을지 상상해보자. 아주 심한 중증의 장애아라면 어떤 사회적 성취를 위해서가 아니라, 그저 생존을 위해서 어린 시절 수년간의 투병 생활을 견뎌야 한다. 어쩌면 평생 고통스럽고 지난한 의료적 시술을 받으며 생활해야 할지도 모른다. 어떤 아이들은 그런 의료적 처치까지는 아니더라도 학교 교육에 통합되기 위해 '병신'이나 '핵토'라고 놀리는 또래들과 관계를 구축하기 위해, 그리고 성인이 된 후에는 기본적인 사회적 필요를 채우기 위해 늘 크고 작은 역경을 돌파해야 한다.

현실에서 드물기는 하지만, 누군가를 사랑하기에 그 사람과 이별하려는 선택이 없지는 않다. 누군가를 진심으로 사랑하는 사람은 상대방이 고통을 피할 수만 있다면 그 사람과 자신의 이별을(혹은 처음부터 아예 만나지 않은 것으로 삶을 되돌리는 일을) 감수하고, 상대방에 대한 죄책감조차 감당할 것이다. 아이를 사랑한다는 말과 그 아이가 '잘못된 채로' 태어나 역경을 겪을 바에야 차라리 태어나지 않는 편이 나을지도 모른다고 생각하는 부모의 마음은, 그래서 모두 진실일 수 있다. 부모들은 자신의 아이가 역경을 돌파하며 장애를 수용하고, 고유하고 특별한 존재로 성장하기보다는 평범한 사람으로 살더라도 별다른 어려움 없이 무난한 삶을 살기를 바란다.

'잘못된 삶' 소송에 대한 우리 부모들의 입장이 얼마간 문제적이라면, 이는 그들이 우리의 경험을 충분히 이해하지 못한다는 데서 비롯한다. 즉 부모는 우리를 깊이 사랑하지만 우리를 온전하게 받아들이는 데는 실패할 수도 있는 것이다. 장애가 없는 부모들은 장애가 있는 자녀와 국적, 언어, 성격이나 외모의 유전적 특질 등 많은 부분을 공유하겠지만 장애를 공유하지는 않는다. 이성애자 부모와 동성애자 자녀, 기독교인 부모와 무교인 자녀도 마찬가지이다. 그렇기에 우리는 간혹 부모가 이해할 수 없는 자신의 경험을 수백 킬로미터 밖에서 살아가는 낯선 사람에게서 이해받는다고 느낀다. 먼 곳에 사는 그 낯선 이가 '핵토'라고 놀림받고, 사회에서 소외당하며, 뒤틀리고 어그러져 '우아하지 않은' 몸을 가지고 살면서도 결국에는 그것을 자기정체성의 일부로 받아들이는 데 성공했을 때 우리는 그 사람의 해방감을 공유하고, 그와 고민을 나누기를 희망한다.

인터넷 등 다양한 매체로 연결된 현대 사회에서는 고유한 경험과 속성만으로도 멀리 떨어진 사람들이 서로 만나고 연결된다. 이런 움직임이 정치적으로 급진적인 소수자운동으로 발전하기도 한다. 장애인들은 장애가 개인의 비극이나 극복해야 할 대상이 아니라 자신의 일부라고 믿는다. 여성들은 여성의 신체에 가해진 혐오와 성적 대상화에 함께 맞선다. 성소수자들은 자신들의 '퀴어함'을 치명적인 질병이나 '비정상성'이 아니라 인간의 다양한 성적 지향의 일부로 여기고 세상으로 나오는 중이다. 우리는 같은 정체성을 가진 사람들을 만나 서로의 존재가 비정상이 아님을 확인하고, 우리 존재의 정당성을 사회적으로 인정받기 위한 투쟁으로 나아간다. 이러한 과정 한가운데에서 우리는 자신을 온전하게 받아들이는 데 제법 성공하고 있다.

그렇다면 우리는 스스로를 사랑하는 데도 성공하고 있을까? 당신은 삶 전체에서 혹은 적어도 특정한 시기에 특정한 맥락에서 실격당한 존재, 잘못된 삶이라고 평가받은 적이 있을 것이다. 그러한 규정에서 벗어나 스스로를 당당하게 수용하고, 자기 권리를 주장하는 강렬한 투사가 되었을지도 모른다. 그래서 당신은 이제 스스로를 사랑하게 되었는가? 스스로가 이 세상에서 실격당한 인간이 아니라는 확신이 곧 자신에 대한 사랑으로도 연결되는 것일까?

부모가 우리에게 그러하듯이, 우리가 스스로를 사랑하는 일과 온전하게 받아들이는 일(정체성의 인정)은 때로 충돌한다. 사랑하는 마음은 그 마음이 향하는 대상이 고통이나 역경을 회피하기를 바라며, 그래서 '잘못된 삶'을 아예 살지 않거나 가능하면 그런 삶과 거리를 둔 채 안락하고 일반적인 삶을 살기를 바란다. 반면 온전하게 한 존재를 받아들이는 일은 '잘못된 삶'이라는 규정에서 도피하는 것이 아니라, 대체로 그에 정면으로 맞서는 더 '어려운' 길(역경)일 수 있다. 이른바 '난쟁이'로 불리는 연골무형성증을 가진 장애 아동의 삶을 떠올려보라. 그 아이가 자기 신체를 정체성의 일부로 받아들이고, 그 집단의 구성원으로서 자신을 존중하며, 자기의 삶을 '잘못된 삶'이 아니라고 변론하는 것은 결코 간단한 일이 아니다.[2] 차라리 자기 신체를 '잘못된' 것이라 인정한 뒤 많은 돈을 모으거나 높은 지위를 획득해 그 '잘못된 신체'를 보완하고 타인을 무시할 수 있는 권력을 추구하는 쪽이 더 쉬울지 모른다. 우리는 현실에서 가난한 환경, 아름답지 않은 외모, 낮은 학력, 장애와 질병을 지닌 채로 일정한 성취를 이룬 사람들이 같은 처지에 놓인 타인을 부정하고 비난하는 일을 종종 목격한다. 그들은 자기가 젊었을 때가 훨씬 더 배고프고 살기 힘들었다며 가난한 청년들에게 '눈물 젖은 빵'을 먹어봐야 한다는 등의 진부한 조언을 늘어놓는다. 어떤 장애인들은 "나는 나 자신이 장애인이라고 생각해본 일이 한 번도 없다"면서 다른 장애인들에게 "장애를 극복할 생각은 하지 않고, 사회에 불만

2 자신의 장애를 정체성의 일부로 인식하는 경향이 가장 큰 집단은 우리가 앞서 살펴보았던 농인들이다. 농인들은 정체성을 긍정하는 삶이 다른 장애인에 비해 수월할 수 있다. 수어에 기초한 교육을 받고 농인 커뮤니티에 살면 더 큰 소속감과 해방감을 느끼고, 커뮤니케이션에서 소외되지도 않을 것이다. 그러나 농인이라고 해서 정체성 인정이 쉬운 길이기만 할까? 수어를 제1의 언어로 삼는 일은 소속감을 강화하지만 다른 한편 수어를 사용하지 않는 절대 다수의 사람들이 사는 세계에서 비주류로 남기를 선택하는 길과 같다. 어디서든 당당히 자신이 농인이라고 밝히고, 수어나 문자통역서비스를 요구하기 위해 정치적으로 단결하고, 자신의 장애에 결부된 삶의 풍요로운 가능성에 집중하는 일이 모든 사람에게 간단하지는 않을 것이다. 오히려 청각장애가 있어도 비장애인(청인)들 사이에서 아무렇지 않게 적응하고, 장애를 극복했다는 칭송을 듣는 삶이 더 간단하고 덜 복잡한 방법이지 않을까? 청각장애 및 연골무형성증을 포함한 왜소증(저신장장애) 장애인들과 그 부모들이 장애를 받아들이고 거부하는 과정에서 겪는 복잡하고 풍부한 감정적 동학에 대하여는 앤드류 솔로몬, 앞의 책 2장과 3장을 참조하라.

만 늘어놓아서는 안 된다"며 경고에 가까운 멘토링을 한다(나도 때로 이런 유혹에 시달린다).

나는 이 책에서 장애를 자아의 스타일로, 정체성의 구성 요소로, 문화적 다양성의 한 측면으로 볼 수 있다고 말했다. 이러한 생각대로 살기 위해 어설프게나마 노력해왔고 이는 내가 더 '어려운' 길을 선택했음을 의미한다. '잘못된 삶'을 변론하고자 하는 소수자정치 운동은 이 '어려운' 길을 택한 후, 우리가 온전한 자신의 모습 그대로 공동체에 통합될 수 있도록 사회제도를 변화시키고, 재화의 분배 구조를 개선하며, 모두가 동등한 시민적 주체임을 인정받기 위한 투쟁으로 나아간다. 그러나 그 과정에서 우리는 스스로를 충분히 돌보고 아껴왔는가? 나의 어머니가 나를 아끼는 마음에 내가 역경에 맞서기보다는 따뜻한 집밥을 먹고, 아이들의 놀림이 없는 곳 혹은 장애인을 위한 시설이 잘 갖춰진 안정된 직장에 다니며, 가급적 장애가 없는 친구나 연인의 도움을 받고, (유전자진단기술을 통해) 장애가 없는 아이를 낳아 기르며 평범하게 살아가기를 바랐던 것처럼, 나 자신을 그렇게 여겨본 일이 있는가?

우리는 부모를 비롯해 우리를 마음 깊이 아끼는 이들이 그랬듯이 스스로를 돌보고 보듬으면서도 우리가 가진 장애와 질병이 잘못된 것이 아니며, 우리 인격의 고유한 일부이자 우리 사회를 풍요롭게 만드는 다양성의 한 축이라고 주장할 수는 없는 걸까? 반대로 우리 부모들은 우리를 사랑하면서 동시에 우리를 온전히 받아들일 수는 없는 걸까?

개인적인 체험

이 책에서 우리가 '잘못된 삶'이라 규정되어왔다고 말한 특징이나 조건들이 거의 그렇지만, 장애인이 되거나 장애아의 부모가 되는 일은 얼마 전까지만 해도 지극히 개인적인 사건이자 체험이었다. 생각해보라. 수십 년 전에 당신이 장애아를 출산했다면, 비슷한 장애아를 출산한 부부를 찾아가 작은 조언이라도 구하기가 쉬웠을까? 골형성부전증이 있는 아들을 출산한 나의 부모님은 대학병원을 몇 년이나 다닌 후에야 유사한 장애로 치료를 받는 아이들을 두어 명 만날 수 있었다. 하지만 이들과 연결되기란 현실적으로 어려웠다. 설령 서로 만나더라도 중증의 장애아들이나 그 부모들끼리 모여 무엇인가를 도모해볼 여건도 아니었다.

노벨문학상을 수상한 일본의 소설가 오에 겐자부로大江健三郎는 스물일곱 살이던 1960년대 초 첫 아들 히카리를 낳는다. 히카리는 뇌에 장애가 있었고, 태어났을 때의 상태로 보아 거의 장래를 기대하기 어려운 형편이었다. 3장에서 푸른잔디회를 언급하며 말했듯이, 1960년대 일본에서는 장애아를 출산한 부모가 아이를 살해하거나 죽도록 놔두는 사건이 자주 발생했으며 현실적인 양육 조건을 고려한 일본의 사법부는 이들에게 제대로 죄를 물을 수도 없었다. 이러한 시대적 배경에서 장애아를 출산한 경험을 토대로 오에는 소설 『개인적인 체험』을 쓴다. 이 소설의 주인공 버드는 비정규직 사설 학원 강사로 살다가 중증의 장애아가 태어나자, 고민 끝에 아이의 생명을 연장하기 위한 수술을 하지 않기로 결심한다. 아이가 태어난 산부인과의 의사들 역시 아이를 사람으로 취급하지 않는다. 그들은 아이를 '현물現物(겐부쓰)'이라고 부른다(이는 실제 오에의 경험에 기반한 것이다. 아들 히카리가 태어났을 때, 의사는 히카리를 '겐부쓰'라고 불렀다고 한다).[3] 주인공 버드는 이 무거운 삶의 조건이 평생 자신이 파고 내려가야 할, 철저히 개인적이고 영원히 벗어날 수 없는 동굴이라고 생각한다.

> "분명히 이건 나 개인에게 한정된, 완전히 개인적인 체험이야" 하고 버드가 말했다.
> "개인적인 체험 중에서 혼자서 그 체험의 동굴을 자꾸 나아가다 보면, 마침내 인간 일반에 관련된 진실의 전망이 열리는 샛길로 나올 수 있는 그런 체험이 있지? 그런 경우, 어쨌든 고통스런 개인에게는 고통 뒤의 열매가 주어지는 것이고, 흑암의 동굴에서 괴로운 경험을 했지만 땅 위로 나올 수가 있음과 동시에 금화 주머니를 손에 넣었던 톰 소여처럼! 그런데 지금 내가 개인적으로 체험하고 있는 고역이란 놈은 다른 어떤 인간 세계로부터도 고립되어 있는 자기 혼자만의 수혈竪穴(수직으로 난 구멍)을 절망적으로 깊숙이 파 들어가는 것에 불과해. 깊은 암흑 속 동굴에서 고통스레 땀을 흘리지만 나의 체험으로부터는 인간적인 의미의 단 한 조각도 만들어지지 않지."[4]

3 오에 겐자부로, 서은혜 옮김, 『회복하는 인간』, 고즈윈, 2007, 146쪽.

버드는 어떤 면에서 형편없는 인간으로 보인다. 그는 삶에 어려움이 닥치면 술에 찌들고, 옛 애인을 찾아가 의지하고, 머나먼 아프리카로 여행을 떠나기만을 바라며 살아가는 도피형 인간이다. 그런 인간에게 작가는 '장애아의 출산'이라는, 도저히 도망갈 방법이 없는 지극히 '개인적인' 과제를 부여하고 이야기를 전개한다. 이 작품이 쓰인 1960년대 일본과 2018년의 한국은 완전히 다른 사회이므로 이 소설의 풍경과 현재를 비교하기에는 무리가 있다. 그럼에도 장애아를 출산하거나 어느 날 갑자기 장애인으로 살아가야 함을 깨닫게 되는 순간, 그것이 "다른 어떤 인간 세계로부터도 고립되어 있는 자기 혼자만의 수혈을 절망적으로" 파고 들어가야 하는 시간으로 경험되리라는 점에서는 공통된 부분이 있다.

우리는 누구나 홀로 아무런 의미망과도 연결되지 못하는, 도움의 손길조차 없어 보이는 수직의 땅굴을 파고 들어가는 듯한 절망의 순간을 겪을 때가 있다. 하지만 수직으로만 파고 내려가는 줄 알았던 굴속에서 어떤 사람은 조금 방향을 트는 데 성공한다. 그가 각도를 틀어 수직 방향을 벗어나면 이제 각자의 동굴은 평행하기를 멈추고, 마침내 두 사람 이상이 특정 지점에서 만나는 일이 가능해진다. 그렇게 사람들이 만나 대화를 나누고 힘을 합칠 때 (지하에서나마) 비로소 공동체가 건설되는 것이다.

언젠가 땅속 저 깊은 곳에서 만난 우리는 서로 경험을 나누고, 고

4 오에 겐자부로, 서은혜 옮김, 『개인적인 체험』, 을유문화사, 2009, 204쪽.

통을 공유하고, 아무 의미도 없는 역경의 연속인 줄 알았던 삶이 사실은 객관적인 가치를 생산하는 제법 흥미진진하고 고유한 삶이라는 확신을 가지기 시작했다. 수직으로만 파 내려가던 동굴은 이제 힘을 합쳐 수평으로 향한다. 곧 수직으로 내려오던 또 다른 동굴들과도 만난다. 격자무늬의 동굴들이 이제 나름의 구조를 이루고 세계를 형성한다. 한순간 여러 곳에 난 격자 구멍들로 햇볕이 들기 시작했다.

더 이상 우리는 혼자가 아니다. 당신이 장애아를 낳든, 장애인으로 태어나든, 어느 날 갑자기 장애인이 되든, 혹은 그 밖의 복잡한 사정들로 인해 당신이 오로지 '개인적인' 세계 안에서 외롭게 굴을 파 내려가고 있다고 믿는다면, 조금은 각도를 틀기 위해 애써봐도 좋다. 완전히 수직으로만 내려가지 말고 단 1도라도 방향을 틀어보라. 어느 순간 당신은 다른 동굴과 만날 텐데, 그곳에 예측하지 못했던 정체성의 서사가 존재할 것이다.

오늘날의 우리는 인터넷을 기반으로 한 네트워크 덕분에 홀로 오랜 시간 동굴을 파 내려가지 않을 수 있다. 예전보다 훨씬 더 쉽게 연결될 수 있고, 서로 힘을 합쳐 목소리를 내는 일이 더 이상 부끄럽지 않다. 이것이 앞서 말한 소수자정치운동의 결과이며, 그 운동의 중심에는 이른바 '정체성 정치'가 있다. 우리가 가진 결함이나 결핍, '잘못되고' '실격된' 인간적 요소들이 정체성으로 선언될 때 우리는 비로소 해방감을 맛볼 수 있다. 더 이상 동굴에 혼자 있지 않다는 믿음, 개인적인 체험이 아니라 정체성 집단의 체험이라는 생각은 우리의 외로움을 덜어준다.

그러나 정체성 정치에는 명백한 함정이 있다. 대표적인 함정은 오로지 그 정체성을 가진 집단만이 자신들의 존엄과 아름다움에 대해 발언하고, 법적 사회적으로 정당하게 인정받는 방법을 말할 수 있다는 입장에 서는 것이다.[5] 장애인만이 장애인 문제에 대해 말할 수 있고, 장애인만이 장애인의 매력을 규정할 수 있다는 입장은 그 정체성을 공유하지 않는 부모, 형제, 친구, 연인, 국가기관의 공무원과 직업 정치인을 포함한 정치 공동체 구성원 모두를 장애에 관한 논쟁, 이를테면 '잘못된 삶' 소송을 둘러싼 공적 논쟁에서 배제한다. 법철학자 마사 미노우Martha Minow는 정체성 정치가 개개인의 상황을 지나치게 특정한 집단 정체성으로만 축약essentialize하며, 한 사람이 여러 개의 정체성과 상호 교차한다는 점을 무시하고, 집단의 정체성을 이루는 구분선들이 현대 사회에 들어 해체되고 있다는 점도 반영하지 못한다고 비판한다. 과거에는 장애였던 것이 이제는 더 이상 장애가 아니게 될 수도 있고, 장애가 없는 사람도 노년이 되면 장애인이 될 수 있다.[6] 이와 같은 상호 교차성과 비일관성을 정체성 정치는 담지하지 못하고 있다.

이렇게 특정한 신체적, 정신적, 사회적 조건이나 속성의 공유 그

5 낸시 프레이저·악셀 호네트, 김원식·문성훈 옮김, 『분배냐, 인정이냐?』, 사월의책, 2014, 83쪽.

6 Martha Minow, "Not Only for Myself: Identity, Politics, and Law", *Oregon Law Review*, 75, 1996, p.647.

자체에만 집중할 때 정체성 정치는, 말하자면 지하에서 합쳐진 하나의 동굴 속에서만 살아가고, 그 위와 아래, 오른쪽과 왼쪽에서 내려오던 다른 사람들의 '개인적인 체험'과 합류하지 못한다. 개인적인 체험은 특정한 집단의 체험이 되고, 집단의 동굴이 된다. 그곳은 여전히 동굴인 만큼 햇볕은 부분적으로만 들어오고, 그 안에서 전체 공동체의 윤리적 비전은 성장하지 못한다.

남성들의 여성혐오와 폭력에 대한 미러링에서 출발한 워마드는 페미니즘을 본격적인 인정투쟁[7]의 장으로 끌고 들어왔다. 남성들은 이제 자신이 여성을 시혜적으로 보호하는 가부장적 주체가 아니라는 점을 깨닫기 시작했다. 여성을 '보호'해야 하는 순간이 있다면, 그 이유는 우리가 시민으로서 서로 부담하는 책무의 연속일 뿐 남성이 여성을 본래 보호해야 할 권력을 가졌다거나 돌봄 책임

7 인정투쟁은 "개인의 자유를 보장하기 위한 제도를 실천적, 정치적으로 관철하려는 사회 내적 동력"으로서 개개인들(주체들)이 "자신들의 정체성을 상호적으로 인정받기 위해 전개하는 상호주관적 투쟁"을 말한다. 헤겔이 제시한 이 개념을 독일의 사상가 악셀 호네트Axel Honneth가 현대 정의론의 핵심 개념으로 발전시켰다(악셀 호네트, 문성훈·이현재 옮김, 『인정투쟁』, 사월의책, 2011). 기존까지 정의론은 존 롤스나 로널드 드워킨을 중심으로 공정한 재화의 분배에 관심을 두었으나, 점차 소외되어왔던 주체들이 자신의 정체성을 사회의 주류 문화로부터 인정받고, 그 정체성에 기반하여 특정한 사회 구조와 문화적 유형들에 침투해 들어가 결국 동등한 참여로 나아가는 일을 중시하는 정의론의 한 축을 형성하게 된다. 이러한 입장에는 악셀 호네트와 더불어 아이리스 M. 영Iris M. Young, 낸시 프레이저Nancy Fraser 같은 여성 정치철학자들의 공헌이 있었으며, 정체성 정치는 이와 같은 이론들과 결합하여 서구 사회에서 폭발적으로 전개되었다고 말할 수 있다. 물론 이 학자들이 정체성 정치를 언제나 긍정하는 것은 아니며, 많은 경우 그 한계를 지적한다.

을 지기 때문이 아니다. 그러나 워마드는 정체성 정치를 극도로 배타적으로 밀어붙이면서 성별로 모든 개별 상황을 환원하고, 인정recognition이라는 자기실현의 윤리학을 정치 공동체의 도덕에 접합시키는 데 실패한다(그래서 워마드류의 정체성 정치집단은 성소수자를 비하하고, 장애인을 차별하는 글을 올리며, 남성 누드모델의 신체를 몰래 촬영하고 승리감에 도취한다). 장애인운동도 마찬가지이다. 비장애인들의 비하와 멸시 속에서 장애 정체성의 인정에만 몰두할 때 장애가 없는 다수의 구성원들은 인정투쟁의 도구로 전락한다. 또한 장애인은 그 자체로 삶이 힘들기 때문에 다른 책임에서 면제되어도 좋다는 의식은 정치 공동체의 구성원으로서 우리가 힘겹게 도달해온 그 지위를 다시 무색하게 만든다. 그렇게 될 때 정체성 정치는 사실상 '반정치anti-politics' 또는 '유사정치pseudo-politics'일 뿐이다.[8]

물론 여성으로서, 소수 인종으로서, 장애인으로서 당장 우리가 겪어온 모멸감, 비하, 배제, 억압의 경험에 맞서는 것이 가장 중요

8 마크 릴라Mark Lilla는 미국 민주당이 2016년 대선에서 도널드 트럼프에 패배한 이유는 레이건 대통령의 공화당 정부 이후 지속된 민주당의 '탈정치', '유사정치화'에 있다고 보면서, 그 중심에 '정체성 정치'가 있다고 비판한다. 마크 릴라에게 정체성 정치는 '정치'라고 말할 수 없는 것인데, 정체성 정치가 공동체 구성원 전체를 포괄하는 공동선과 정치적 비전을 제시하지 못하고, 파편적인 집단들에 기초하여 차이와 다원성만을 강조하다 결국 선거에서 패배하기 때문이다(Mark Lilla, *The Once and Future Liberal: After Identity Politics*, Harper, 2017). 이 비판을 나는 얼마간은 수용하고 얼마간은 동의하지 않는다. 다만 정체성 정치가 궁극적으로 전체 정치 공동체의 공통 비전으로 확장되지 못할 때, 그것이 정치로서의 기능을 멈춘다는 점에는 동의한다.

할 수도 있다. 그것을 위해 공공선이나 정치 공동체의 비전 따위가 뭐가 중요할까? 그럴싸한 공공선이나 도덕을 존중한다는 명목하에 사회는 언제나 여성을, 장애인을 배제하지 않았던가? 나를 잘못된 삶이라고, 실격된 인간이라고 손가락질했던 인간들에게 무사태평한 도덕감 따위 무시하고 그것을 그대로 돌려주어야만, 우리 스스로 자기실현을 위한 인정투쟁의 '윤리'에 도달하는 것 아닌가?

집단에 기초한 투쟁의 정치는 통쾌해 보이지만 장애나 성별, 인종, 성적 소수성이 우리를 설명하는 전부가 아니라는 점을 잊어서는 안 된다. 장애를 수용하고, 지인들과의 상호작용을 통해 존중받고, 법의 영역에 침투해 들어가 고유한 권리와 제도를 발명하더라도 여전히 스스로를 혐오스럽고 (타인은 물론이고 자신에게조차) 사랑받을 자격이 없는 존재라고 생각할 수 있으며, 이는 장애가, 혹은 '잘못된 삶'이라고 평가된 바로 그 속성이 우리의 전부가 아니므로 당연한 일이다. 장애를 가진 내가 잘못된 삶이 아니라는 사실, 실격된 인간이 아니라는 사실을 증명하느라 너무 많은 에너지를 쓴 우리는 바로 그 장애를 가진 자신을 보듬고 돌보는 일에, 사랑하는 일에 종종 실패한다.

2007년에 방영됐던 미국 드라마 〈닥터 하우스〉의 한 에피소드는 정체성을 둘러싼 사랑과 인정의 복잡한 동학dynamics을 잘 보여준다. 시즌 3, 제10화에는 의사 하우스의 환자로 저신장장애 여성과 그녀의 딸이 등장한다. 10대 중반쯤 된 그녀의 딸도 역시 저신장장애가 있어 키가 평균보다 매우 작다. 이 드라마의 주인공이며, 배우

휴 로리Hugh Laurie가 연기한 닥터 하우스는 그 아이의 장애가 사실은 어머니로부터 유전된 것이 아니라, 호르몬 분비를 담당하는 뇌하수체에 생긴 종양 때문이라는 사실을 발견한다. 하우스는 아이에게 뇌하수체 종양을 제거하는 시술과 간단한 약물 치료를 받기만 하면 일반적인 아이들과 비슷하게 성장할 수 있으리라는 진단 결과를 말해준다. 그런데 아이는 놀랍게도 하우스에게 뇌하수체 종양 수술을 받되 약을 먹지 않아도 생명에 지장이 없느냐고 묻고는, 그렇다고 하자 이렇게 말한다.

"나는 약을 먹지 않을래요. 나는 지금의 내 모습이 마음에 들어요."

닥터 하우스는 근육 괴사로 인해 한쪽 다리를 저는 장애인이며 늘 만성적인 통증에 시달려 마약성 약물을 남용한다. 그는 괴팍하고 지독한 현실주의자로, 천재적인 의학적 통찰력과 뛰어난 전문성이 있지만 다른 사람에 대한 배려라고는 전무한, 사람들과 따듯한 애정이나 관심을 나누지 못하는 소외된 인물로 그려진다. 그가 아이에게 대꾸한다.

> 마음에 든다고? 높은 선반에 있는 물건도 꺼낼 수 없고 줄을 설 때마다 앞 사람 엉덩이에 코를 박고 냄새를 맡아야 하는 삶이 마음에 든다고? …… 네 나이 또래의 아이들은 아무도 자기 모습을 좋아하지 않아.

저신장장애를 가진 아이의 어머니는 자기 정체성을 확고하게 받아들인 여성으로 그려진다. 그녀는 처음 딸과 함께 병원에 왔을 때부터 자신의 키를 조롱하는 의사 하우스에게 노련하고, 카리스마 있고, 재치 넘치게 대응한다. 하우스가 "애 아버지의 키는 정상normal인가요?"라고 물으면 "네, 평균average이죠"라고 답하고, 어떻게 '정상'인 남편이 그녀와 결혼을 했는지 궁금해 하면 "서커스단에서 자라서" 취향이 특이하다고 맞받아친다. 다른 의사가 키가 작은 딸을 안아 침대에 올라가는 걸 도우려 할 때는 "발판을 대주고 올라서도록 하세요. 어린애처럼 대하지 말고"라고 단호히 꾸짖는다. 그녀의 대사 하나, 태도 하나하나에는 1미터 조금 넘는 키와 짧은 팔다리로 압도적인 외모지상주의 시대를 돌파하며 자신의 장애를 정체성으로 수용한 사람의 강인함이 깃들어 있다. 그녀는 자신의 딸이 엄마와 같은 모습으로 자라더라도 치료를 받지 않고 그 모습 그대로 살고 싶다고 말하자 딸을 자랑스럽게 바라본다. 그녀는 딸에게 모멸적으로 대꾸한 하우스에게 따진다.

"나는 내 아이가 쉬운 삶을 선택하지 않겠다고 한다면, 그것을 존중할 겁니다."

이 에피소드에 등장하는 딸과 엄마는 장애를 완전하게 수용한 사람들로 보인다. 그런데 그들은 서로를, 혹은 자기 자신을 충분히 아끼고 있는 걸까? 하우스는 아이가 역경을 선택하겠다면 말리지 않겠다는 어머니에게 이렇게 답한다.

그럼 당신은 좋은 엄마가 아니죠. 애가 역경을 극복하기를 바라는 것이니까. 당신이나 나 같은 사람은 '정상being normal'이 거지같다고 생각하지요. 우리는 괴물freak이니까. 괴물이 된다는 건 사람을 강인하게 만든다는 강점이 있죠. 물어봅시다. 진정으로, 정말로 아이가 얼마나 강해지기를 원하는 겁니까?

나는 그동안 장애를 수용한다는 말의 의미를, 내가 무한히 강해져야 한다는 의미로 이해하고 살았다. 부모는 약하다. 그들은 자녀를 너무 사랑하는 나머지 자녀가 온전히 자기 모습으로 이 세상에서 당당히 살아가며 그 역경을 돌파하는 모습을 견디지 못한다. 그래서 이들은 자기가 '잘못된' 자녀를 낳았다는 생각에 죄책감을 느끼고, 시간을 되돌릴 수만 있다면 그런 아이를 낳지 않겠다고도 생각한다(그 생각 때문에 또 죄책감을 느낀다). 그러나 우리가 '잘못된 삶'이라고 규정된 나의 신체적, 정신적, 사회적 조건을 받아들이려는 이유는 무엇일까? 그것은 정말로 청각장애나 골형성부전증, 연골무형성증이 객관적으로 좋은 가치를 가졌음을 우리 부모에게, 나 자신에게, 이 사회에 입증해 보이기 위해서가 아니다. 그것들은 분명 (사람들의 통념과 달리) 얼마간은 객관적으로도 산물적인 가치를 갖지만, 설령 이러한 질병과 장애가 아무짝에도 쓸모없는 부정적인 경험에 불과하더라도 우리는 여전히 그것을 수용하기 위해 애쓸 것이다. 왜냐하면 그렇게 애쓰는 모습이야말로 나 자신에게, 나의 부모에게(연인에게, 친구에게, 사랑하는 누군가에게), 이 사회에게 내가 사랑받을 자격이 있음을 보이는 거라고 믿기 때문이다.

위의 에피소드에 등장하는 저신장장애인 딸이 "나는 내 모습이 좋아요"라고 말할 때, 그녀가 정말로 자기 모습을 좋아하는지는 내게 중요하지 않았다. 나는 그녀가 사실은 그 말을 통해 스스로를 사랑받을 자격이 있는 사람으로 만들고자 분투한 것이 아닐까 생각했다. 어머니 역시 마찬가지이다. 그녀는 자신의 딸이 "내 모습이 좋아요"라고 말할 때, 딸이 자신과 달리 큰 키로 평범하게 사는 모습을 바라기보다는 그녀를 있는 그대로 응원해줌으로써 자신의 '특별하게 강인한' 자아를 드러내고, 이를 통해 딸에게 그리고 스스로에게 사랑받을 자격이 있음을 보이고자 애썼던 것은 아닐까?

그러나 하우스가 지적하듯이, 그렇게 사랑받기 위해 강인한 존재가 되어 '장애 정체성의 수용'을 위해 달려갔던 삶은 한편에서 우리를 '괴물'로 만든 것은 아닌가? 푸른잔디회의 "우리는 사랑과 정의를 부정한다"는 선언은 엄청난 충격을 일으켜 우리를 각성시키지만, 많은 경우 당신과 나는 "사랑과 정의를" 부정하고 살 만큼 강하지 않다. 내가 장애를 정체성의 일부로 받아들이고자 애쓰는 이유는 다른 사람의 염려에도 불구하고 내가 더 통합되고 성숙한 인간이 되기 위해서일 수도 있지만, 그렇게 하지 않는다면 언젠가 나 자신에게조차 사랑받지 못하는 날이 오지 않을까 두려워서인지도 모른다. 키 작은 딸이 엄마 앞에서 "나는 내 몸이 좋아요"라고 선언할 때, 이는 엄마의 걱정과 사회의 편견에 맞서 독립적이고 당당한 자신을 구축하려는 실천이 아니라, 엄마의 사랑과 관심을 계속 받고 싶어 하는 아이의 발버둥은 아니었을까? 앤드류 솔로몬이 지적했듯 부모는 우리 자신의 은유이다. 부모의 사랑과 관심, 인정을 통해 우리는 스스로를 돌보고, 아끼고, 받아들인다.

괴물이 될 필요는 없다. 당신의 자녀나 형제에게 장애가 있고 당신이 그를 수용하기 어려워하더라도, 그들은 어머니, 아버지, 누나, 동생인 당신을 사랑할 것이다. 당신이 장애를 수용하고 역경을 돌파하는 당당한 삶을 보여주지 못하더라도 당신의 부모, 형제, 연인, 친구, 이웃은 여전히 당신을 사랑할 좋은 이유를 가질 것이다. 우리는 서로의 삶이 존중받을 만하고 아름다울 수 있음을 입증하기 위해 노력해야 한다. 하지만 그러한 투쟁 속에서 어느 순간 강인한 투사의 모습이 아니라면 결코 스스로를 사랑하지 못하는 외로운 자신을 발견할지도 모른다. 그러지 않아도 좋다. 장애를, 예쁘지 않은 얼굴을, 가난을, 차별받는 인종, 성별, 성적 지향을 지닌 채 살아가면서도 모든 것을 당당히 부정하고, 자신의 '결핍'을 실천적으로 수용하고, 법 앞에서 권리를 발명하는 인간으로 설 수 있는 사람이 과연 얼마나 될까? 그렇게 서야만 우리가 존엄하고 매력적인 존재가 되는 것은 아니다. 자신을 수용하고 돌보려 노력하지만 결코 완전하지는 못할 이 '취약함'이야말로, 각자의 개별적 상황과 다른 정체성 집단에 속해 있는 우리를 하나로 묶어주는 공통분모일 것이다.

오에 겐자부로는 『개인적인 체험』의 마지막 장을 자신으로부터 도망치기를 느닷없이 그치고, 병원으로 달려가 아이를 구하는 버드의 이야기로 마무리한다. 결국 아이는 수술을 잘 마치고, 중증의 장애가 있기는 하지만 예상보다는 건강한 모습으로 버드에게 안긴다.

이 마지막 장면은 평자에게 비판을 받았다. 미시마 유키오는 "작가로서의 자유를 적당히 포기함으로써 결국 사회적으로 받아들여질 만한 공인된 해피엔딩을 만들어냈다"며 오에를 비판했다.[9] 미시마 유키오와 오에 겐자부로 모두 노벨문학상 후보로 거론되는 작가로(미시마는 자신이 노벨상을 받으면 그다음은 오에일 거라며 그를 극찬했다고 한다), 두 사람의 작품이 보여주는 형식적 완결성과 문장의 아름다움은 우열을 가리기 힘들다. 그렇다면 이 지점에서 오에는 자기 아들을 머릿속에서 떨치지 못한 나머지 탁월한 소설가로서의 자신을 포기해버린 걸까? 일본 문학 전문가들이 보기에 어설픈 해석일지 모르겠지만, 나는 이 지점에서 오에가 자신과 아이를 사랑하기 위해 소설가로서의 자신을 엄격하게 '수용'하는 일을 잠시 멈췄다고 생각한다. 그는 역경을 초극하는 '괴물' 같은 예술가가 되기보다는 다소 어설프지만 나약한 존재로서, 사랑하고 사랑받고자 하는 인간이 되려 했던 것이 아닐까?[10]

변론을 종결하며

앞에서 우리는 한 아이가 "피부 관리해야 돼"라는 말로 다른 아이가 스스로를 존중할 수 있게끔 이끄는 모습을 보았다. 우리

9 오에 겐자부로, 앞의 책, 296쪽(옮긴이의 해설 중에서).

의 자아는 사회 속에 투영되고, 사회는 자아의 구성에 영향을 미친다. 국가나 정부, 혹은 정치인들이 엘리베이터를 덜 설치하고, 알츠하이머에 걸린 노인을 위한 시스템을 갖추지 못하고, 차별적인 법률을 제정한다 해도, 바로 옆에 있는 나의 가족, 연인, 친구, 혹은 버스에서 우연히 만나는 무수히 많은 사람들이 창출하는 상호작용의 무대에서 우리는 인격적 존재로 대우받고 서로를 세심하게 존중하는 경험을 나눈다. 당신이 버스에서 만난 한 장애인에게 보인 작은 존중의 표현은 주위에 있던 사람들에게 전해지고, 나아가 그가 자신의 장애를 수용하는 밑거름이 된다.

예의 바른 무관심, 섬세한 도움의 손길, 무시와 냉대 속에 혼자 있는 사람을 발견하고 고개 숙여 말을 거는 순간, 조금 더 긴 시간을 들여 상대방의 '초상화'를 그려보려는 미적·정치적 실천. 그런 것들이 모여 자기 삶의 조건을 수용하기를 두려워하지 않는, 용감

10 오에 스스로는 이 '희망적인' 장면을 집어넣은 이유로 소설의 첫 장면과 마지막 장면을 어느 정도 (형식상) 일치시키고자 하는 목표였다고 밝혔다. 그는 『개인적인 체험』을 쓸 당시에는 몰랐지만 나중에 보니 '청춘 소설'과도 같았다는 고백을 하기도 했다. 그의 진짜 의도를 나는 알 길이 없다. 하지만 나는 오에의 '문학적 후퇴'를 비판했던 미시마 유키오가 (우리가 3장에서 본 것처럼) 형식적 미를 달성하기 위해 스스로 목숨을 끊는, 초극적인 결단으로 나아간 반면, 오에 겐자부로는 장애가 있는 아들과 함께 살아가며 반전, 평화의 문제를 고민하고 인간의 실존적 고통을 묘사하는 삶으로 나아갔다는 점에 주목하고 싶다. 그는 예술적 탁월성을 위해 자기를 초월하는 괴물과도 같은 예술가가 되기를 멈췄을지 모르지만, 누구보다 아름답고 존중받는 인간으로 살아남아 있다. 그렇게 자신을 돌보고 살아남은 그는, 긴 시간 자신의 작품을 고쳐 쓰고 또 고쳐 쓰면서, 결국 예술가로서도 최고의 지위에 우뚝 서 있다.

하고 탁월한 자아를 구축하게 한다. 그러한 자아를 가진 사람들이 함께 모여 자신들의 구체적인 삶을 언어화하고, 법적인 권리로 만들고, 품위와 겉모양만 중시하는 품격주의자들의 세계에 구멍을 낸다. 모든 사람에 대한 진심 어린 존중은 이제 법률이 되고, 헌법이 되어 우리 공동체의 최고 규범이 된다. 그런 규범에서 자라난 아이들은 다시 자신의 친구에게 "피부 관리해야 돼"라는 귀엽고, 뭉클하고, 놀랍도록 탁월한 상호작용 기술을 발휘해 인간의 존엄성이 모든 이념의 중심에 오는 세상을 향한 긴 순환을 시작한다.

존엄의 순환은 그렇게 시작되고, 그 순환 속에서 존엄은 더 구체화되고, 더 강해지고, 더 중요한 가치가 된다. 사랑하는 사람의 눈길을 보고 그를 더 사랑하게 되듯이, 우리는 나를 존중하는 상대방을 보고 그를 더 존중하게 되고, 나를 존중하는 법률을 보고 그러한 법의 지배를 기꺼이 감내한다. 그 과정에서 우리는 궁극적으로 나를 더 깊이 사랑하고 관용하게 된다.

따라서 우리는 존엄하고, 아름다우며, 사랑하고 사랑받을 가치가 있는 존재인 것이다. 누구도 우리를 실격시키지 못한다.

감사의 말

최근 하던 일을 그만두고 대학원 생활을 마무리하기 위해 학교로 돌아왔다. 대학이 위치한 관악캠퍼스는 이제 어디로 가든 대체로 휠체어로 다니기에 편리하다. 비가 온 다음 날이면 미세먼지 없이 촉촉하게 젖은 관악산의 바위들이 생생하게 눈앞에 있다. 내 신체의 추함을 지나치게 의식했던 20대 때와 달리, 나는 좀 더 자유롭게 전동 휠체어와 수동 휠체어를 번갈아 타며 캠퍼스를 누빈다. 운좋게도 연극과 장애 학생 동아리로 연결된 대학 시절 동기와 후배들이 아직 캠퍼스에 남아 있고, 내가 배우고 참여할 기회들이 20대 시절만큼이나 많은 곳이다.

어떤 친구는 멀리 있지만 내가 지쳐 있을 때 모바일 메신저로 기프티콘을 보내주고, 신문에 기고하는 칼럼을 꼼꼼히 읽어주며, 강의를 많이 다닌다고 도라지청을 선물로 보내주기도 했다. 변호사 시험을 치던 날 시험장이 있던 연세대학교 국제기숙사에 찾아와 소고기를 구워주던 어머니도 여전하다. 엔진오일을 점검하고 늘 세차를 해주시는 아버지는 얼마 전 베트남에 일을 하러 가시려다가 좌절된 일을 제외하면 유쾌하고 건강하신 편이다. 지도교수님은 '갑질'이라고는 모르는 선량하고 탁월한 학자다. 글을 청탁하거나 강의를 부탁하기 위해 나를 찾아주는 사람들도 제법 있다. 서울이라는 이 큰 도시에 나의 삶이 꽤 깊이 자리 잡고 있다고 생각하면 약간은 편안한 마음이 든다.

여기 쓴 글은 내 삶 전반과 분리될 수 없으므로 삶에 접속된 모든 사람에게 감사할 일이지만, 글의 구체적인 주제와 관련해서 도움을 준 사람들이 있어 그들의 이름을 언급하려 한다(촌스럽지만 꽤 여러 명을 언급하겠다). 원고를 읽고 당사자로서, 2018년을 살아가는 20대 청년으로서 의견을 준 하나, 선유, 태우에게 고맙다. 철학적 논변의 오류를 점검해준 서울대 철학과 대학원의 김윤혜 님에게도 감사하다. 국가인권위원회의 동료 김민아 선생님은 원고의 상당 부분을 먼저 읽고 중요한 조언을 건네주었다. 내가 마음에 담아두고도 쓰지 못하는 것을 정확히 지적해준 거의 유일한 사람일 텐데, 나는 그녀가 지적한 것 중에서 결국 쓰지 못한 부분이 있고, 그만큼 이 책이 부족해졌다. 대학 동기 전현수, 김정환은 이 글을 직접 검토하지는 않았으나, 쓰는 내내 말하자면 나의 '초자아'처럼 자리하고 있었다. 대학 시절 이들과 함께 시간을 보내며 수다를 떨고 논쟁을 했던 내용들이 이 책에 아마 담겼을 것이다. '동지'라는 생각을 늘 불러일으키는 김망울과 최진호, 김진영은 여전히 나의 가장 중요한 친구이며 글을 쓰면서도 언제나 떠올린 사람들이다. 선정, 혜원 누나와 박찬오 서울자립생활센터의 소장님은 첫 번째 책을 낼 때나 지금이나 내 삶을 근본적으로 지탱하는 토대다. 소수자들의 삶을 다루는 언론 〈비마이너〉의 기자들이 했던 기획과 기사들은 이 책이 크게 의존한 가장 가까운 '현실'의 자료였다.

사계절출판사의 이진 팀장님께도 감사의 인사를 전한다. 우리는 20대에서 30대로 넘어갈 때 처음 만나 첫 책을 함께 작업했는데, 이제 30대를 지나 40대를 향해 가면서 두 번째 책을 같이하게 되었다. 서울대 출신 장애인 변호사임을 내세워 그럭저럭 인생 이야기를 풀어내는 책이라면 아마도 좀 더 '팔리기를' 기대할 수 있었을 것이다. 그러나 이진 팀장님은 내가 그런 책을 쓰지 못할 것임을 알고도 내 원고를 받아주었다. 이 모든 작업이 예상보다 지체되었음에도 기다려준 강맑실 사계절출판사 대표님께도 감사의 말씀을 전한다.

오랜 시간 내가 가장 존경하고 사랑하는 문영민은 그동안의 삶, 대화, 여행, 관계를 통해 이 책의 상당 부분을 함께 쓴 공저자다. 아마도 내가 쓴 글을 가장 많이 읽은 사람일 것이다. 그녀가 언제나처럼 건강하고 빛나기를 바란다. 초상화가 가장 아름다운 사람이다.

그 밖에 이곳에 언급할 수는 없지만 삶의 여러 국면에서 내가 스스로에게 잘못된 삶이 아닌가, 실격된 인간이 아닌가를 되물을 때 다양한 인연으로 손을 내밀어준 사람들이 있었다. 나는 바로 당신을 떠올린다. 감사하다.

마지막으로 내가 '잘못된 삶'이 아니라는 믿음, 나아가 내 삶을 수용하고 변론을 시도하는 그 모든 순간에는 나의 가족, 특히 어머니 김영숙 여사가 있었다. 이 세상에서 부모와 자식으로 만나게 된 것이 기쁘다고 말씀드리고 싶다. 장애아를 낳고 길러낸 부모가 내게 가진 죄책감, 장애아로 태어나 자란 내가 부모님에게 가진 부채감은 우리가 이렇게 만나게 됨으로써 모두 녹아내렸을 것이다.

참고문헌

가라타니 고진, 이신철 옮김, 『트랜스크리틱』, 도서출판b, 2013.

가라타니 고진, 조영일 옮김, 『네이션과 미학』, 도서출판b, 2009.

국가인권위원회, 『정신장애인 국가보고서』, 2009.

김도현, 『당신은 장애를 아는가』, 메이데이, 2007.

김도현, 『차별에 저항하라』, 박종철출판사, 2007.

김민아, 『아픈 몸, 더 아픈 차별』, 뜨인돌, 2016.

김용민 · 김용학 · 박기성, 「외모와 신장이 임금에 미치는 영향」, 『응용경제』, 제14권 제1호, 2012.

김원영, 「장애인운동이 발명한 권리와 그에 대한 사법체계의 수용에 대한 연구」, 서울대학교 법학전문대학원 인권법학회 · 공익인권법센터 편, 『공익과 인권』(통권 제8호), 2010.

김원영, 『희망 대신 욕망』, 푸른숲, 2019.

김현경, 『사람, 장소, 환대』, 문학과지성사, 2015.

김홍중, 『마음의 사회학』, 문학동네, 2009.

남병준, 「푸른잔디회의 사상」, 『진보적 장애 이론을 위하여』, 2007.

낸시 프레이저 · 악셀 호네트, 김원식 · 문성훈 옮김, 『분배냐, 인정이냐?』, 사월의 책, 2014.

다테이와 신야, 정희경 옮김, 『생의 기법』, 한국장애인단체총연합회, 2010.
대통령 직속 국가브랜드위원회, 『국가 브랜드 백서: 신뢰받고 품격 있는 대한민국』, 국가브랜드위원회, 2013.
데이비드 브룩스, 김희정 옮김, 『인간의 품격』, 부키, 2015.
로널드 드워킨, 박경신 옮김, 『정의론』, 민음사, 2015.
로널드 드워킨, 박경신·김지미 옮김, 『생명의 지배 영역』, 이화여자대학교출판부, 2009.
로널드 버거, 박승희 외 옮김, 『장애란 무엇인가』, 학지사, 2016.
로버트 노직, 김한영 옮김, 『무엇이 가치 있는 삶인가: 소크라테스의 마지막 질문』, 김영사, 2014.
마르쿠스 툴리우스 키케로, 허승일 옮김, 『의무론』, 서광사, 2006.
마이클 로젠, 공진성·송석주 옮김, 『존엄성』, 아포리아, 2016.
마이클 샌델, 김선욱·이수경 옮김, 『완벽에 대한 반론』, 와이즈베리, 2016.
보건복지부·국립정신건강센터, 「2016 국가 정신건강현황 2차 예비조사 결과보고서」, 2017.
빙구, 「고쳐 쓴 일기」, 『제자리, 제 자리』, 턴투에이블 엮음, Thisable v(5), 2017년 가을호.
사라 카우프먼, 노상미 옮김, 『우아함의 기술』, 뮤진트리, 2017.
서울대학교 사회발전연구소, 『한센인 인권 실태조사』, 국가인권위원회, 2005.
송수헌 외, 「2015 광인일기」, 비마이너, 2015.
신형철, 『정확한 사랑의 실험』, 마음산책, 2014.
아비샤이 마갈릿, 신성림 옮김, 『품위 있는 사회』, 동녘, 2008.
악셀 호네트, 문성훈·이현재 옮김, 『인정투쟁』, 사월의책, 2011.
알렉상드르 졸리앵, 임희근 옮김, 『인간이라는 직업』, 문학동네, 2015.
알렉시스 드 토크빌, 임효선·박지동 옮김, 『미국의 민주주의』, 2002.
앙리 베르그송, 최화 옮김, 『의식에 직접 주어진 것들에 관한 시론』, 아카넷, 2001.
앤드류 솔로몬, 고기탁 옮김, 『부모와 다른 아이들 1』, 열린책들, 2015.

앤서니 기든스, 황명주 외 옮김, 『사회구성론』, 간디서원, 2006.

어빙 고프먼, 진수미 옮김, 『자아연출의 사회학』, 현암사, 2016.

에밀 뒤르켐, 노치준 · 민혜숙 옮김, 『종교 생활의 원초적 형태』, 민영사, 2017.

오에 겐자부로, 서은혜 옮김, 『개인적인 체험』, 을유문화사, 2009.

오에 겐자부로, 서은혜 옮김, 『회복하는 인간』, 고즈윈, 2007.

올리버 색스, 김승욱 옮김, 『목소리를 보았네』, 알마, 2012.

올리버 색스, 조석현 옮김, 『아내를 모자로 착각한 남자』, 이마고, 2006.

울리히 렌츠, 박승재 옮김, 『아름다움의 과학』, 프로네시스, 2008.

윤진수, 「자녀子女의 출생出生으로 인한 손해배상책임損害賠償責任」, 『민법논고民法論考 III』, 박영사, 2008.

은희경, 『새의 선물』, 문학동네, 2010.

이한, 「정신승리에 관하여」, 시민정치연구소(http://www.civiledu.org/1320), 2018.

이한, 『삶은 왜 의미 있는가』, 미지북스, 2016.

인권의학연구소, 「정신병원 격리 · 강박 실태조사」, 국가인권위원회, 2015.

임마누엘 칸트, 백종현 옮김, 『순수이성비판 2』, 아카넷, 2006.

임마누엘 칸트, 백종현 옮김, 『윤리형이상학 정초』, 아카넷, 2007.

장애문제연구회 울림터, 『울림터활동기록집』, 1992.

장애문화예술연구소 짓, 「장애청년예술정책: 욕망과 표현을 위한 실천과 정책론」, 『서울시 청년허브 연구공모사업 보고서』, 2014.

정신적 장애인을 형제자매로 둔 청년들의 모임 '나는', 『나는, 어떤 비장애형제들의 이야기』, 피치마켓, 2018.

조원희 외, 「장애인차별금지법상 정당한 편의 제공 거부에 의한 차별의 위법성」, 『장애인법연구』, 법무법인 태평양 · 재단법인 동천 편, 경인문화사, 2016.

차성안, 「장애인 · 노인 · 임산부 등의 편의증진보장에 관한 법률 제정사」, 『사회보장법연구』 제2호, 2012.

최규환 외, 『인간 존엄의 형량 가능성』, 헌법재판소 헌법연구원, 2017.

캐서린 하킴, 이현주 옮김, 『매력자본』, 민음사, 2013.

켄지 요시노, 김현경 옮김, 『커버링』, 민음사, 2017.

표창원 · 구영식, 『표창원, 보수의 품격』, 비아북, 2013.

플라톤, 김주일 옮김, 『파이드로스』, 이제이북스, 2012.

하태우, 「여는 글」, 『내 장애에 노련한 사람이 어딨나요?』, 턴투에이블 엮음, Thisable v(4), 2017년 봄호.

홍은전, 『그럼에도 불구하고 수업합시다』, 까치수염, 2014.

황지성, 「생명공학기술 시대의 장애와 재생산」, 『페미니즘 연구』, 제14권 1호, 2014.

후지와라 마사히코, 오상현 옮김, 『국가의 품격』, 북스타, 2006.

Aharon Barak, "The Constitutional Value and the Constitutional Right", *Understanding Human Dignity*, C. McCrudden(ed.), Oxford University Press, 2013.

Alison Kafer, "Desire and Disgust: My Ambivalent Adventures in Devoteeism", *Sex and Disability*, Duke University Press, 2012.

Anja Eleveld, "Claiming Care Rights as a Performative Act", *Law Critique*, 2015.

Benjamin Eldelson, "Treating People as Individuals", D. Hellman and S. Moreau(ed.), *Philosophical Foundation of Discrimination Law*, Oxford University Press, 2013.

Cunningham MR, Roberts AR, Barbee AP, Druen PB, Wu C-H. "Their Ideas of Beauty are, on the Whole, the Same as Ours": Consistency and Variability in the Cross Cultural Perception of Female Physical Attractiveness, *Journal of Personality and Social Psychology*, 68, 1995.

D. Velleman, *Self to Self*, Cambridge University Press, 2005.

David Wasserman, "Is Disability Discrimination Different?", D. Hellman and

S. Moreau(ed.), *Philosophical Foundation of Discrimination Law*, Oxford University Press, 2013.

Deborah Kent, 'Somewhere a Mockingbird', Erik Parens and Adrienne Asch(eds.), *Prenatal Testing and Disability Rights*, Georgetown University Press, 2000.

Deborah. L. Rhode, "The Injustice of Appearance", *Stanford Law Review*, Vol.61, No.5, 2009.

Derek Parfit, *Reasons and Persons*, Oxford University Press, 1984.

Hyunseop Kim, "The Uncomfortable Truth about Wrongful Life Cases", *Philosophical Studies*, Vol.164, No.3, 2013.

Jillian Craigie & Lisa Bortolotti, "Rationality, Diagnosis, and Patient Autonomy in Psychiatry", *The Oxford Handbook of Psychiatric Ethics*, Vol.1., Oxford University Press, 2015.

Jonathan Glover, *Choosing Children*, Oxford University Press, 2008.

Kristen Harmon, "Hearing aid Lovers, Pretenders, and Deaf Wannabes: the Fetishizing of Hearing", *Sex and Disability*, Duke University Press, 2012.

Lisa Bortolotti, Rochelle Cox, Matthew Broome, and Matteo Mameli, "Rationality and Self-knowledge in Delusion and Confabulation: Implication for Autonomy as Self-governance", L. Radoilska(ed.), *Autonomy and Mental Disorder*, Oxford University Press, 2012.

Mark Lilla, *The Once and Future Liberal: After Identity Politics*, Harper, 2017.

Martha Minow, "Not Only for Myself: Identity, Politics, and Law", *Oregon Law Review*, 75, 1996.

Patrick Frierson, "Two Standpoints and the Problem of Moral Anthropology", Benjamin J., Bruxvoort Lipscomb, James Krueger(ed), *Kant's Moral Metaphysics*, 2010.

Sadanobu Ushijima, "The Narcissism and Death of Yukio Mishima – From the

Object Relational Point of View", *The Japanese Journal of Psychiatry and Neurology*, Vol. 41, No.4, 1987.

Spencer E. Cahill and Robin Eggleston, "Managing Emotions in Public: The Case of Wheelchair Users", *Social Psychology Quarterly*, Vol.57, No.4, 1994.

Thomas Nagel, "Sexual Perversion", *The Journal of Philosophy*, Vol.66, No.1, 1969.

실격당한 자들을 위한 변론

2018년 6월 15일 1판 1쇄
2023년 9월 30일 1판 15쇄

지은이 김원영

편집 이진 · 이창연 **디자인** 김민해
제작 박홍기 **마케팅** 이병규 · 이민정 · 최다은 · 강효원 **홍보** 조민희

인쇄 천일문화사 **제책** J&D바인텍

펴낸이 강맑실 **펴낸곳** (주)사계절출판사
등록 제406-2003-034호 **주소** (우) 10881 경기도 파주시 회동길 252
전화 031)955-8588, 8558 **전송** 마케팅부 031)955-8595 편집부 031)955-8596
홈페이지 www.sakyejul.net **전자우편** skj@sakyejul.com
블로그 skjmail.blog.me **페이스북** facebook.com/sakyejul
트위터 twitter.com/sakyejul

값은 뒤표지에 적혀 있습니다. 잘못 만든 책은 서점에서 바꾸어 드립니다.

사계절출판사는 성장의 의미를 생각합니다.
사계절출판사는 독자 여러분의 의견에 늘 귀기울이고 있습니다.

ISBN 979-11-6094-373-3 03300